纺织服装高等教育"十二五"部委级规划教材

普通高等教育服装营销专业系列教材

服装网络营销教程

FUZHUANG WANGLUO YINGXIAO JIAOCHENG

主编｜吴春胜　戴宏钦

东华大学出版社

内 容 提 要

网络营销作为一种新型营销方式,已经渗透到了企业生产经营和人们生活的方方面面,越来越多的企业感受到网络营销强大的生命力。目前,网络营销已被服装企业所接受并迅速应用到服装营销实践中,如何有效开展服装网络营销已成为服装教育界和企业界研究与实践的热点。

本书吸收并借鉴了最新网络营销理论和成功的网络营销案例,全面系统地介绍了服装网络营销的理论、模式和方法,全书内容安排上突出了应用和实践,章节内容包括引例导入、理论介绍、实际案例分析、相关技术等。本书共分 11 章,主要阐述了网络营销的产生与发展,网络营销的特点,网络营销环境,服装网络营销市场调研、细分和定位,服装网络消费者行为,客户关系管理,服装网络营销的产品、价格、渠道和促销策略及网络营销平台建设等内容。

本书适合大专院校服装专业师生、服装企业管理人员以及服装营销人员阅读使用。

图书在版编目(CIP)数据

服装网络营销教程/吴春胜,戴宏钦主编. 一上海:东华
大学出版社,2013.5
ISBN 978-7-5669-0238-2

Ⅰ.①服… Ⅱ.①吴…②戴… Ⅲ.①服装—网络营销—高
等学校—教材 Ⅳ.①F768.3

中国版本图书馆 CIP 数据核字(2013)第 048064 号

上海沙驰服饰有限公司赞助

TO BE A BETTER MAN
Satchi 止 于 至 善

责任编辑 库东方
装帧设计 陈 澜 杨雍华

出 版:东华大学出版社(上海市延安西路 1882 号,200051)
出版社网址:http://www.dhupress.net
天猫旗舰店:http://dhdx.tmall.com
营销中心:021-62193056 62373056 62379558
印 刷:苏州望电印刷有限公司
开 本:787×1 092 1/16 印张 16.25
字 数:406 千字
版 次:2013 年 5 月第 1 版
印 次:2013 年 5 月第 1 次印刷
书 号:ISBN 978-7-5669-0238-2/TS・389
定 价:38.00 元

普通高等教育服装营销专业系列教材编委会

（按姓氏笔划为序）

前言 | PREFACE

当今世界正在快速地变化着，也许我们感受到了这些变化：越来越多的人谈论着网上购物、网上开店，就连社区里的大爷大妈也津津乐道；越来越多的人用手机登着社交网、刷着微博，无论是上班还是休息；越来越多的企业忙着建网站、搞搜索引擎优化，大小公司都没落下；越来越多的企业不停地给消费者发着短信、电子邮件，无论是节庆还是日常……信息技术、网络技术，尤其是互联网的发展已经如此深刻地影响着我们的生活，而这种趋势方兴未艾！

我们看到信息技术与网络技术正改变着市场竞争规则、经济增长方式以及人们的生活方式，一个个商业奇迹正在被创造！1995年开始网络经营的亚马逊公司（Amazon.com），已经跻身《财富》500强之列，年销售额达到480亿美元（2011年）；中国的网络购物平台——天猫与淘宝，一天的商品销售额就可以达到191亿元（2012年）；互联网搜索引擎谷歌，2012年上半年的广告收入达到了109亿美元，超过了美国印刷媒体广告全部收入（105亿美元）。网络经济时代已然到来！

我们应该看到，互联网提供了一套新的经济哲学、商业思维和产业组织形式，因此企业必须改变传统经营模式与经营理念。传统的市场营销方式也将随着网络经济的发展而发生深刻的变化。其中，网络营销作为市场营销学的一个分支，成为当今理论研究和企业实践的热点。网络营销不是网络销售，而是网络环境下的市场营销。从根本上看，网络营销着重需要关注网络环境所带来的消费者认知方式的改变以及传播途径和手段的改变。

从目前网络营销教材的出版情况来看，通论型的教材已经比较多了，包括许多国外引进的译本，但服装网络营销教材，仅有北京服装学院李晓慧教授等编写的1本。同时我们看到，服装企业对网络营销的认识远远滞后于现实需要，无论是企业的营销战略还是人才战略都是如此。也正是基于这样的问题，我们开始编写这本教材，希望对于服装网络营销人才的培养以及推动服装企业的网络营销实践起到积极的作用。 教材以市场营销学理论为基础，结合服装网络营销案例，重点阐述了网络营销与传统营销在营销战略上的差异，对服装网络营销的理论与实践进行了系统和全面的分析和探讨。

就在教材编写的过程中，大量服装专业学生就业和实习所反馈的信息，进一步彰显了服装企业网络营销实践的急剧升温。 越来越多的服装企业开始设置网络营销部（简称"网营部"）、网络部或者电子商务部，对于网络营销专员、电子商务助理等人才的需求日趋旺盛。 这进一步让我们看到了编写本书的意义，并期望教材能够早日面世。

全书编写人员以及分工情况如下（以撰写章节先后为序）：

吴春胜	浙江科技学院	第1章、第5章（第4节）以及全书统稿与修改
戴宏钦	苏州大学	第2章、第8章、第11章（第2～3节）以及部分章节的统稿与修改
戴淑娇	绍兴文理学院	第3章、第4章
刘文俏	浙江科技学院	第5章（第1～3节）、第9章
周　怡	四川大学	第6章、第7章
冯　洁	四川大学	第10章、第11章（第1节）

本书的编写工作得到了东华大学出版社有关领导和编辑的大力支持以及上海沙驰服饰有限公司的资助，在此表示感谢。 本书的责任编辑库东方老师对本书的编写提出了许多宝贵的意见，并以自身严谨的工作态度完善了教材，在此表示感谢。 感谢广西科技大学艺术与文化传播学院刘红晓老师，她参与了本书的初期编写工作，并提供了许多素材。 同时，感谢国内外的同行们，本书的编写参考和引用了他们的著作和文章，吸收了他们的研究成果。

由于编写时间和编者水平有限，书中可能会有错误和疏漏之处，恳请广大读者、专家提出宝贵意见和建议，以期不断改正和提高。

编　者

2013 年 1 月

作者联系邮箱：dubianwanglai@126.com

目录｜CONTENTS

第 8 章　服装网络营销渠道策略　163

第 9 章　服装网络营销促销策略　184

第1章 | 服装网络营销概述

知识要点

1. 了解网络营销的基本概念以及服装网络营销的起源、现状与未来发展趋势；

2. 理解服装网络营销的特点，懂得如何将网络营销与传统营销进行整合，取长补短；

3. 理解服装网络营销和电子商务的异同，掌握直复营销、整合营销两个概念；

4. 掌握服装网络营销与传统营销的主要差异以及服装网络营销对传统营销所造成的冲击。

　　简单地说，市场营销就是管理有价值的顾客关系。市场营销的目的就是为顾客创造价值，并获得顾客回报。在信息技术高度发达的当代，网络给了企业家、营销师、创业者无限遐想的空间去管理"有价值的顾客关系"。这一章将首先介绍网络营销的基本概念，并追溯、展现与瞭望服装网络营销的过去、现在与未来，希望能够站在历史的高度把握网络营销的"前世今生"。在此基础上，我们将讨论服装网络营销与传统营销的差异，希望通过两者的比较，把握其要旨，从而能够扬长避短，实现网络营销与传统营销的有机整合。

　　首先，让我们从中国知名的B2C（Business to Consumer，商家对顾客）网络购物平台——天猫（原名淘宝商城）的网络营销实例说起。天猫是淘宝网打造的综合性购物网站，与淘宝网共享着庞大的会员（截止2010年12月31日，淘宝网注册会员超过3.7亿人，覆盖了中国绝大部分网购人群）。自2008年建立以来，众多品牌包括Kappa、Levi's、Esprit、杰克琼斯、江南布衣、秋水伊人、优衣库、迪士尼、乐扣乐扣、苏泊尔、联想、惠普等都在天猫开设了官方旗舰店。迄今为止，天猫已经拥有4亿多买家、5万多家商户，7万多个品牌入驻。天猫倡导诚信、活泼、高效的网络交易文化，营造互帮互助的家庭式氛围，在店铺产品展示方面则采用 Flash 技术，同时推出 7 天无理由退换货售后服务，这些都为网购消费者提供了更为快捷、安全、方便的购物体验。天猫为商家和消费者创造了价值，从而它也受到商家和消费者的青睐，实现了自身的快速发展。

章首引例

2012 年 11 月 11 日，"光棍节"，零点，天猫和淘宝的"网购狂欢节"开始了！守候至深夜的人们蜂拥而至，第 1 分钟内就有 1 000 万人涌入。接下来的情况只能用疯狂来形容：第 10 分钟，支付宝总交易额达 2 亿 5 000 万；第 70 分钟，支付宝总交易额超过 20 亿；8 点 10 分，支付宝总交易额突破 50 亿元；高峰期每分钟的成交量甚至达到了 2 000 万元；网站一共进入了 2.13 亿的人流……阿里巴巴集团 11 月 12 日凌晨确认，"双 11"购物狂欢节的支付宝总支付额达到 191 亿元，超过 2011 年的 3 倍。其中天猫完成了 132 亿元，淘宝则完成了 59 亿元。191 亿到底是一个什么样的概念？做一个横向比较，国庆黄金周数据显示，上海的 395 家主要大型商业企业，包括 5 000 多家网点，它们在 9 月 30 号到 10 月 7 号 8 天的营业总收入是 64 亿。从消费者关注度颇高的商品品牌店来看，"双 11"当天单店销售过亿的有 3 家：杰克琼斯（Jack & Jones）、骆驼和全友，覆盖了男装、鞋类和家居类。有 18 家店铺一天的交易额超过了 5 000 万，也主要是服装、服饰和家纺类品牌。我们也可以回顾一下 2011 年"光棍节"，天猫的销售情况：单店人气超过百万关注的品牌商店有 12 家，包括欧时力（Ochirly）、杰克琼斯（Jack & Jones）、李宁、茵曼、唐狮、Akclub、南极人、麦包包、阿卡莎、芳草集、罗莱家纺等。其中，欧时力（Ochirly）、韩都衣舍、美特斯·邦威、ONLY 成为店铺中单个商品被收藏最多的店铺。GXG、骆驼服饰、博洋家纺 3 家品牌店销售额破 4 000 万，其中服装类占两家，杰克琼斯超过 3 000 万，超过 2 000 万的 4 家品牌店中 2 家为服装类商家。网络正在创造着奇迹！

在天猫创造的奇迹中，我们可以看到网络环境下营销活动的巨大变化。从消费者角度来看，相对于传统节日，"光棍节"这个饱含"草根"娱乐精神和互联网特色的节日向来很受网民追捧，因此这个节日的商业价值得以完全释放，成为众多网友疯狂血拼的重要时间节点。2010 年"光棍节"期间，凡客网、拍拍网、京东网、当当网、库巴网、新蛋网、一号店网都先后发力,纷纷参战。 从产品角度来看,天猫的活动非常强调品牌集聚度,网罗尽可能多的品牌,以实现买家"一站式消费"的心愿,通过网络,品牌商摆脱了传统商业在场地、时间上的种种束缚,最大化利用各种资源,突破了供应链和行业局限性。 2011 年,五折促销聚集了国内外大牌、名品,从女装、男装到家具、建材、数码产品、户外用品等一应俱全。 从渠道角度来看,由于网络渠道没有地域界限,可以最大限度地缩减渠道成本,同时面对数以亿计的消费者,因此营销效果成倍放大。 从促销角度来看,前期预热做得非常好,如抢红包赢免单、名品提前收藏等活动。 据悉,2011年"光棍节"之前一周内,天猫抢红包互动页面的点击量就已经达到 2.1 亿人次,在线人数已经超过 7 000 万,相当于每一秒钟有 400 多人次参与。 这是线下品牌商场难以企及的规模和速度。

　　淘宝商城谱写的销售神话,让我们看到了网络时代企业营销活动的巨大变化。 随着互联网最终成为构成生活的基本要素,我们或许会问,是否真的会有一天,如同阿里巴巴集团总裁马云所说:"要么电子商务,要么'无商可务'! "

1.1　服装网络营销的起源与发展

1.1.1　服装网络营销的起源

　　首先,网络营销是伴随着信息技术、网络技术的发展而产生的,如果没有现代计算机技术、网络技术、通信技术和多媒体技术的应用和发展,就不会有真正意义上的网络营销。 20 世纪 70 年代,计算机的广泛应用和先进通信技术的使用促成了电子数据信息交换(EDI)在贸易领域的应用和发展。 20 世纪 80 年代,由于网络技术的发展,人们开始通过网络进行产品交换、订货等活动。 20 世纪90 年代开始,因特网技术掀起了全球范围的应用热潮。 互联网已然成为社会和经济发展的重要推动力以及经济发展的重要生产要素,时时刻刻改变着人们的生产、工作、生活和学习方式。 因特网上各种各样的服务,体现出连接、传输、互动、存取各种形式信息的功能,使得因特网具备了商业交易与互动沟通的能力，最终形成了目前网络营销的发展热潮。

其次，网络营销的产生也取决于消费者生活方式和消费观念的改变。这种改变主要表现为：生活节奏加快，期望新的购物途径；追求个性化；消费主动性增强，追求消费过程的互动性；期望购物和消费过程更为方便；追求消费过程的享受和愉悦。在很长一段时期内，工业化和标准化的生产方式以大量低成本、单一化的产品淹没了消费者的个性化需求。另外，在短缺经济或近乎垄断的市场中，供给消费者挑选的产品很少，使得消费者的个性化需求不得不被压抑。而在市场经济充分发展的当代，已经实现由卖方市场向买方市场的转变，多数产品无论在数量上还是品种上都已极为丰富，市场竞争非常激烈。消费者完全能够以个人的心理愿望为基础来挑选和购买商品或服务。同时，个性化消费倾向的产生还与消费者消费水平及消费技能的提高不无关系。个性化使得消费者在选择商品时不仅考虑其使用价值，而且还考虑其他的延伸物，而且每个消费者考虑的延伸物是不同的，这就使得每个消费者都是一个细分市场。在消费过程中，面对差异化程度较大的海量商品，单向的沟通方式往往会使消费者产生不信任感，从而使互动式的营销方式深得消费者的青睐。同时，由于生活节奏的加快，城市交通的日益拥堵，消费者需要一种新的购物途径，或是解决这些问题，抑或是消磨时光、增加生活乐趣。传统营销已经无法适应这些变化，网络营销则以其高效、虚拟、交互等特点迎合了这些需求，在 20 世纪 90 年代蓬勃而生。

此外，网络营销产生的现实基础是激烈的市场竞争。随着市场竞争的日益激烈，为了在竞争中占有优势，各企业都使出了浑身解数想方设法地吸引顾客，但是传统的营销已经很难有新颖独特的方法来帮助企业在竞争中出奇制胜。可以说，市场竞争已不再依靠表层营销手段的竞争，更深层次的经营组织形式上的竞争已经开始。经营者迫切地去寻找变革，以尽可能地降低商品从生产到销售的整个供应链上所占用的成本和费用比例，缩短运作周期。而对于经营者求变的要求，网络营销可谓一举多得。开展网络营销，可以节约大量昂贵的店面租金，可以减少库存商品资金占用，可使经营规模不受场地的制约，可便于采集客户信息等等。这些都可以使得企业经营的成本和费用降低，运作周期变短，从根本上增强企业的竞争优势，增加盈利。满足消费者的需求是企业经营永恒的核心，利用网络这一科技制高点为消费者提供各种类型的服务，已经成为取得未来竞争优势的重要途径。

从全球的网络营销发展来看,1997 年之前可以称之为传奇阶段,人们对网络世界充满了惊奇,把网络看成是一个传奇世界,网络营销的基本概念和方法更是不甚明确,偶然因素的影响十分明显,多数企业对上网基本都是一无所知。1997～2000 年属于萌芽阶段,标志性的事件包括网络广告和电子邮件(E-mail)营销诞生,电子商务网站大量出现,企业网站建设由神话变为现实,搜索引擎的作用日益凸显。 2000 年互联网泡沫的破裂成为重要转折点,对网站和网络营销的认识趋于理性。 2001 年以来,网络营销服务市场初步形成,企业网站建设发展迅速,网络广告形式不断丰富,搜索引擎向细分化方向发展,网上销售环境日趋完善。 以下列举了网络营销发展中的一些重要事件。

1994 年 10 月 25 日,首个大型横幅广告出现在网站上,美国电话电报公司和 Zima 最早制作了横幅广告。

1995 年 6 月 1 日,在线书店亚马逊诞生,是最早创办的电子商务网站之一。 同年 9 月 2 日,皮耶尔·奥米迪亚开创拍卖网。 1997 年该拍卖网更名为 eBay,生意蒸蒸日上。

1995 年 Hotmail 诞生,并于 1996 年 7 月 4 日开始商业运作。

1997 年 12 月 17 日,博客时代启幕,约翰·博格最早用 weblog 这个术语来描述那些有评论和链接,而且持续更新的个人网站。

1998 年,美国互联网公司上市 40 家,而 1999 年,新上市的互联网公司高达 309 家。 其股票价格平均上涨了 2.5 倍,其中 15 家上涨了 10 倍,有 1 家上涨了 29 倍。

1998 年 12 月,阿里巴巴正式在开曼群岛注册成立,1999 年 3 月其子公司阿里巴巴中国在中国杭州创建,同年 6 月在开曼群岛注册阿里巴巴集团。 1998 年中国开始进入互联网电子商务阶段。

1999 年 3 月,8848 等 B2C 网站正式开通,网上购物进入实际应用阶段。

2000 年,闻名于世的网络服饰店 Boo. com 关闭。 同年 5 月,卓越网成立。

2001 年 7 月 9 日,中国人民银行颁布《网上银行业务管理暂行办法》。

2002 年 3 月,全球最大网络交易平台 eBay 以 3 000 万美元的价格购入易趣网 33% 股份。

2003 年 5 月,阿里巴巴集团投资创办的淘宝网上线。同年 10 月,淘宝网引入第三方支付工具"支付宝",降低了网络交易风险。

2004 年,病毒式营销日益受到关注。同年 8 月,亚马逊以 7 500 万美元协议收购卓越网,并更名为卓越亚马逊。

2005 年 5 月,欧洲流行时尚网 Boo.corn 宣告破产。同年 9 月,腾讯依托 QQ 的庞大用户群,推出"拍拍网"。

2006 年,淘宝网成为亚洲最大购物网站,同年,中国网民突破 1 亿。2007 年,淘宝网全年成交额突破 400 亿。2008 年 9 月份,淘宝网单月交易额突破百亿大关。2006 年 10 月,慧聪网与分众无线联手推出国内首个无线 B2B 平台。

2007 年,PPG(批批吉)获得 5 000 万美元的国际风险投资,以 B2C 电子商务直销模式运营。PPG 是一家成立于 2005 年 10 月以男式系列服装为核心产品的网络直销公司。

2008 年 11 月,团购鼻祖 Groupon 成立于美国芝加哥。2010 年 1 月,中国第一家团购网站"满座网"正式上线。同年 3 月,团购网站"拉手网"成立。

2009 年,视频网站土豆网、优酷网先后启动将视频技术与淘宝的网购平台相结合,共同提升用户网络购物的真实体验,推出"视频电子商务"应用技术。

2010 年,微博在国内像雨后春笋般崛起,新浪、腾讯、网易、搜狐四大门户网站均开设微博。

2011 年,微博在中国更加流行,目前用户已达到 3 亿多人。当年,继奇虎 360 之后,人人网、网秦、世纪佳缘、凤凰新媒体、淘米网等互联网公司相继赴海外上市。

2012 年 3 月 27 日,工信部发布的《电子商务"十二五"发展规划》提出,到 2015 年,电子商务交易额将翻两番,突破 18 万亿元。这一天,国内奢侈品网站优众网获得约 4 000 万美元融资,由全球媒体巨头 Advance 集团领投。

中国服装网络营销的孕育期则是在 1996～2002 年期间,当时主要是 B2B 低端服装加工企业、外贸企业开展的网络营销或者电子商务。 2003～2006 年进入起步期,C2C 低端服装经营户和品牌零售商开始实施网络营销。 其中 2003 年是网络购物转折年,2005 年批批吉(PPG)服装网络直销公司成立,开创了男装 B2C 直销模式。 2007 年之后,则进入了服装网络营销爆发期,大量直销网站出现,以综合模式运营的传统服装企业纷纷试水电子商务。 2007 年,服装服饰成为网络购物第一大商品品类。 艾瑞咨询统计数据显示,受 C2C 网络购物平台的带动和众多垂直类 B2C 网站加盟的驱动,2007 年中国服装网络购物市场规模为 75.2 亿元。 2008 年 1 月,运动品牌"李宁"成立了电子商务部,同年 4 月,淘宝商城李宁旗舰店上线。 2009 年被称为中国电子商务元年,许多电子商务平台高速成长,大量的传统服装品牌企业通过入驻 B2C 平台来开展网络销售业务。 同时,服装企业通过建立网络旗舰店、网络专卖店的形式开展网络销售业务活动。

1.1.2　服装网络营销的现状

中国互联网络信息中心(CNNIC)发布的第 30 次《中国互联网络发展状况统计报告》显示:截至 2012 年 6 月底,中国网民规模已经达到 5.38 亿,互联网普及率达到 39.9%;截至 2012 年 6 月底,网络购物用户规模达到 2.1 亿,使用率提升至 39.0%。 5 亿多网民、2 亿多网购用户的背后,新的网络信息传播正在普及,新的网络商业模式正在诞生,新的网络生活憧憬正在成长。 大大小小的企业必然会将网络营销整合成为企业营销战略与营销组合的一部分。 网络营销被证明是一种强大的直复营销工具,能够帮助企业提升销售,传播企业和产品信息,递送产品和服务,以及建立更加牢固的顾客关系。 直复营销(Direct Marketing)是一种为了在任意地点产生可衡量的反应或交易,而运用一种或多种广告媒介进行互动的营销系统(可参看本章最后部分的概念辨析)。

2011 年 10 月,CNNIC 在北京发布的《中国中小企业网络营销调查报告(2011 年上半年)》显示,网络营销已成为中小企业使用率最高的营销方式,受访中小企业中通过互联网进行广告和营销推广投入的比例达到了 26.7%。 营销推广渠道中,使用率位列第二的杂志仅达 13.3%。 服装企业开始应用搜索引擎优化(Search Engine Optimization,简称 SEO)以及利用搜索营销来提高品牌知名度和拓展市场,比如温州童装企业红黄蓝童装、广州依纯服饰、西安依锦服饰选择百度的搜索推广。此外，由于越来越多的人通过微博获取、分享信息，实现人际交往，微博正在成为社会公共舆论、企业品牌和产品推广，以及传统媒体传播的重要平台。外贸OEM(Original Equipment Manufacturer的缩写，意思是原始设备制造商，又叫定牌生产或贴牌生产)的服装企业也开始网络营销的开拓，这些企业的最大优势在于对生产成本的高度控制、质量的高度保证以及设计能力的快速提升。

艾瑞咨询统计数据显示，2011年中国网络购物市场交易规模达7 735.6亿元，较2010年增长67.8%。2011年中国网络购物市场交易规模占社会消费品零售总额的比重达到4.3%，2010年该数据为2.9%。随着网络的普及，电子支付的实现，智能型电子商务信息化交易以及网络技术手段的加强，服装网络营销的增长速度大大超乎人们的想象，服装电子商务领域已经进入快速成长期。目前，大量的传统服装企业已经建立了自己的在线销售和传播渠道，成为多渠道的网络和实体公司(click-and-mortar companies)，运用整合多元渠道战略，使用网络来拉动其他渠道的销售。艾瑞咨询统计数据显示，2011年中国网络购物市场中，"服装、鞋帽、箱包类"占比居首，市场份额为26.5%，排名其次的是"3C及家电类"，占比为24.2%。与2010年相比，服装、鞋帽、箱包类份额上升3.7个百分点，3C及家电类份额上升7.5个百分点，各品类中3C及家电类增速显著。另外，正望咨询的数据显示，2011年中国服装网购市场规模达到2 670亿元，年同比增长率高于总体网购市场20.6个百分点。中国服装网购市场呈现增速快、主体多样且互相融合、传统企业从幕后走向台前、"淘品牌"影响力初显等特点。艾瑞咨询提供的2008~2014年中国服装网络购物市场交易规模如图1-1所示。参与服装网购的企业主体日益多元化，既有互联网品牌服装电商企业，也有服装"淘品牌"企业，既有互联网渠道品牌企业，也有传统渠道品牌企业，还有传统的服装企业。诞生于互联网的电商企业顺应互联网"快"的特点，灵活应用线上推广手段和数据化营销手段，向前整合产业链；而传统的渠道商或者品牌商，则依托其在渠道上货源及运营经验，开始逐渐"触电"进行线上销售。近几年来，位于产业链后端的服装企业已经觉察到线上渠道的战略意义，于是迎来了一个网上开店的爆发期，企业相继试水网络销售。由前期通过分销渠道将货物批发给B2C、小卖家、小商家到网上销售，已经演变到成立电商平台(如淘宝、拍拍、京东商城)的官方旗舰店进行产品销售，秋水伊人、雅莹、淑女屋、欧时力、伊芙丽、GAP、ONLY等知名服装品牌都在淘宝商城开设旗舰店，进行在线销售。此外，部分企业或是基于 C2C 的网店联盟，或是建立官方 B2C 商城直接进行零售。艾瑞咨询的报告显示，传统服装企业涉足电商的典型代表有国内的百丽国际（官方 B2C 网站为优购网）、波司登、鲁泰纺织、七匹狼（含马克华菲）、江南布衣、美特斯·邦威、森马、真维斯、唐狮、九牧王、海澜之家、劲霸、佐丹奴、南极人、达芙妮、星期六、李宁、安踏、报喜鸟、杉杉、雅戈尔等品牌，国外的传统服装品牌"触电"的典型代表有优衣库、Bestseller（含 Only、Veromoda、Jack&Jones）、Mango、Esprit、Gap 等品牌。网络营销也已经从中低端服装品牌延伸到了很多高端品牌，比如范思哲（Versace）等等。传统渠道类企业，是指传统线下的商城、商场集团，如银泰百货、上品折扣、王府井百货等。这类企业在线下的终端零售方面取得很大的成绩，在网购快速发展的今天，已经开始积极布局线上销售渠道。

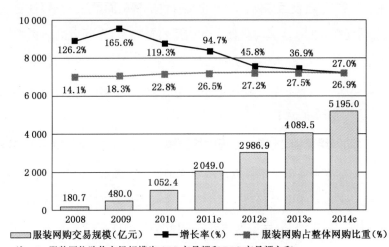

注：1. 服装网络购物市场规模为 C2C 交易额和 B2C 交易额之和；
　　2. C2C 交易规模以成交商品价值总额计算，B2C 交易规模以销售额计算。

图 1-1　2008～2014 年中国服装网络购物市场交易规模
（图片来源：艾瑞咨询研究报告）

009

从 2011 年开始，网络购物的用户增长逐渐平稳，未来网购市场规模的发展，将不仅依托于用户规模的增长，还需要依靠消费深度不断提升来驱动。移动化和社交化将成为带动网络零售市场向纵深发展的两列"快车"。2012 年上半年，移动电子商务市场高速发展，手机网购用户增长 59.7%，成为增长最快的手机应用；购物分享类网站快速渗透，对电商网站的流量带动也更加明显。

在服装网络营销蓬勃发展的同时，相关人力资源现状却不容乐观。大量传统服装企业开展初级电子商务，需要大量具有专业能力的网络营销人才，包括服装电子平台的设计与协助工作、站内外推广、平台店铺的策划设计、网络编辑、媒介公关、广告管理、网络咨询、商业情报、SEO（Search Engine Optimization，搜索引擎优化）等等，其中商务运营经理、网络营销顾问、网络销售经理、客户维护经理、渠道销售经理、企业广告经理、服务营销代表等职位最为热门。而目前大多数服装企业，尤其是小型服装企业，缺乏训练有素的网络营销人员，一般都是由那些对专业市场很有经验，但对网络营销不熟悉的传统营销人员，或是一些具有信息技术背景的网络技术人员客串网络营销工作。

1.1.3 服装网络营销的未来

世界因为网络而改变，而网络营销是以网络为基础的，必将伴随着网络技术和信息通信技术的发展而发展。当前的世界已经进入一个网络信息社会，信息通信技术的发展，已经使互联网成为一个全球性的辐射面更广、交互性更强的新型媒体。网络在商业、家庭与教育上的应用日益普及，在网上的新兴虚拟社会也正在逐渐形成。可见，人们对于网络越来越依赖。

根据互联网的发展、相关技术进步以及市场营销环境的变化，服装网络营销将会呈现以下的发展趋势：

1.1.3.1 移动网络营销，或称为无线网络营销，将得到更为快速和深入的发展

通过移动商务服务平台不断满足消费者个性化、碎片化与即时性需求，是服装网络营销未来发展的重要趋势。《中国互联网发展状况统计报告》显示，截至2012年6月底，我国手机网民规模达到3.88亿，较2011年底增加了3 270万人，2012年上半年手机上网比例增长至72.2%，超过了台式电脑，手机成为了我国网民的第一大上网终端。手机的便携、移动、智能等特性使其具有了很好的应用成长空间。无线通信产业和互联网的融合，为双方共同创造出了空前巨大的市场。相对于电子商务是使用计算机网络以电子信息交换的方式进行的各种商务活动，移动电子商务就是利用移动通信手段来完成电子商务，为电子商务的发展创造了广阔的发展空间。无线电子商务的用户主要利用移动电话，获得营销和销售信息、接收订货信息、做出购买决策、支付款项、获得服务或产品，接受所需的客户支持。移动商务时代由于手机用户的通讯身份、交易身份和支付身份成为一体，顾客可以随时随地进行网上消费。因此未来良好移动商务服务平台的创造，将带来电子商务革命性的发展。如图1-2所示，是消费者正在用手机体验

"虚拟超市"购物。"虚拟超市"的购物过程就像网购一样简单:摆满百货商品的超市货架海报贴在月台墙上,每样商品下方除了名称、价格外,还有一个二维码。人们只需用智能手机拍下虚拟商品二维码,供应商就会把相应产品快递到手机用户家中。

虚拟超市灯箱　　　　　　　　　　　二维码

图1-2　消费者用手机体验虚拟超市购物

1.1.3.2　客户关系管理(CRM)技术将得到更充分的应用

客户关系管理(CRM,Customer Relationship Management)技术将得到更充分的应用,包括 CRM - SCM(Supply Chain Management,供应链管理)整合技术、网络跟踪器等,从而更好地帮助企业谋求一对一的客户关系管理。 CRM 通过应用现代信息技术,使企业市场营销、销售管理、客户服务和支持等以客户为中心来重新设计业务流程,实现客户资源有效利用。 它通常指"前台运营",这意味着公司努力在所有客户接触点上创造令人满意的经历。 例如,电话接入客户服务代表、网上购物、电子邮件联系等。 在客户控制的网络环境中,即使是一致的客户服务有时也依然有不足之处。 有了技术优势和协同工作的能力,网络零售商可以无痕链接后台(如存货和支付)与"前台"的 CRM 系统及整个供应链管理系统(SCM)。 整个供应链可以共同合作来满足消费者的需求,并通过流程优化获得更多的利益。 假设一个客户在服装零售商的网站上订购了一件衬衫,如果衬衫缺货,客户一般会在屏幕上看到这个消息,而二代 CRM - SCM 系统则可以进一步完成对批发商和制造商的库存检查,明确是否可以接受订购。 在客户订购的过程中,系统会通报客户并提供选择。 例如,等两个星期得到制造商的送货,或考虑当前有货的一件类似的衬衫。 这个选择信息甚至可以在一个弹出的窗口内完成,由一个在线的客户服务代表帮助客户完成。 未来将会有更多的公司将

CRM 和 SCM 这两个系统进行整合，它们对客户需求的反应会越来越快。 例如，著名的牛仔服装品牌公司李维斯实施一种名为"个性化裁剪"的方案。 消费者可以使用电子扫描仪将精确的测量数据直接发送到工厂，定做个性化的牛仔裤。

技术也将极大地改进 CRM 流程。 拨打对方付费电话、电子服务亭、按需传真、语音邮件和自动拨打电话等，都是帮助客户在客户生命周期中前行的技术。 然而，互联网是第一个充分和个性化处理的低成本多媒体渠道，它是公司客户关系管理的中心环节。 网络跟踪器、网站日志、条形码扫描仪、网络自动监视工具和其他工具都有助于收集关于消费者行为和特征的信息。 数据库和数据仓库从在线和离线接触点来存储和传递这些数据，员工能借此开发更加理想的营销组合去满足客户的个性化需求。

1.1.3.3　网络广告将发挥更大的作用

付费搜索广告、富媒体广告、视频广告、游戏嵌入广告等将保持快速发展态势，网络广告市场规模将继续放大，新的广告形式将不断出现，品牌广告也由图形、文字链等传统广告形式向多元化的方向进一步发展。 社区营销将从概念转变为应用，富媒体及视频广告将面临前所未有的发展机遇。 品牌广告主投放正向着整合网络营销方向发展，广告主更加注重网络广告的实际回报，而不仅仅是点击。 特别是网络视频广告将迅猛发展。 2012 年上半年通过互联网收看视频的用户增加了约 2 500 万人。 手机端视频用户的增长更为强劲，使用手机收看视频的用户超过一亿人，网络视频用户规模将会继续增长。

1.1.3.4　网络媒体和网络技术将更有利于产品的销售

网络防火墙技术、信息加密技术将更加成熟，这将有助于提高网络系统在产品销售方面的效率。 随着各种网上支付方式的推行，使网络消费者感到不安的网上付款的安全问题将会迎刃而解，从而必然会带来网上销售的巨大发展。 电子邮件技术将会趋于完善、使得营销人员能够调控邮件的字体和颜色，网络企业将能够根据不同受众来设计销售信息的式样，电子邮件将能够用多媒体形式发送带有声音、图像的产品介绍，增加对顾客的吸引力。 通信技术与国际互联网的结合，使网络用户可以通过互联网发送和接收电话信息，而成本低廉。 商家既可以利用广播传达消息，也可以在顾客个人的信息中留言，即使打电话时对方不在，客户也能在方便的时候收到信息。

1.1.3.5　网络试穿技术的开发与应用

与实体服装终端相比，网络营销最大的缺憾就是不能亲自试穿。随着技术进步，人体扫描、三维试衣系统的商用，利用虚拟技术开发的网上试衣系统，使消费者在网上购衣如身临其境。相对于部分欧美国家，网络直销服装零售领域超过 20% 市场份额的现状，我国服装业网络直销市场发展空间非常巨大。网购市场的高增长趋势在今后 5～10 年，甚至 15 年都有望得到保持。与欧美韩日等互联网普及率较高的国家相比（网民中网络购物比例已经超过 2/3），中国网民的网购潜力仍未被完全释放，因此未来发展空间巨大。艾瑞咨询预测到 2014 年服装网购市场整体规模将达到 5 195 亿，届时在整体网购市场中的占比将保持在 27% 左右的水平。

服装网络营销实例 1.1——互联网快时尚品牌：凡客诚品

凡客诚品（VANCL，以下简称凡客）作为互联网快时尚品牌，它的创设与发展很好地反映了服装网络营销的特点。凡客自 2007 年创设之后，借助互联网的无限延伸，业务迅速发展，仅一年后，凡客的销售额便迅速攀升至 3 亿元。据艾瑞咨询机构分析，2008 年，VANCL 在国内服装网购市场份额不少于 18.9%，仅次于淘宝商城。它在 2009 年的销售额为 6 亿元，2010 年销售额则达到了 18 亿元。和 PPG 不同，凡客认为"在网上，货架是无限的"，它的产品种类由 2008 年的男装衬衫、POLO 衫两大类几十款，发展到现在的男装、女装、童装、鞋、家居、配饰、化妆品等七大类。如图 1-3 所示为其购物网站首页截图。

图 1-3　凡客诚品购物网站首页截图

凡客的广告攻势非常强大,而且充分利用了网络媒体的优势。 公开数据显示,该公司
2010 年的广告投放费用约 4 亿元,网络广告行业监测系统(Ads Rating)的数据也表明,凡客
诚品位列电子商务网络广告投放排行榜首位。 凡客约 70% 的广告投放都在网络上,在门
户网站投放广告,采取按销售分成的方式。 凡客线上媒体广告投放的深度、广度和准度是
近几年比较成功的典范。 以全国最大的三大主流门户的旗帜广告实现面的覆盖,以工薪阶
层人群最集中、使用频次最频繁的主流社区、论坛以及即时通信工具实现重点目标人群的
深度渗透,还借助了搜索引擎的关键字广告以及内容广告对"长尾"上的零散潜在客户进
行广撒网的捕捞,通过这些恰当的投放策略和方法,单就站点流量这个指标上看,凡客的客
流量高出 B2C 的先行者 PPG 6~9 倍。 而另一项更为有效的线上广告传播就是大规模的网
络联盟营销,凡客诚品在多家网络广告联盟上投放 CPS(商品推广解决方案)广告。 凡客充
分发挥着网络传播的巨大能量,广告文案"凡客体"成为互联网热点——"爱网络,爱自
由,爱晚起,爱夜间大排档,爱赛车,也爱 29 块的 T-shirt,我不是什么旗手,不是谁的代言,我
是韩寒,我只代表我自己。 我和你一样,我是凡客",一时广为传播。 凡客为了更好地进
行口碑传播,还开设了自己的微博及其粉丝微博。 消费者可以通过先体验凡客诚品的产
品,然后在微博上分享给其他朋友的方式,获得凡客诚品提供的礼品或优惠券等。

"良好的客户体验"是凡客老总陈年时常挂在嘴边的一句话。 对于网购服装品牌而
言,与线下实体店相比存在着其天然的缺陷——用户买之前无法试穿。 然而,2009 年 4 月
初,凡客启动了最大规模的客户体验升级活动:全免运费——无论购买多少钱的产品,运费
全部由凡客埋单;30 天无理由退换货——无论用户是否穿过、洗过,只要不满意,30 天内凡
客可以退换货;开箱试穿——用户收到凡客的衣服时,可以当面拆开试穿,觉得满意了再付
款收货。 此外,凡客还自建了物流"如风达",进一步提升了竞争了。 在 2011 年 2 月,凡
客又推出手机凡客网和移动客户端,进军移动电子商务领域。

(资料来源:傅若岩. IT 时代周刊,2011.09.20. /庄猛. 凡客诚品的品牌传播之道. 新闻
爱好者,2011(10)/百度百科. http://baike.baidu.com/view/1488529.htm)

概念辨析——网络营销、网上销售 VS 电子商务

网络营销的对应英文词是 E-Marketing、 Online Marketing、 Internet Marketing、 Cyber
Marketing 等。 网络营销的定义是企业整体营销的一个组成部分,是以现代营销理论为基
础,利用互联网强大的技术和功能,通过网上的营销活动,最大限度地满足消费者的需求和
实现企业利益的经营过程。 网络营销是基于互联网开展营销活动,以目标顾客为导向,强
调个性化的全程营销。 首先要认识到网络营销不同于网上销售,网络营销的目的之一是扩
大销售,但其效果是全方位的,通过网上营销可以提升企业和品牌的价值和知名度,加强与

客户之间的沟通,改善对顾客的服务水平,增强顾客的品牌忠诚度,并将网络作为一种对外发布信息的媒体等等。 网络营销活动不一定能实现直接销售目的,但是可以增加总的销售额和扩大市场占有率。 而网上销售只是借助网络来实现产品销售的一种新型销售方式。网上销售的推广方式也不仅仅靠网络营销,往往还要采取许多传统的方式,如传统媒体广告、印发宣传册等。 电子商务(E-Commerce,E-Business)是指实现整个贸易活动的电子化,从涵盖范围方面可定义为:交易各方以电子交易方式而不是通过当面交换或直接面谈方式进行的任何形式的商业交易。 电子商务意味着有交易活动的发生,可以简单地理解为电子交易,它侧重于交易方式的电子化,同时强调的是交易行为和交易方式。 因此,可以说电子商务和网络营销的主要分界线在于是否有交易行为发生。 当一个企业的网上经营活动发展到可以实现网上直接销售时,就可以认为提升到了电子化交易的层次,即进入了电子商务阶段。 从另外一个角度看,电子商务涉及物流与货币流两个要素。 电子商务更为关注供求信息发布,订货及确认订货,支付过程及票据签发、传送和接收,确定配送方案并监控配送过程等。

相关技术——互联网与网络技术

计算机网络是由计算机技术和通信技术相结合而形成的系统,两种技术相辅相成、相互促进。 网络把互联网上分散的资源融为有机整体,实现资源的全面共享和有机协作,使人们能够透明地使用资源的整体能力并按需获取信息。 资源包括高性能计算机、存储资源、数据资源、信息资源、知识资源、专家资源、大型数据库、网络、传感器等。 网络可以构造地区性的网络、企事业内部网络、局域网网络,甚至家庭网络和个人网络。 可见网络的根本特征并不一定是它的规模,而是资源共享,消除资源孤岛。 互联网是由许多网络相互连接而构成的,可以看作是广域网的一种特例。 因特网则是互联网的一种。 因特网是由上千万台设备组成的互联网,它跨越了国界,几乎覆盖了整个地球。 国际标准的因特网写法是 Internet,字母 I 一定要大写。 因特网使用 TCP/IP 协议让不同的设备可以彼此通信。 但使用 TCP/IP 协议的网络并不一定是因特网,一个局域网也可以使用 TCP/IP 协议。判断自己是否接入的是因特网,首先是看自己电脑是否安装了 TCP/IP 协议,其次看是否拥有一个公网地址(所谓公网地址,就是所有私网地址以外的地址)。 TCP/IP 协议由很多协议组成,不同类型的协议又被放在不同的层,其中,位于应用层的协议就有很多,如 FTP、SMTP、HTTP。 只要应用层使用的是 HTTP 协议,就称为万维网(World Wide Web,简写为WWW)。 之所以在浏览器里输入百度网址时,能看见百度网提供的网页,就是因为您的个人浏览器和百度网的服务器之间使用的是 HTTP 协议在交流。 万维网是当前因特网上最受欢迎、拥有最新信息检索服务的系统。 它把因特网上现有资源统统连接起来,是集文本、图像、声音、影像等多种媒体文件为一体的信息发布中心，同时还具有交互服务功能，它的出现改变了人们观察和创建信息的方法。新闻组和 WWW、电子邮件、远程登录、文件传送同为互联网提供的重要服务内容之一。FTP（File Transfer Protocol，文件传输协议）也是应用层的协议。FTP 服务允许用户从一台计算机向另一台计算机复制文件。因特网上有成千上万台匿名 FTP 主机，这些主机上存放着大量的文件供用户免费下载。因特网，也就是国际互联网，很多时候就简称为互联网。

1.2 服装网络营销与传统营销

网络营销是在传统营销的基础上发展起来的新生事物，它与传统营销有着千丝万缕的联系，它必然遵循传统营销的基本概念、理论体系和基本实用方法，但是，也应该看到网络营销作为一种全新的营销理念，与传统市场营销相比，在许多方面有着明显的差异，对企业的传统营销活动造成了巨大的冲击。正确认识、深刻理解传统营销与网络营销的联系与区别是网络营销取得成功的前提之一。

1.2.1 服装网络营销与传统营销的差异

在网络的环境下，无论是企业市场营销的理念，还是了解市场和消费者的途径和方法，以及产品、渠道、价格、促销与沟通的策略，都发生了很大的变化。服装网络营销与传统营销的主要差异有以下几个方面。

1.2.1.1 营销理念的差异

信息技术和网络技术的发展，使得大规模目标市场向个人目标市场转化成为可能，从而促成了网络营销朝着个性化营销理念转变。在传统营销中，不管是无差异策略还是差异化策略，其目标市场的选择都是针对某一特定消费群，很难把每一个消费者都作为目标市场。网络则具有一对一的互动特性，这是对传统媒体面对大量"受众"特征的突破，可以实现生产者和消费者一对一的互动沟通，了解顾客的要求、愿望及改进意见，将工业时代大规模生产导致的大规模营销改进为小群体甚至个体营销，创造更令人满意的个性化顾客体验。亚马逊公司的创建人贝索斯(Bezos)曾说:"如果我们有 7 200 万消费者,我们就应该有 7 200 万个商店"。 在网络环境下,企业通过网络营销系统向消费者提供全方位的商品信息展示和多功能的商品检索机制,消费者一旦有了需求,可立即上网搜寻合适的商品或通过网络向生产者提出自己的个性化需要,从而每一个营销过程都是满足某一个消费者需求营销过程,市场细分达到了彻底化。 网络营销的核心不在于"推"产品,而在于"拉"顾客,顾客不再处于被动的地位,而可以更加主动地寻求商品信息,即由推式营销转向拉式营销,主要表现为用户更加主动地选择信息。 服装消费者可以方便地浏览网页上的服装图片,比较价格。

1.2.1.2　时空界限的差异

网络营销与传统营销有着不同的时空观。 网络营销不受时间和空间限制,在很大程度上改变了传统营销形态和业态。 网络能够提供全天候的服务,消费者可以随时查询所需商品或企业的信息,并提交购买订单,真正实现 7 × 24 服务。"在网上,货架是无限的",网络营销的空间观与传统营销也有着天壤之别。一家综合性商场,服装品牌一般只有几十到一百多个,而网络销售平台可以容纳成百上千的品牌。 而就货品而言,普通品牌服装的旗舰店同时在售的服装款式一般为几百款,而像"韩都衣舍"这样的服装类电商,同时在售的服装就达 3 000款。 网络的虚拟特性使得网络销售平台可以像滚雪球一样,越来越庞大。 贝索斯的理念就包括构建一个顾客能买到任何商品的地方,亚马逊公司正是本着这样的理念,从图书的在线销售起家,发展到销售玩具、工具、处方药品、家居用品、电子产品、服装服饰等,并成为全球最大的零售商店。 国内的网络零售商"京东商城",在线销售家电、数码通讯、电脑、家居百货、服装服饰、母婴、图书、食品、在线旅游等 12 大类数万个品牌百万种商品。 通过网络展示产品,也不同于实体展示,可以多角度、多层次地实现商品一览无遗的展示,使顾客获得良好的用户体验。 网络营销还具有全地域的特点,比如网上销售渠道可能接到地域跨度很大的消费者的订单,当然这就对发货体系、支付系统、物流系统提出了很高的要求。

1.2.1.3　对信息技术依存度的差异

网络营销是一种在现代科学技术基础上发展起来的新营销模式,它的核心是以计算机技术为基础,通过网络实现企业营销活动的信息化、自动化与全球化。在网络营销中,企业活动从市场调研、产品开发、商品销售,直至用户在售后服务与售后评价等一系列过程，均需要以信息技术为支撑。 亚马逊公司的CTO（首席技术官）Werner Vogels 就曾表述：很多人以为亚马逊是一个零售商，其实亚马逊从一开始就是一个技术公司；当初贝索斯在建立亚马逊时并不是要建一个书店，而是想要用互联网来实现一个其他方式不能做到的东西；亚马逊成立17年大概花了几十亿美元在IT方面。 国内某大型网络零售商曾在促销活动中，由于点击量过大而导致系统瘫痪，充分反映了信息技术对于电商的支撑作用。 也正因如此，从事网络营销的企业无不加大技术投入、技术创新。 京东商城在2011年曾获得15亿美元的融资，这笔融资几乎全部投入到了物流和技术研发的建设项目中。 习惯网购的朋友也都深有体会，大部分皇冠级淘宝卖家都是"图片控"，这就需要相关信息技术支持。 如图1-4所示为女装品牌"秋水伊人"在天猫网开设的旗舰店的一款产品展示的部分内容，整个页面有着十分全面的产品信息，从模特多角度照片、产品细节到洗涤提示等。 此外，对于那些视逛街购物为乐趣的消费者、尤其是女性消费者来说，如何增加网络购物的乐趣，也需要信息技术进步来解决。

图1-4　"秋水伊人"天猫旗舰店产品的图文展示截图

应该看到，随着整个电子商务市场的规模增长到一定程度，我国互联网零售行业的竞争将从市场驱动阶段进入技术驱动阶段，决定未来10年互联网零售企业命运的将不再只是渠道的优劣、价格的高低和服务的好坏，而底层技术的可靠性、扩展性、稳定性以及对新技术的研发、吸收和利用将成为新的成长动力和竞争力。

1.2.1.4　沟通方式的差异

传统营销在利用媒体广告、公关等方式进行沟通时,只能提供单向的信息传输。传统商业中的活动大部分是依靠面对面和书面文档传递为主。信息传送后,企业难以及时得到消费者的反馈信息。另一方面,在传统媒体上,尤其是在电视上做广告,尽管企业投入的可能是巨额资金,但是所达到的营销目标也许只是企业的形象宣传,对产品的性能、特征、功效无法进行深入的描述与刻画,而消费者也总处于被动的地位。互联网以其交互性强的特点弥补了传统营销在沟通方式上的不足,网络营销将生产和消费两个环节融入整体的营销过程,使营销过程成为满足消费者需求的过程,同时企业可以实时便捷地获取客户信息与需求,实现动态的客户管理。互联网通过展示商品图片、商品信息资料库并提供有关的查询,来实现供需互动与双向沟通,还可以进行产品测试与消费者满意度调查等活动。互联网为产品联合设计、商品信息发布以及各项技术服务提供了最佳工具。所以,曾有业界人士称"互联网的销售本质是媒体营销"。

019

1.2.1.5　营销策略的差异

互联网的互动性、虚拟性、开放性等特点注定了网络营销在价格策略、渠道策略、产品策略、促销策略与顾客服务策略等方面与传统营销有了很大的区别。在价格策略方面,由于网络环境使得消费者更容易获取和比较产品价格,同时考虑到网上销售比传统销售渠道的成本低,因此企业的网上销售价格一般来说比传统市场价格要低。网络平台还能提供竞拍,因此也有了拍卖竞价策略。在产品策略方面,企业为消费者提供产品信息服务时可以采用建立"虚拟展厅"、建立"虚拟设计室"等策略。网络营销加强了顾客之间的联系,这使得分散的个体形成大规模的虚拟协作成为可能。在产品开发上,可以采取在线合作与交互的开发策略,让消费者主动参与和协助产品设计与开发。在促销策略方面,企业可以借助网上知名站点(ISP 或 ICP)、免费电子邮件和一些免费公开的交互站点(如新闻组、公告栏)发布企业的产品信息,对企业和产品进行广告宣传;可以利用网络营销策略扩大站点的知名度,吸引上网者访问网站,起到宣传和推广企业以及企业产品的效果;还可以利用直接销售的网络营销站点,采用一些销售促进方法如价格折扣、有奖销售、拍卖销售等方式,宣传和推广产品。

1.2.1.6　信任与安全的差异

互联网的开放性使得任何人、任何企业都可以以极低的成本在互联网上发布、传播信息，从而也造成了网上的信息鱼龙混杂，正规的企业营销信息和各种充满欺骗性、违法的信息掺杂到一起，让消费者无从识别，自然降低了消费者对正规网上商业信息的信任感，影响到企业营销目标的实现。消费者还会担心他们的隐私权是否会受到尊重，个人重要的信息，如银行账户和密码等是否安全。与传统的营销方式相比较，网络营销方式在安全性方面处于劣势。

1.2.2　服装网络营销对传统营销的冲击

网络从根本上改变了传统营销模式，改变了顾客对于便利、速度、价格、产品信息和服务的看法，它给营销者提供了一种为顾客创造价值并建立顾客关系的全新方式。这种新型营销模式具有很多优势，对传统营销造成了很大的冲击。

1.2.2.1　对传统营销战略的冲击

网络营销使企业的营销战略发生了变化。互联网具有开放的特性，一方面网络营销将削弱大公司拥有的规模经济的竞争优势，从而使小企业更容易参与市场竞争，另一方面开放的网络世界使得市场竞争透明化，企业获得成功的关键越来越依赖于对信息的获取分析和应用，进而采用更有竞争性的营销战略。服装淘品牌（"淘品牌"是指"淘宝商城和消费者共同推荐的网络原创品牌"。）的成长很好地印证了这一点：经营时尚女装和男装的"韩都衣舍"作为一个快时尚品牌，通过网络营销迅速壮大起来。2008年白手起家创立品牌，2011年的销售额就达到了3亿元，平均3 000款在线，日均订单量10 000单。另一个女装网络品牌"七格格"，其团队在2009年还只有20人，如今已经借力淘宝平台，年销售额超过3个亿。七格格独立的B2C已经上线，男装品牌也将上线，网络创造了企业飞跃式的发展。七格格的创始人曹青这样总结她的奋斗经历："互联网是一个相对而言比较平等的地方，只要努力，我相信就会有所收获。"

网络营销对传统营销的市场细分与目标市场选择战略也带来了冲击。传统的细分目标市场的标准已经不能完全适用，消费者的个性化需求导致细分更"细"，市场细分难度增大，表现在标准的变化以及细分的程度差异。除了传统的细分标准，还按是否上网、上网能力、上网时间、使用的语种等新的细分标准对目标消费者进行分类。 此外,网络营销还会影响企业的跨国经营战略。 网络的跨时空特征使企业跨国营销的成本降低,每个企业都可以进行跨国营销。

1.2.2.2 对传统营销策略的冲击

传统营销致力于建立并依赖层层严密的渠道,在市场上投入大量的人力、物力和广告费用,这一切在网络时代将被看成为无法负担的奢侈成本。 在网络时代,人员推销、市场调查、广告促销、经销代理等传统营销手法,将与网络结合,并充分运用互联网上的各项资源,形成以低成本投入,获得最大市场销售量的新型营销模式。 网络营销对传统营销策略造成的冲击包括:对标准化服装产品的冲击;对定价策略的冲击;对营销渠道的冲击;对广告策略的冲击。

(1) 对标准化服装产品的冲击

作为一种新型媒体,互联网可以在全球范围内进行市场调研。 通过互联网,厂商可以迅速获得关于产品概念和广告效果测试的反馈信息,也可以测试顾客的不同认同水平,从而更加容易地对消费者行为方式和偏好进行跟踪。 因而,在大量使用互联网的情况下,对不同消费者提供个性化的定制服装将不再是天方夜谭,如丢丢网的服装定制、淘宝平台的诸多定制商家。

(2) 对定价策略的冲击

网络营销能为企业节省巨额的促销和流通费用,降低成本,并且消费者可以在全球搜索最优惠价格,甚至可以绕过中间商向生产者直接订货使低价销售得以实现。 而且,如果某种产品价格标准不统一或经常改变,客户会通过网络获知,并可能由此产生不满。 可见,因特网将导致产品国际或地区间的价格水平标准化或至少缩小价格差,这对于执行差别化定价策略的公司来说确实是一个严重的挑战。

(3) 对营销渠道的冲击

从零售市场来看,传统的服装实体零售店将面临在线销售的打压。 土地成本上升导致的实体店铺租金的高涨,极大地增加了服装企业的成本负担。 由于网络虚拟商城能最大限度降低渠道成本,利润则可能是实体店的数倍。 就连最初人们认为难以网上销售的高端服装,也走进了在线销售。 Yoox 集团打造的网上百货公司 TheCorner.com 就先后推出了 Armani、 Valentino、 EmilioPucci、Moschino、 RobertoCavalli、 JilSander、 Zegna 等品牌的网店。 技术与管理日益成熟的淘宝网、京东商城、拍拍网、麦考林都为服装商家提供了在线销售的优质平台,凡客诚品、玛萨玛索等品牌电商的服装销售也取得了不俗的业绩。 通过因特网,企业可以与最终用户直接联系,中间商的重要性因此有所降低,从而造成由跨国公司所建立的传统的国际分销系统对小企业造成的进入障碍将明显降低,以及对于直接通过因特网进行产品销售的生产商,需要考虑其售后服务问题。

(4) 对广告策略的冲击

与传统广告相比,网络广告所表现出来的优势是明显的:网络广告的空间几乎是无限的,其传播范围远远大于传统广告;网络广告具有很强的定向性与交互性,费用也比较低。 尤其是网络视频广告、网络游戏植入广告(IGA,in game advertisement)等发展迅速。 同时,新的营销策略层出不穷,病毒营销、博客营销、图片营销、IM(Instant Messenger,即时通讯)营销、电子杂志营销,林林总总。 相对于传统媒体来说,网络空间具有无限扩展性,因此在网络上做广告可以较少地受到空间篇幅的限制,可以尽可能地将必要的信息一一罗列。 迅速提高的网络广告效率也为企业创造了便利条件。

1.2.2.3 对传统营销方式的冲击

随着网络技术迅速向宽带化、智能化、个性化方向发展,用户可以在更广阔的领域内方便地实现多媒体信息共享和人机交互功能,客户关系管理和竞争形态都在改变。

(1) 客户关系的改变

网络营销的企业竞争是一个以客户为焦点的竞争形态,一切都围绕争取客户、留住客户、扩大客户群体、建立亲密客户关系、分析客户需求、创造客户需要等来展开。 网络营销改变了企业建立客户关系的思维方式,基于网络的社交媒体在企业营销战略中的地位越来越高。 网络营销高效的客户关系管理是传统营销所不能企及的,企业有前所未有的机会去观察和追踪每一个客户的购物行为,从而更深入地分析客户购买习惯,其中跟踪客户众多行为包括:访问的站点、浏览的商品、购买的商品、所做的点评等。 低成本的客户联系方式,比如远程营销、电子邮件、企业网站等,通常具有更高的成本效率。 与分布在全球的客户群体保持紧密的关系并掌握他们的特性,再通过客户教育和企业形象的塑造来建立客户对于虚拟企业与网络营销的信任感,是企业网络营销成功的关键。

(2) 竞争形态的改变

网络是一个真正的全球媒体,提供了一个真正意义上集中所有的生产者和消费者的世界市场。 买卖双方在几秒钟之内就可以从一个国家点击到另一个国家。 市场竞争也是透明的,人人都能掌握竞争对手的产品信息与营销行为。 因此,胜负的关键在于如何适时获取、分析、运用这些来自网络的信息并制定极具优势的竞争策略。 从这一点来看,可以使小企业更容易在全球范围内参与竞争,这一点是跨国公司所不能忽视的。 无论怎么看,网络营销都将降低传统营销环境下跨国公司所拥有的规模经济的竞争优势,给中小企业提供了一个与大企业进行公平竞争的平台。

1.2.3 服装网络营销与传统营销的整合

网络营销与传统营销都是服装企业营销战略的组成部分,两者是一个整合的过程,有的称其为实现"有形互联"。 对于整个服装行业而言,在短期内销售的主体仍然是传统线下渠道,传统营销不会消亡。 即使在今后可预见的很长一段时间内,网络营销将和传统营销互相影响、互相弥补和互相促进,直至将来实现相互融合的内在统一。

1.2.3.1 实现整合营销沟通

网络营销和传统营销的整合称为整合营销,实际上就是利用整合营销的策略来实现以消费者为中心的传播统一性和双向沟通,用目标营销的方法来开展企业的营销活动。 整合营销包括了传播的统一性、双向沟通和目标营销。

(1) 传播的统一性

这是指企业以统一的传播方式和信息向消费者传达,即"用一个声音来说话",消费者无论从哪种媒体所获得的信息都是统一的、一致的。 其目的是运用和协调各种不同的传播手段,使其发挥出最佳的、最集中统一的作用,最终实现在企业和消费者之间建立长期的、双向的、维系不散的关系。

(2) 双向沟通

与消费者的双向沟通,是指消费者可以与公司展开富有意义的交流,可以迅速、准确、个性化地获取信息,反馈信息。 传统营销的座右铭是"消费者请注意",整合营销的口号则是"请注意消费者"。 虽然只是两个词之间位置的交换,但消费者在营销过程中的地位发生了根本的改变,营销策略已从消极、被动地适应消费者向积极主动地与消费者沟通和交流转化。

(3) 目标营销

整合营销已从理论上离开了在传统营销理论中占中心地位的 4Ps（产品（Product）、价格（Price）、渠道（Place）、促销（Promotion）和策略（Strategy））理论，逐渐转向 4Cs（顾客（Customer）、成本（Cost）、便利（Convenience）和沟通（Communication））理论，所主张的内在关系都是围绕消费者为中心展开的。 包括先不急于制定产品策略，而是以研究消费者的需求和欲望为中心；暂时把定价策略放到一边，而研究消费者为满足其需求所愿付出的成本；忘掉渠道策略，着重考虑提高购物的便利性；抛开促销策略，着重于加强与消费者的沟通与交流。

目前，互联网正处在商业应用的第四个阶段，最终将网络整合到整个公司营销计划的时代已经来临。 O2O（Online to Offline）模式就是网络营销与传统营销整合的一种典型。 将线下商务的机会与互联网结合在了一起，让互联网成为线下交易的前台。 这样线下服务就可以用线上来揽客，消费者可以用线上来筛选服务，还有成交可以在线结算。

1.2.3.2 服装网络营销与传统营销的渠道整合

网络渠道和传统渠道有着各自的优势和劣势，因此其整合就是要从分散与独立的过程发展到统一的、协同作战的过程。 网络销售对于实体店铺的冲击不容回避，如何平衡其间的关系是企业必须要面对的问题。 网络销售和实体店销售相结合是渠道整合的重要内容之一。 知名网商"麦考林"早已有了线下的实体店，销售自有品牌欧梦达（EUROMODA），而且经营得有声有色。 服装网上销售和实体店销售的整合，可以是线上与线下推出不同的品牌、不同的产品（网购专售）。 杭州梦至超服饰有限公司旗下的三个品牌——谈颂、梦至超、阁外，其中，阁外就是只做淘宝销售。 随着网购的风靡，在实体店享受试穿服务，在网上以低廉的价格拿下，成为淘货一族的必杀技。 可见，渠道整合势在必行。

服装网络营销实例 1.2——李宁品牌的整合营销

自 1990 年以来，李宁成就了中国运动服装第一品牌的地位。 早在 1998 年，公司就建立了国内第一家服装与鞋的产品设计开发中心，率先成为自主开发的中国体育用品公司。 在实践与探索中，李宁（中国）体育用品有限公司（以下简称李宁公司）形成了一套适合自身的战略规划模式和管理体系，使公司组织运作顺畅无阻，战略执行果断快速。 目前，李宁公司正在全国范围内建立以 ERP 为起点的信息系统,全面整合产品设计、供应链、渠道、零售等资源,发展电子商务,进一步提高运作效率和品牌形象。 在传统营销领域的成功,并没有束缚公司的网络战略发展。 李宁公司每年都会进行一些消费者调研和品牌认知度调研,结果发现目标消费群体的年龄多为 14~28 岁,而这些人在业余生活中做得最多的一件事情就是上网。 换句话说,就是李宁的目标用户群和上网用户群的重合度非常高。 同时考虑到实施电子商务的大环境日趋成熟,2007 年第四季度,李宁决定开始做电子商务;2008 年 1 月,李宁电子商务部成立;2008 年 4 月,李宁在淘宝开设了第一家网络旗舰店;2009 年 6 月,李宁官方网上商城上线。 至此,李宁的电子商务之旅正式开始。 如图 1-5 所示为李宁在线官方商城网页。

图 1-5　李宁在线官方商城截图

在整合的营销沟通方面,李宁品牌所做的一些推广活动,就有许多是通过网络实现的互动,包括线下的推广,然后建立线上和线下传播的整合。 2007 年年底,淘宝网上销售李宁产品的店铺已经有 700 多家。 在网络营销和传统营销整合的过程中,李宁建立了一套价格体系,线上和线下都要遵守。 对于渠道商和合作伙伴而言,整个价格体系可以相互衔接。 在合同层面上,与渠道商签约时,明文规定:线上渠道商不得到线下开店,线下渠道商也不得到线上开店。 公司还将把更多的网店归入公司的授权管理体系,确保管理体系下的网店遵循公司的零售价格体系,避免打价格战,以保证渠道的良性发展。

(资料来源: http://baike.baidu.com)

概念辨析——直复营销 VS 整合营销

直复营销(Direct Marketing)指与仔细挑选的单个消费者之间的直接联系,目的在于能够获得顾客的即时响应,并培养长期的顾客关系。 电话营销、直接邮寄、餐馆服务人员站在门口吸引路人进来用餐,都是直复营销的方式。 仅从销售的角度来看,网络营销是一种直复营销。"直"（直接，direct）是指不通过中间分销渠道而直接通过媒体连接企业和消费者，在线销售产品时顾客可通过网络直接向企业下订单付款。"复"（回复，response）是指企业与顾客之间的交互，顾客对这种营销努力有一个明确的回复，企业可以统计到这种明确回复的数据，由此可以对以往的营销效果做出评价。

整合营销（Integrated Marketing）是一种对各种营销工具和手段的系统化结合，根据环境进行即时性的动态修正，以使交换双方在交互中实现价值增值的营销理念与方法。整合营销就是为了建立、维护和传播品牌，以及加强客户关系，而对品牌进行计划、实施和监督的一系列营销工作。整合就是把各个独立地营销综合成一个整体，以产生协同效应。这些独立的营销工作包括广告、直接营销、销售促进、人员推销、包装、事件、赞助和客户服务等。在整合营销传播中，消费者处于核心地位，而对消费者的深刻全面了解是以建立资料库为基础的。整合营销传播的核心工作是培养真正的"消费者价值"观，与那些最有价值的消费者保持长期的紧密联系。

思考与练习

复习题

1. 网络营销与电子商务的区别在哪里？

2. 互联网给市场营销活动带来了哪些根本的变化？

3. 服装网络营销与传统营销的主要差异有哪些？

4. 服装网络营销对传统营销造成了哪些冲击？

5. 服装网络营销与传统营销如何进行整合？

讨论题

1. 移动互联网的应用与发展将如何影响服装网络营销？

2. 服装产品消费特点所导致的服装在线销售瓶颈如何突破？

网络实践

1. 访问淘宝网，浏览韩都衣舍、七格格等商家网页，总结网上售卖服装的特点。

2. 浏览百度推广（http://e.baidu.com），了解搜索推广的产品原理、产品优势、展现形式、推广费用等内容，为服装企业加入百度推广做一份计划。

第2章 服装网络营销环境

知识要点

1. 了解服装网络营销环境的变化与特点；
2. 理解服装网络营销宏观环境的内容及其对企业进行网络营销的影响；
3. 理解服装网络营销的微观环境的内容及其对企业进行网络营销的影响。

章首引例

2005年，被誉为"服装界戴尔"的PPG服饰(上海)有限公司成立，该公司将传统的服装零售与电子商务相结合，开创了中国男装B2C直销的新模式。2005年是我国电子商务的不断普及发展期，上网人数达到1.1亿，尤其是宽带上网人数不断增多，电子商务的支付方式及物流都有了新的发展，一些电子商务相关的法律法规相继实施，使得更多的人认识了网购这一新型购物方式，其中服装是网购物品的一个热门品类。这些宏观环境的变化，推动着我国电子商务的不断发展。PPG公司在充分分析了这些网络营销环境和消费者的消费心理后，结合戴尔和蓝衫的直销模式，选择男士衬衫为经营重点，采用全新的"轻资产直销模式"。PPG在很短时间内，其衬衫的销售量接近雅戈尔，成为一个网络传奇。在2007年9月举行的商界论坛最佳商业模式中国峰会上，PPG获得年度最佳商业模式第三名。后来，随着宝鸟、凡客诚品等竞争对手的崛起，以及其自身内部管理等因素的改变，PPG没有很好地适应环境的变化，2008年PPG公司倒闭破产。PPG作为我国第一个男装网络直销品牌，其创立的商业模式虽然还有一些缺点，但对于后来的服装网络营销企业来说有很多值得借鉴和思考的地方。

2.1 服装网络营销环境概述

2.1.1 服装市场营销环境的变化

所有市场营销活动都是在营销环境下进行的,企业只有在科学正确地分析、了解市场营销环境以后,才能为市场营销活动提供决策依据。 因此,研究和分析市场营销环境是十分必要的。 市场营销环境是一个综合概念,通常是指所有影响和制约企业市场营销活动的内部和外部各种因素的总和。 市场营销环境的变化是绝对的、永恒的,稳定是相对的。 对营销主体而言,环境及环境因素是不可控制的,但可通过营销环境分析对其发展趋势和变化进行预测和事先判断。 市场营销环境是动态的、变化的,这一特性既给企业营销活动提供了机会,同时也带来了威胁,营销管理者的主要任务就是掌握营销环境的变化,尽可能使自己可控制的营销因素同不可控制的环境因素相适应,为企业的生存和发展提供保证。

传统市场营销环境通常分为宏观环境和微观环境两个层次。 宏观环境包括人口、经济、自然、科学技术、政治法律、社会文化六大要素,是造成企业市场机会和环境威胁的主要外部因素;微观环境是指与企业紧密相连,直接影响企业营销能力的各种参与者,主要包括企业自身、供应商、营销中介、顾客、竞争者及社会公众。 在传统市场营销环境中,营销双方的沟通是单向的,营销主体承担着信息发布者的角色,而消费者则是通过报纸、电视等传统媒体被动接受各种信息,这就制约了市场营销的效果。

随着计算机及网络技术的发展,特别是互联网的广泛使用,使得企业可以在一个全新的营销环境中生存和发展,企业可以借助网络这一新型技术和社会平台开展营销活动。 人们通过互联网实现资源共享、信息查阅和实时交流,通过网络社区或博客等新的网络应用实现信息发布和交流。 通过网络,人们之间的交流是双向和平等的,人们不再是被动地接受信息,而是可以根据自己的需要选择信息和数据,甚至可以主动发布信息。 另外,随着移动网络、无线网络及物联网的发展和广泛应用,人们的生活和工作方式将会进一步受到网络的影响。

网络同时也影响着企业,网络给企业特别是中小型企业提供了机会和发展空间。 企业可以利用互联网交换信息和开展业务,从而使企业发展不再受规模、资源、技术能力等因素的制约,这对众多中小型服装企业来说是非常有利的,凡客诚品的发展就是一个很好的例子。 另一方面,网络环境也改变了企业竞争的格局,使得企业面临更多企业甚至是全球范围的企业之间的竞争。

互联网自身构成了一个企业网络市场营销的整体环境,从环境构成上来讲,具有以下构成要素。

2.1.1.1 为企业提供资源

互联网具有丰富的信息资源,可以为企业提供大量有效的信息,指导企业的网络营销活动。 互联网上的资源数量巨大,表示方式多种多样,种类繁多,如学习资源、商品供求信息、广告,政府公告、最新科技等。 其中商品供求信息、广告及政府的法律法规等信息对于企业从事网络营销有着很大的影响。

2.1.1.2 具有全面影响力

环境要与体系内的所有参与者发生作用,而非个体之间的相互作用。 参与到网络的每一个上网者都可以无限制地接触到互联网的全部内容,因此,该环境具有极强大的全面影响力。

2.1.1.3 网络的动态变化

网络中的信息处在不断变化的状态,这正是互联网的优势所在,因此,网络营销环境也是不断变化的,企业的营销活动也是在这种动态条件下进行的。

2.1.1.4 多因素相互作用

整体环境是由相互联系的多种因素有机组合而成的,涉及企业活动的各因素在互联网上通过网址来实现。

2.1.1.5 环境与主体的相互作用

环境可以对其主体产生影响,同时,主体的行为也会改造环境。 企业可以通过获取互联网上的信息进行决策,也可以将自己企业的信息发布在互联网上。

网络环境使企业所面对的消费者、市场空间以及竞争对手与传统市场都有本质的不同,企业将在一个全新的营销环境下生存。 传统意义上各层次的环境依然对网络营销有着不同程度的影响,但影响更多的是网络营销本质属性中的"网络特性"。

2.1.2　服装网络营销环境的特点

服装网络营销依附于互联网络,网络特性无疑会给网络营销环境带来有别于传统营销环境的新特点,这些特点主要表现为交互性、虚拟性和平等性三个方面。

2.1.2.1　交互性

互联网具有双向信息通讯的能力,从而使网络具有很强的交互性,这种交互性使网络营销在信息沟通上比传统营销具有不可比拟的优势。

信息交流是营销得以顺利进行的前提条件,传统营销中,主要通过电视、报刊、广播广告及各种形式的广告牌、宣传单等单向方式发布信息,消费者被动地接受信息,且不利于反馈,从而使得企业的营销效果受到影响。 相反在网络营销中,买卖双方通过网络平台建立快速、双向、快捷、实时的信息沟通,此时,消费者不再是被动地接受信息,而是积极地参与到营销活动当中。 例如,在网络环境中消费者的主动性得到了鼓励和增强,主动进行信息查询,提出信息获取要求,并与生产厂商沟通等等。

交互性使得消费者能够真正参与到营销过程中,使消费者得到自己所需的商品,同时也帮助企业解决了如何更有效地满足消费者在信息服务方面需求的问题。 企业可以从不同的层面来服务消费者不同的需求,如各类信息的发布及反馈、建立深层次的客户关系等。

2.1.2.2　虚拟性

虚拟性是网络特性之一,网络营销环境正是利用了这一特性。 网络营销环境不是真实的环境,而是通过网络技术营造一种虚拟环境,虚拟环境提供了很多与传统营销相类似的营销场景,如网上商店、电子市场等,这些虚拟的环境具有了真实的作用。

在虚拟环境中,人们突破时空、语言等方面的障碍,按照自己的需求和兴趣聚集在一起,形成一个个网络社区;另一方面,网络的虚拟特性也使各类企业都可以利用互联网在全球范围内进行营销,形成虚拟的、灵活的、全球化的企业。

2.1.2.3　平等性

网络营销环境的平等性主要表现在以下三个方面:

企业进入网络营销虚拟环境的平等。 所有企业只要能够遵循网络协议和国家的相关法律法规,就可以共享网络中的资源且开展网络营销活动。 网络的平等性为在传统营销中无法实现跨国贸易的中小企业提供了机会和条件,同时也给大公司带来了新的竞争对手。

消费者使用信息的平等。 对于消费者来说,任何人都可以访问任何一个站点,可以按照自己的意愿接受信息和表达观点;在网络中消除了身份、地位、地理位置、时间等阻隔,能够实现信息共享、机会均等。

发布和接受信息的平等。 在网络中,消费者通过互联网提出自己的观点和见解时,他就成为了一个信息发布者。 信息发布者和信息接受者的地位很容易随着信息双向传播的特点而发生变化。 因此,信息发布者和接受者之间的界限不再明显,消费者也可以掌握信息传播的主动权。

2.2 服装网络营销宏观环境

网络营销的宏观环境指一个国家或地区的政治、经济、人口、科学技术等影响企业网络营销活动的宏观条件。 宏观环境对企业的网络营销活动的作用是间接的,但对企业营销决策产生很大的潜在影响,因此,企业进行网络营销时应注重宏观环境的分析研究。

2.2.1 科学技术环境

科学技术环境是指影响企业营销活动的科技因素与条件,主要包括科学技术的发展水平,新发现、新发明、新材料、新技术、新工艺的应用等诸多方面。科学技术的发展对于社会进步、经济增长和人类社会生活方式的变革都起着巨大的推动作用。 现代科学技术是社会生产力中最新和最活跃的因素,不仅直接影响企业内部的生产和经营活动,而且还同时与其它环境因素相互依赖、相互作用,影响企业的营销活动。 互联网技术对社会生产力、企业经营方式、人们的生活方式的影响就是一个很好的例子。

网络营销的初始平台是计算机及互联网,随着科学技术的发展, 网络营销的基础从单一的互联网发展到一个以互联网为基础的综合网络环境,其中最重要的技术是宽带及新一代互联网、无线互联网和物联网技术。 宽带技术具有数字化、高速、宽带和综合业务能力的特点,在数据信息传输上突破了速度、容量、时间与空间的限制,可以为用户提供更加快捷、方便的信息传输通道。 基于 IPv6 的新一代互联网技术可以为我国提供足够多的 IP 地址资源,可以彻底改变我国在 IPv4 中地址资源匮乏的状况,这对我国的电子商务及网络营销的影响是深远的。 物联网是一种试图将现实世界与网络世界直接连接的技术。 通过物联网,世界上所有的物体都可以相互之间进行信息交换。 移动互联网技术是移动通讯与互联网的结合,使得企业的网络营销活动不再受地域、终端设备和电信基础设施的限制。 3G 技术的发展和应用,将会改变现有人类生活、社会发展和企业经营模式。 在综合网络环境中,互联网、移动通讯网、数字电视网、计算机、手机、GPS、各种卡证等各种电子设备都会连成一个整体,不同形式的信息在这一网络环境中可以高速、顺畅地传输。 利用综合网络环境可以使传播媒体不再局限于电脑和互联网,企业在网络营销模式上从单一媒体向多媒体整合解决方案发展,这将把企业营销能力迈向一个更高的阶段。

科技环境对企业营销的影响主要体现在以下几个方面。

2.2.1.1　科技的变革直接影响企业的经济活动

科学技术既为市场营销提供了科学理论和方法,又为市场营销提供了物质手段,如三维试衣系统的研制成功,突破了网购服装不能试衣的难点,从而为服装企业或服装经营者从事网络销售提供很好的营销手段。 随着网络技术在企业经营管理中的运用,电子商务系统日益完善,企业的经营管理工作变得效率更高,效益更好。

科学技术的快速发展,使得产品更新换代速度加快,产品的市场寿命缩短。科学技术突飞猛进,新原理、新工艺、新材料等不断涌现,使得每天都有新品种、新款式、新功能、新材料的商品在市场上推出,例如现代市场上各种不同功能和款式的服装层出不穷,在网络环境中这种产品的更新就更快。 科学技术进步所产生的效果,往往借助消费者和市场环境的变化而间接影响企业市场营销活动,这就要求企业紧跟科技发展步伐,不断地进行技术革新,赶上技术进步的浪潮,否则,企业的产品跟不上市场的步伐,跟不上技术发展和消费需求的变化,就会被市场无情地淘汰。

2.2.1.2　科技的变革给企业带来营销的机遇和威胁

科学技术进步,可以造就一些新的市场,甚至是新的行业,同时又使一些旧的市场和行业走向衰落。 例如,合成纤维的出现与广泛应用,给棉、毛、丝、麻等传统纺织行业带来冲击;采用新技术制作的新型保暖内衣,给传统内衣市场带来了很大的冲击。 随着科学技术的进步,对新行业的技术拥有者是机会,对旧行业却是威胁,新行业替代、排挤旧行业是必然趋势。

互联网技术的发展和广泛应用给那些经营灵活的中小型企业带来了发展机遇。 通过互联网,它们可以跨越各种壁垒,不受人才、销售渠道和资金的限制,参与更广阔的市场甚至是国际市场的竞争。

2.2.1.3 科技的变革带来新的营销方式

科学技术的进步,将会使人们的生活方式、消费模式和消费需求结构发生深刻的变化。 网络技术的发展与应用,改变了人们传统信息交流的方式,有平等、共享为显著特点的互联网在我们的生活和工作中发挥着巨大的影响力,甚至改变了我们的生活和工作方式,在家购物和办公都已成为现实。 这些生活和工作方式的变革,如果能被企业深刻认识到,主动采取与之相适应的营销策略,就能获得成功。 如三维人体测量、服装 CAD 及虚拟试衣等技术的使用,使得网络个性化服装的销售成为可能。

2.2.2 网络人口环境

从网络营销的角度来看,网络市场是由有着现实或潜在需求,且具有支付能力的消费群体组成,其构成要素是人口、需求和购买能力。 这种社会人口环境对网络营销的影响非常巨大,网络人口的数量与增长速度将影响企业网络市场的规模,网络人口的结构决定了企业在网络市场中应提供的产品或服务。

企业在制定网络营销决策时要考虑网络人口因素,通过直接或间接资料,了解网络人口数量与增长速度,仔细分析网络人口的性别、年龄、学历等结构。根据网络人口的分析制定合理的网络营销战略,并及时调整企业的网络营销方案。 中国互联网络信息中心(CNNIC)提供了大量关于我国上网人数、用户分析等方面的统计信息,这有助于企业动态掌握我国互联网的发展情况,为企业制定合理的网络营销策略提供可靠的决策依据。

2.2.2.1 网络人口数量与增长速度

一般而言,网络市场的规模与网络人口数量成正比。 通过统计一个国家或地区的上网人数及国民人均收入，就可以大体了解这个国家或地区的网络营销的潜力有多大。根据 CNNIC 的报告，截止 2011 年 12 月底，我国网民规模突破 5 亿，达到 5.13 亿。互联网普及率较 2010 年提升 4 个百分点，相比 2007 年以来平均每年提升 6 个百分点，近几年来的我国网络人数和互联网普及率如图 2-1 所示。2011 年我国手机网民规模达到 3.56 亿，比 2010 年增长 17.5%，但是增幅持续下降。

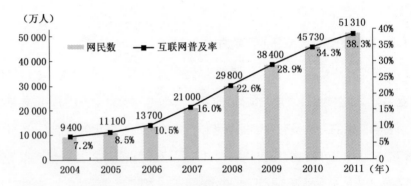

图 2-1　近 8 年我国网络人数及互联网普及率

（图片来源：CNNIC 中国互联网络发展状况报告（2012-1））

2.2.2.2　网络人口结构

网络人口结构主要包括性别结构、年龄结构、职业结构、学历结构等几个方面。根据 CNNIC 的统计，具体情况如下。

（1）性别结构

截至 2011 年 12 月，我国网民中男性比例为 55.9%，比女性高出 11.8 个百分点，网民性别比例与 2010 年相比基本保持稳定。

（2）年龄结构

2011 年，网络人口的年龄结构如图 2-2 所示。其中 20～29 岁的网民占有的比例最大，30～39 岁的网民较 2010 年底上升了 2.3 个百分点，达到 25.7%，近两年来该年龄段占比持续上升。40～49 岁网民增长速度较慢，因而在网民中的占比出现下降。

（3）职业结构

学生仍然是网民中规模最大的群体，占比为 30.2%，其次是个体户和自由职业者，占比为 16.0%。企业中，高层管理人员占整体网民的 0.8%，中层管理人

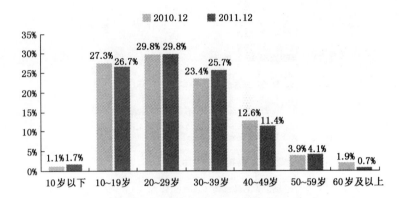

图 2-2 我国网络人数的年龄结构

（图片来源：CNNIC 中国互联网络发展状况报告（2012-1））

员占 3.2%，一般职员占 9.9%。 党政机关事业单位中，领导干部和一般职员分别占整体网民的 0.7% 和 5.2%。 另外，专业技术人员占比为 8.3%。

（4）学历结构

2011 年我国网民的学历结构如图 2-3 所示。 我国网民中初中学历人群延续了 2010 年的增长势头，由 32.8% 上升至 35.7%，网民继续向低学历人群扩散。 高中、大专以上学历网民的比例继续下降。 因为受教育程度不同，人们的价值观、消费观、生活方式会有很大的差异，很大程度上会影响其需求、动机和行为。

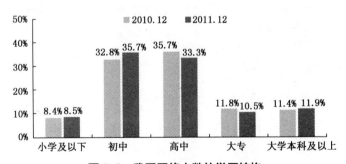

图 2-3 我国网络人数的学历结构

（图片来源：CNNIC 中国互联网络发展状况报告（2012-1））

（5）收入层次

2011 年，我国网民收入层次如图 2-4 所示。 其中收入在 2 000 元以上的网民群体占比明显上升，从 2010 年的 33.3% 上升至 40.2%，这将影响到整个网民群体的购买力。 同时，无收入群体网民占比从 4.6% 上升至 7.9%。

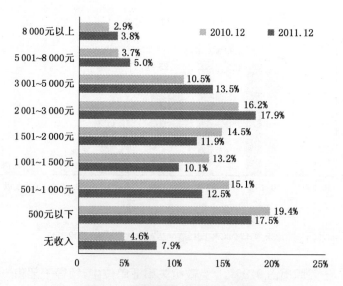

图 2-4 我国网络人数的收入层次

（图片来源：CNNIC 中国互联网络发展状况报告（2012-1））

2.2.3 网络经济环境

网络营销中的经济环境是指企业网络营销过程中所面临的各种经济因素和条件，不仅包括经济体制、经济增长、经济周期与发展阶段等大的方面，同时也包括国民收入水平、市场价格、利率等经济参数及政府调节趋向等内容。在影响企业网络营销的诸多因素中，经济环境是最直接、最根本的因素。影响网络营销的经济环境因素主要体现以下几个方面。

2.2.3.1 消费者收入水平的变化

消费者收入是指消费者个人从各种来源中所得的全部收入，包括消费者个人的工资、退休金、红利、租金、赠予等收入。消费者的收入影响着消费者的购买力，购买力是构成市场的主要因素之一，决定了市场的规模。一旦消费者的收入水平发生变化，那么其购买力也会相应地发生改变。

消费者并不是把全部收入都用来购买商品或劳务，购买力只是收入的一部分，构成购买力的主要是个人可支配收入和个人可任意支配收入，是企业开展营销活动时所要考虑的主要对象。个人可支配收入是在个人收入中扣除税款和非税性负担后所得余额，它是个人收入中可以用于消费支出或储蓄的部分。个人可任意支配收入是在个人可支配收入中减去用于维持个人与家庭生存不可缺少的费用(如房租、水电、食物、燃料等项开支)后剩余的部分,这部分收入主要用于满足人们基本生活需要之外的开支,一般用于购买高档耐用消费品、旅游、储蓄等,是影响非生活必需品和劳务销售的主要因素。 如果企业打算销售高档服装,那么就应该更加关注消费者的可任意支配收入水平。

另外,企业营销人员在分析消费者收入时,还要区分"货币收入"和"实际收入"。 实际收入即是扣除物价变动因素后实际购买力的反映,只有"实际收入"才影响购买力。 由于通货膨胀、失业、税收等因素的影响,实际收入和货币收入并不完全一致,有时货币收入增加,而实际收入却可能下降。

2.2.3.2 消费者支出模式和消费结构的变化

随着消费者收入的变化,消费者支出模式会发生相应变化,继而使一个国家或地区的消费结构也发生变化。 西方一些经济学家常用恩格尔系数来反映人们收入增加时支出变化的一般规律,该系数已经成为衡量家庭、地区以及国家富裕程度的重要参数。 食物开支占总消费量的比重越大,恩格尔系数越高,生活水平越低;反之,食物开支所占比重越小,恩格尔系数越小,生活水平越高。

消费结构是指消费过程中人们所消耗的各种消费支出占总支出的比例。 合理的消费结构是优化产业结构和产品结构的客观依据,也是企业开展营销活动的基本立足点。 就目前我国的情况看,消费结构还不尽合理。 我国居民的支出模式以食物、衣物等生活必需品为主,随着我国经济和社会的发展,人们的消费模式和消费结构都会发生明显的变化。 企业要掌握拟进入的目标市场中支出模式和消费结构的情况,输送适销对路的产品和劳务,以满足消费者不断变化的需求。

2.2.3.3 消费者储蓄与信贷的变化

消费者的购买力还要受储蓄和信贷的直接影响。 消费者个人收入不可能全部花掉,总有一部分以各种形式储蓄起来,这在我国消费者中表现得尤为明显,从而形成一种潜在的购买力。 这种潜在的购买力与现实购买力成相反关系,当收入一定时,储蓄越多,现实消费量就越小,而潜在消费量愈大;反之,储蓄越少,现实消费量就越大,而潜在消费量愈小。 企业营销人员应当全面了解消费者的储蓄情况,尤其是要了解消费者储蓄目的的差异。 储蓄目的不同,往往影响到潜在需求量、消费模式、消费内容、消费发展方向。

消费者信贷是消费者凭信用先取得商品使用权,然后按期归还贷款,以购买商品。 信贷消费允许人们购买超过自己现实购买力的商品,从而创造了更多的就业机会、更多的收入以及更多的需求。

2.2.3.4　企业目标市场所处地区的经济发展阶段

一个国家或地区的整个经济发展水平对企业的营销活动有很大的影响,经济发展水平不同,消费者的需求也会不同。 经济发展水平比较高的地区,进行市场营销时,强调品牌、产品款式、性能及特色,品质竞争多于价格竞争。 而在经济发展水平低的地区,则较侧重于产品的功能及实用性,价格因素比产品品质更为重要。 对于服装企业而言,在我国沿海发达地区销售时,应该重点关注服装的时尚性、内在品质和舒适性;相反,在内地经济欠发达地区销售时,更应该关注服装的实用性和价格因素。

2.2.3.5　企业目标市场所处地区的经济体制

经济体制强烈地影响和制约着本国或本地区的市场体系,影响企业的各种营销活动。 在计划经济体制下,企业的一切经营活动必须按政府的计划办事,不需要考虑市场需求。 相反,在市场经济体制下,企业自我经营,直接面向市场,这给企业带来了前所未有的机遇,同时也是一种压力和挑战,企业必须学会适应环境,善于抓住各种营销机会,有效实现企业价值。

2.2.4　社会文化环境

社会文化环境内容丰富,具体表现为价值观念、民族传统、风俗习惯、宗教信仰、教育水平等方面,且不同国家、地区、民族之间差异明显。 人们在不同的社会文化环境中生活,形成了不同的价值观和审美观,从而决定了消费者需求的差异性,购买心理的特殊性和多样性,最终决定了消费者的购买行为和方式。

所有企业都处于一定的社会文化环境中,企业营销活动必然受到所在社会文化环境的影响和制约,它对企业营销目标的确定、产品设计、价格制定、促销方式的选择等有极大的影响和制约作用。 社会文化环境对企业的网络营销影响主要反映在以下几个方面。

2.2.4.1　企业、消费者及营销公众对网络营销的认知问题

企业对网络营销的认知的多少,特别是企业的决策层对网络营销的认识程

度,决定了企业所采取的网络营销形式和结果。 如果消费者对网络营销存在偏见或错误的认识,那么就很难想象这样的消费者会去接受网络营销的产品。 营销公众是一组特殊的群体,他们对其他消费者有着非常大的影响力,因此,其对网络营销的认识程度对企业能否成功开展网络营销具有极大的影响。

2.2.4.2 宗教、风俗、习惯等对网络营销的影响

宗教是支配人们的自然力量和社会力量在人们头脑里虚幻的反映。 虽然宗教与科学不相容,但其在某些国家某些地区人们的生产、生活中存在着较大的影响。 宗教影响着信徒的消费需求和消费行为,对企业的市场营销而言,产品在进入一国或地区之前,必须认真研究当地宗教信仰,否则其产品万一与当地宗教信仰相冲突,将受到巨大的损失。

2.2.4.3 教育水平对网络营销的影响

教育水平反映并影响着社会生产力、生产关系和经济状况。 对企业的市场营销调研、目标市场选择、促销方式和产品形式等均有重大影响。 处于不同国家和地区的消费者,由于受到的教育程度不同,其审美观也有很大差异,在产品的质量、款式等方面的要求会不同,这些影响着企业选择目标市场。

2.2.5 其他宏观环境

除了上述各种环境外,政治和法律环境也是影响企业网络营销活动的重要宏观环境。 网络营销中的政治和法律环境是对企业网络营销活动产生影响的政治和相关法律法规等因素的总称,主要包括一个国家或地区的政治制度、局势以及该国或地区与网络营销相关的法律和法规及方针政策。

政治与法律是影响企业营销的重要的宏观环境因素。 政治环境调节着企业营销活动的方向,法律法规则规定企业商贸活动的行为准则。 总体来讲,政治和法律环境对企业而言主要起着两方面的作用:一是规范作用,二是保障作用。

一个国家或地区除了制定一些与商品贸易相关的法律法规外,还会制定一些与某种特殊商品相关的法律法规,如在纺织与服装领域,世界不同组织、国家或地区就制定了很多不同内容的法律与法规。 虽然世界贸易组织的《纺织品与服装协定》要求全球纺织品贸易于 2009 年 1 月 1 日起实现一体化,纺织品配额全部取消,然而,近年来欧美发达国家对纺织品要求越来越严格,各类法规层出不穷。

如 2007 年 6 月起欧盟全面实施的 REACH 法规，要求企业申请授权、通报 15 项高度关注物质(SVHC)；2008 年 8 月 14 日美国颁布的《消费品安全改进法案》，该法规是自 1972 年消费品安全委员会（CPSC）成立以来最严厉的消费者保护法案；2009 年 3 月 17 日，欧盟发布的指令（2009/251/EC），要求含有富马酸二甲酯（DMF）的产品不能进入市场。

2.3 服装网络营销微观环境

网络营销微观环境是与企业开展网络营销活动密切相关及作用较为直接的各种因素的总和，主要包括企业内部环境、供应商、营销中介、竞争者、顾客和社会公众等。这些因素与企业形成协作、竞争、服务及监督的关系，是影响企业网络营销成败的直接因素。

2.3.1 服装企业内部环境

企业内部环境指对企业网络营销活动产生影响的各种企业内部因素之和，主要包括企业的组织结构模式、企业的管理水平、企业的管理体制等。这些因素可能对企业开展网络营销起积极作用，形成企业网络营销的优势，也可能会对企业的网络营销起制约作用，形成企业网络营销的劣势。

企业内部影响网络营销开展的主要因素有企业的网络营销观念、企业本身对网络营销所需资源的保障能力、企业提供的产品与服务。

2.3.1.1 企业的网络营销观念

网络营销是一项系统工程，涉及企业各个部门、客户关系管理的各个方面和供应链的各个环节。良好的基础工作、正确的营销方向和快速反应是企业网络营销成功的关键。因此，企业从战略层到实际操作层都应该客观、公正、科学地对待网络营销，主要体现在是否把网络营销作为企业的投资方向或战略重点，是否符合网络营销的战略规划以及企业组织机构是否能够对网络营销做到快速反应。

2.3.1.2 企业对网络营销的保障和支持能力

网络营销需要相应的人、财、物、信息及技术等资源,这是企业成功开展网络营销的物质基础。企业对网络营销所需资源的保障能力主要从网络营销所需的软硬件资源的数量、质量、技术水平以及企业管理信息化、网络化程度等方面来考虑。企业内部管理信息系统是企业实施网络营销的重要保障系统,管理信息能够实现企业内部数据与信息的快速处理与传递,同时具有支持组织决策与控制的功能。

企业开展网络营销除了企业营销部门之外,还需企业的计划、人力资源管理、技术开发等不同部门的协作与配合。

2.3.1.3 企业提供的产品与服务

随着电子商务的不断成熟,互联网上提供的产品与服务将日益丰富,这是必然的趋势。但在不同的发展阶段,企业所提供的产品或服务与产品或服务需求的成熟度具有较大差异。相比较书籍、CD 唱片、计算机软件等网络营销的市场成熟度较高的商品,服装网络营销的市场成熟度还不高。

2.3.2 服装网络市场中介

服装网络市场中介是指能够协助企业推广、分销服装给最终客户的企业或个人,包括网络中间商、物流公司、金融及网络营销服务机构等。除了少数几个大型企业拥有自己完整的分销体系外,大多数服装企业的营销活动都必须通过这些中介的协助才能顺利进行。

尽管在网络环境下,企业可以通过网络增加与客户直接接触的机会,减少对传统营销中介的依赖,降低企业进入市场的成本。然而网络市场是一个虚拟市场,利用网络进行交易时,买卖双方都会考虑对方的信誉,担心出现对方收钱不给货或者拿货不付钱的问题,从而影响完整交易过程的实现。为了解决这些问题,网络中间商应运而生,该类机构成为连接买卖双方的纽带,使得间接网络分销成为可能。阿里巴巴 B2B 网站就是这类中介机构,该平台是一个综合性网络交易平台,不同行业的企业都可以在上面进行交易。除此之外,还有若干行业性交易平台,如纺织服装领域的中华纺织网等。

物流是电子商务的生命线,电子商务的发展离不开物流的支持。物流弥补了产销时空上的分离，延伸了商品的时间效用和空间效用，以便适时、适地和适量地将商品提供给消费者。 金融中介是指银行、信托公司、保险公司等机构，它们不直接从事商业活动，但对工商企业的经营发展至关重要。 随着电子商务的出现及不断成长，网上金融服务，如网上银行结算、电子货币等都会影响和制约网络营销向高级阶段的发展。

网络营销服务机构包括网络营销研究公司、网络广告公司、网络传播公司、网站平台搭建公司等，它们协助企业开展网络营销，维持和协助拓展网上市场。 如果没有技术、资金、人力资源等方面的限制，企业可自设网络营销服务部门，协助企业营销部门开展网络营销活动。 总体而言，大部分中小型企业委托专业网络营销服务机构代理网络平台搭建、网络研究、网上营销传播策划等营销活动，企业定期评估其作业绩效，促进网络营销策划水准和网络营销执行力，提高网络营销水平。

2.3.3　服装网络竞争者

网络在给企业带来更大市场空间的同时，也给企业带来更多的竞争者和更多的市场压力，在类似阿里巴巴、淘宝网等交易平台的供应商检索系统中，输入任意一种服装，都会检索出若干个服装供应商。 竞争是市场经济的必然规律，企业要获取竞争优势就须针对竞争对手采取更多的优化方案与手段。

2.3.3.1　识别企业的竞争者

企业所面临的网络营销中有许多不同类型的竞争者，不能仅仅理解为提供同类产品和服务，以相似价格供给同一市场的竞争对手。 可以把这些网络竞争者分为四种类型：品牌竞争者、产品形式竞争者、一般竞争者、愿望竞争者。

2.3.3.2　分析研究竞争者

企业进行竞争环境分析时首先必须确定主要竞争者，然后分析其网络营销目标，产品的主要消费群体、产品特色、网上销售策略、网络工具的运用等内容，得出他们具有的优势和劣势，为自己的网络营销定位和策略制定提供依据。

可以通过第三方交易平台如阿里巴巴、著名的导航网 Yahoo、Altavista 等查询竞争者。 分析研究网上的竞争者可以从其主页入手，一般来说，企业会将自己的服务、业务和产品等方面的信息展示在主页上。 在分析研究时应重点考察

以下几个方面:

①从消费者的角度浏览竞争者网站的所有信息,研究其如何抓住顾客的心理,给浏览者留下好感。

②分析研究其网站的结构与设计,体会它如何运用屏幕的有限空间展示企业的形象和业务信息。

③注意网站设计细节方面的内容。

④弄清其开展业务的地理区域,以便能从客户清单中判断其实力和业务的好坏。

⑤考察其网站服务器的访问速度,特别注意图片的下载速度及视频播放是否流畅。

⑥判断其在行业中与其他企业的合作关系,这主要通过查看在其站点上是否有其他企业广告内容。

⑦考察竞争者的整体实力,考察竞争者在导航网站、新闻中宣传网站的力度,研究其选择的类别,使用的介绍文字,特别是图标广告的投放量等。

2.3.4 服装网络消费者

消费者是企业最终的营销对象,因此,消费者是企业最重要的影响因素。 企业的一切营销活动都要以消费者的需求为中心,实现客户关系再造和客户关系管理。 在网络营销过程中企业不能控制顾客的购买行为,但可以通过对顾客的需求分析组织有效的营销活动,改变其对企业和产品的看法与态度,改善企业与客户的关系,促进企业产品的销售。

整个市场可分为消费者市场和组织市场,每一种市场都有其独特的消费群体,对于服装企业而言,主要是消费者市场,应该重点分析研究消费者市场中的消费群体。 能否正确地认识网上消费者的需求是企业制定和实施网络营销策略能否成功的关键。

2.3.5 其他微观环境

供应商和社会公众也是影响企业网络营销的两个微观环境。

2.3.5.1 社会公众

社会公众是指对企业实现其目标有现实或潜在影响的群体或个人。 公众对企业的态度会对企业的网络营销活动产生巨大的影响。 这种影响有助于企业树立良好的形象，也有可能有损于企业的形象。 所以企业必须处理好与主要公众的关系，为自己的网络营销创立和谐、宽松的社会环境。

社会公众主要有金融公众、媒介公众、政府公众、公民行动公众、地方公众、一般公众、内部公众等类别，不同类别的公众在企业网络营销的不同阶段和不同方面对企业产生影响。

2.3.5.2 供应商

供应商是指为企业提供所需产品或服务的企业和个人，对企业的营销活动具有实质性的影响。

对于服装企业而言，供应商包括服装面辅料生产企业、服装加工机械企业等。 这些供应商所提供产品的价格、质量和供应量，将直接影响企业产品的价格、质量、销量和利润。 因此，企业应从多方面获得供应，而不应依赖于任何单一的供应商，以免受其控制和限制。 网络环境中，企业可以广泛地接触各方面的供应商并进行比较、分析和选择，从面获得更优质的资源和更为优惠的合作条件。

服装网络营销实例——凡客诚品的营销环境

凡客诚品作为目前国内最大的自有品牌服装电子商务企业，其快速发展与阶段性的成功，是创业团队科学分析宏观环境、选择合理的商品发展策略和企业经营模式的结果。

尽管在 2000 年互联网泡沫破裂，对电子商务发展造成了沉重打击。 但随着我国网络基础设施不断完善，上网人数不断增多，在 2003 年进入了高速增长阶段。 由于在质量、物流配送、售后服务等方面的整体优势，B2C 逐渐取代了 C2C 成为电子商务的主力。 进入 2008 年后，服装电子商务成为了主流，中国服装电子商务步入爆发式增长时期，服装服饰也成为网购的第一大类商品，交易额跃居各类商品首位。 凡客的创始人和主要运营团队均有着丰富的电子商务经历，职业的敏感性使他们看到了服装网络营销的潜力，果断进入这一市场，快速搭建了一个成熟的网站架构和购物流程，从而为其后来的快速发展奠定了坚实的基础。

凡客借鉴了 PPG 的模式，但又弥补了其运营中的不足，从企业内部环境、合作者、营销中介及金融中介等多方面入手，构建了一个适应现代网络营销的企业微环境。 凡客坚持网络直销和轻资产模式，通过自身 B2C 的建设，避免了传统服装业的店面转让费用、店租费、水电费、大量人员工资费、区域宣传费用、物流库存费和大量税收等费用，实现了真正的低成本运作。 因此,其服装在保证相同质量条件下,以较低的价格优势取得了众多网民的青睐。

选择合理的服装产品是服装企业取得网络营销成功的关键之一。 网络营销产品具有特色和吸引力,市场有相应的强大需求,是产品定位准确的表现。 服装不同于其他的商品,消费者对其款式、颜色、质地、尺寸都有很高的要求,且我国很多消费者还信奉"眼见为实"的观念,因此,并不是所有服装都适合在网上销售。 凡客选择相对标准的男式衬衫为突破口,打开市场后,逐渐向裤子、外套、内衣、鞋袜、配饰品、家居生活品等方向进行强有力的渗透。

从凡客的实例分析中可知,服装企业要取得良好的网络营销效果,就得对网络营销的宏观和微观环境进行细致与认真的分析与判断。

(资料来源:http://www.wiki.mbalib.com)

概念辨析——网络营销环境 VS 传统营销环境

传统市场营销环境是指在传统市场环境中进行营销所涉及的营销环境,泛指一切影响和制约企业市场营销决策和实施的内部条件和外部环境的总和。 网络营销环境是企业利用网络进行营销所处的环境,网络营销环境是指企业进行网络营销活动时所面临的各种内外部影响因素的总称。

网络营销环境与传统市场营销环境既有相同点也有不同点。 它们在产品和消费者、价格和成本、营销渠道和沟通、营销策略的展示及客户关系管理方面有着显著不同,但也存在共同点:一是企业的一种经营活动;二是需要通过组合发挥功能;三是把满足消费者需求作为一切活动的出发点;四是对消费者需求的满足,不仅停留在现实需求上,而且包括潜在需求。

思考与练习

复习题

1. 服装网络营销环境的特点是什么?

2. 科学技术对网络营销活动的影响是什么?

3. 网络人口环境主要包括哪些内容?

4. 经济环境对网络营销的影响主要体现在哪几个方面?

5. 企业内部环境是如何影响网络营销的?

6. 可以从哪几个方面分析网络营销竞争对手?

讨论题

1. 讨论服装网络营销环境与传统营销环境的异同点。

2. 互联网及相关应用发展迅速,试列举一两个新技术或应用,讨论该技术可能会对网络营销带来的新变化。

网络实践

1. 进入中国互联网络信息中心(www. cnnic. cn),查阅当前"中国互联网络发展状况统计报告"等方面的互联网统计数据,了解目前我国网络人口环境、电子商务应用等方面的内容。

2. 竞争对手分析是企业进行网络营销环境分析的一个很重要的内容,根据老师指定的目标企业,试通过以下几个方式来获取竞争对手信息:

   ① 通过如百度、Google 等搜索引擎来检索竞争对手;

   ② 通过如阿里巴巴等电子商务平台来发现竞争对手。

第 3 章 | 服装网络营销市场调研

知识要点

1. 了解服装网络市场调研相对于传统服装市场调研的优势和服装网络市场调研的主要内容；

2. 了解服装网络市场调研的两种数据来源，掌握一手数据调研的基本步骤；

3. 掌握服装网络市场调研的三类调研方法，直接调研方法、间接调研方法和通过信息技术支撑的调研方法；

4. 了解服装网络问卷发布形式、类型和格式，能够进行服装网络市场调研问卷的设计和投放；

5. 了解服装网络市场调研数据评估及数据分析形式。

章首引例

　　某国际知名品牌服饰即将上市的秋季服饰款式众多，现期望对其近 200 款进行产品测试，主要研究包括价格、款式、颜色等方面内容，以期在产品上市前能做一些决策上的相应调整。 此项目长度近 40～50 分钟，如通过线下进行调查，执行周期将会较长，且成本很高，关键是此 200 款是服装草图，其尚未生产无法使参与者直观发表意见，经过与"爱调研"（专业网络调研社区）探讨，最终采取网络调研的方式：一方面通过网络可以有效呈现 200 张图片并在很短时间内可以收集到数据，另一方面成本也得到有效控制。 然而，新季度服装款式是服装企业的商业机密，如此大范围的调研如何防止泄密？ 方法有二，其一，通过样本的有效控制，避免对专业从事服装工作的人员进行调研；其二，200 款均为服装草图，对服装草图进行分类，以一个类别构成一份调研问卷，且每一个调研对象仅限收到一份调研邀请，且只有一次机会完成，这样每一个调研对象所涉及到的服装款式仅为所有调研款式的一部分。 爱调研采用目前国内最专业并支持极复杂逻辑关系的 iSurveylink 系统,调研样本来自该品牌服饰公司所提供的 VIP 客户信息及爱调研样本库,根据项目所需信息选择合适样本约 13 000 个,再对样本进行分析,剔除专业从事服装行业工作的样本后进行邮件邀请,并在答题进程中实施每题时间控制及唯一 IP 地址限定,收集有效问卷 720 份,在 720 份问卷里通过矛盾、数据疑问,共筛选出最终有效问卷 637 份。 整个项目历时 8 天,并提供给客户所有题目的交叉分析,客户对所交付的数据分析十分满意并评价说,此次爱调研的网络调研为其节约了 35% 的成本。

(资料来源:http://www.panelindex.com/success_case.html#success_case_2,2011.8)

3.1 服装网络市场调研概述

3.1.1 服装网络市场调研的特点

市场调研是指以科学的方法,系统地、有目的地收集、整理、分析和研究所有与市场有关的信息,特别是有关消费者的需求、购买动机和购买行为等方面的市场信息,从而作为制定相关营销决策的基础。

互联网为企业开展市场调研提供了一条便利途径,通常把基于互联网而系统地进行市场信息的收集、整理、分析和研究的行为称为网络市场调研。 服装网络市场调研即为对服装市场的网络市场调研。 与传统服装市场调研相比,服装网络市场调研具有以下优势和缺陷。

3.1.1.1 优势

(1) 跨时空和无地域限制

就像淘宝商城在中央电视台投放的广告诉求"让欲望不再失望,70 000 个品牌汇聚一网,从不打烊"一样,网络市场调研的被调查者可以选择 24 小时的任何时候进行,这与受区域和时间制约的传统的市场调研方式有很大的不同。

(2) 便捷性和经济性

正是由于网络市场调研的跨时空和无地域限制,对于调查者和被调查者而言,调研的便捷性显而易见。 调研过程的实施,调查者只需通过站点发布调查问卷,被调查者则只要能上网就可以快速方便地反馈意见,调查过程中,调查者还可以对问卷进行及时修改和完善。 同时,反馈的数据可以直接形成数据库,调查者可以快速地进行数据整理和分析。 最后结合服装的特点,通过网络可以更好展现服装的风格、款式、颜色及细节特征等。 这种方便性和快捷性大大地降低了市场调研的人力和物力耗费。

(3) 互动性和充分性

网络的最大好处是互动性,被调查者可以在任何时间完成不同形式的调研,可以及时就问卷相关问题提出自己的意见和看法,调查者还可以及时修改问卷,可减少因问卷设计不合理而导致的调查结论偏差等问题。 此外,被调查者还可以在网上自由地、充分地发表自己的看法。

(4) 及时性和开放性

网络信息传播速度非常快,能及时地传送给互联网的网络用户,这就保证了网络调研的及时性。 服装是具有流行性的季节性产品,对快速反应的要求高,因此网络调研的及时性在服装市场调研中显得格外重要。 同时,网络是开放的,任何网民都可以自愿参加投票和查看结果,保证了网络调研的开放性。

(5) 可靠性和客观性

区别于传统调查存在的"强迫式"问题,网络调研问卷的填写是自愿的,填写者回答问题相对认真,所以调研结果的可靠性较高。 同时,被调查者是在完全独立思考的环境中接受调研,不受传统调研中人为因素(如调查员诱导回答问卷问题)的干扰,能最大程度地保证调查结果的客观性。

(6) 可检验性和可控制性

利用因特网进行网络调研收集信息,可以对信息的质量实施系统的检验和控制。 其一,网络调研问卷可以附加全面规范的指标解释,有利于消除因对指标理解不清或调查员解释口径不一致而造成的调查偏差;其二,问卷的复核检验可通过问卷页面嵌入脚本或者后台程序设定检验条件和控制措施,监控问卷的完成,如填写者遗漏一些问题,程序会拒绝提交并要求填补;其三,通过对被调查者的身份验证技术可以较为有效地防止信息采集过程中的舞弊行为。

3.1.1.2 缺陷

网络市场调研的优势很明显,但同时也不可忽视其存在的缺陷问题,主要体现在以下几个方面,网络市场调研需有针对性地去解决这些问题。

(1) 样本的数量与质量问题

对于一些访问量较低的网站来说,如何吸引人参与调查是一种挑战,要达到一定的样本数量,需要增加网站的推广力度即需增加不小的推广费用。 且网络调研样本分布不均衡可能造成调查结果误差大。 由于网络调查的对象仅限于上网用户,且网民结构也有明显的特征,同时用户地理分布和不同网站的特定用户群也是影响调查结果的不可忽视的原因。 因此,服装网络营销商在网络市场调研时,可以选择在访问量较高的门户网站或者专业的网络调研公司来实施,因为专业的网络调研公司具有储备足够的样本,且对样本的质量有较好的把握。

(2) 个人信息保护问题

人们担心个人信息被滥用,通常不愿在问卷调查中暴露准确的个人信息,在网络调查过程中,也往往会出现因涉及较多的个人信息而退出调查。 因此,网络调研应尽可能避免调查敏感的个人资料,在人们不反感的情况下获取足够的信息。

(3) 调查信息准确性问题

虽然在优势中提到网络调研问卷的填写是自愿的,填写者回答问题相对认真,所以调研结果的可靠性较高,但是也存在少部分调研对象在调研奖励下以不同身份多次填写问卷,或者填写不是目标调查对象的问卷。 因此,在线调研需采取相应的措施避免此类问题,如设置一台电脑 IP 地址只能进行一次问卷调查等。 同时,筛选无效问卷是在线调研的必要环节之一。

3.1.2 服装网络市场调研的内容

服装网络市场调研是网络营销前期工作中的重要环节之一,通过调研可以了解服装目标市场行情和营销环境,获得竞争对手资料,为企业的细分市场定位、产品定位、营销策略等提供决策依据。 服装网络市场调研的内容包括与企业市场营销活动直接和间接相关的一切信息和因素。

3.1.2.1 市场特性不可控营销因素调研

这类因素主要包括政治法律环境、经济环境、技术环境、社会文化环境、消费者和消费者行为等。 具体可参看"第 2 章服装网络营销环境"。

3.1.2.2 市场结构不可控因素调研

这类因素主要包括：

① 竞争对手调研：竞争对手的数量与本企业产品的特性比较、产品市场占有率、拳头产品、价格策略、渠道策略、促销策略等及潜在竞争对手的调研；

② 竞争产品调研：竞争对手的产品设计能力、工艺制造能力、产品的质量、生产能力、服装品类、款式、色彩、图案、细节特征、产品企划概念、上货周期、面料、品牌、包装、成本、价格及产品走向等。

3.1.2.3 企业内部可控营销因素调研

这类因素主要包括：

① 产品调研：企业产品的市场占有率，销售潜力，消费者对企业服装产品的款式、色彩、花型、规格、质量、包装、保养、售后服务等的评价；

② 价格调研：影响产品价格的因素，企业产品的价格策略是否合理，产品的价格是否为目标消费者所接受，产品价格变动后顾客和竞争对手的反应等；

051

③ 分销渠道调研：现有的销售渠道是否合理，批发、零售商的销售、资信与经营能力，商品的仓储和物流情况，分销渠道策略的实施、评估、控制等；

④ 促销调研：各种促销推广、广告媒体和形式对产品销量的影响，目标消费者对促销手段的评价、反应和接受度，不同促销手段下竞争对手的反应和对策等。

3.2 服装网络市场调研步骤与方法

3.2.1 服装网络市场调研步骤

服装网络市场调研信息数据通过一手数据和二手数据获得。当服装企业需要的是企业内部或合作伙伴无法提供的信息，网络营销者首先会向二手数据求助，当服装企业无法找到足够的二手资料来帮助制定营销决策时，企业需自己收集信息，即一手资料信息收集。

3.2.1.1　二手数据

二手数据往往比一手数据获得的速度更快，成本更低，尤其是互联网上有200多个国家的最新信息，无论调研者是在家中还是在办公室，只要花费几分钟的搜索，就能随时获得所需要的信息。 但是，二手数据通常是为其他目的收集，往往与企业需求的信息不符。 另外，二手数据还存在过时和质量问题，需要评估和辨别。 服装网络市场调研二手资料通常可通过以下途径获得：

(1) 政府机构公共数据

许多国内的政府机构在各自的领域提供网络信息。 我国统计局会定期发布人口普查数据、各行业全国性基本统计数据及相关调查统计数据等；我国知识产权局则告知人们如何申请专利，人们也可以在网站上检索商标、专利等信息；主管纺织服装行业的相关政府机构同样会在网站上发布纺织服装信息数据，如中国纺织经济信息网提供纺织服装行业快报资讯、进出口数据、价格信息等。 国内政府机构提供公共数据的网站举例如表 3-1 所示。

表 3-1　国内政府机构提供公共数据的网站举例

网站名称	网　址	提供信息
中华人民共和国国家统计局	http://www.stats.gov.cn	人口普查数据、各行业全国性基本统计数据、相关调查统计数据
中华人民共和国国家知识产权局	http://www.cpo.cn.net	为企业提供商标、专利等数据
中国互联网信息中心	http://www.cnnic.net.cn	中国互联网统计信息数据
中国产业经济信息网	http://www.cinic.org.cn	中国各产业经济信息数据
中国纺织经济信息网	http://www.ctei.gov.cn	中国纺织经济信息数据

(2) 行业协会数据

一些行业和专业协会的网站上会提供不少行业及专业的信息，纺织服装行业协会提供公共数据的网站举例如表 3-2 所示。

(3) 企业及个人数据

我国的服装企业越来越重视官方网站的建设，网站上提供了大量关于公司宗旨、产品、合作伙伴和最新动态的信息。 服装品牌网站上更是提供了品牌定位、目标消费群、产品详细信息、广告、下一季产品发布会视频等，如白领、依文等品牌均在官网上展示了详细的产品信息，依文更是提供了产品的面料和价格信息。

表 3-2　纺织服装行业协会提供公共数据的网站举例

协会名称	网　址	提供信息
中国纺织工业协会	http://oa.cntac.org.cn	我国纺织工业信息
中国流行色协会	http://www.fashioncolor.org.cn	时尚产品流行趋势研究、预测和发布
中国服装协会	http://www.cnga.org.cn	服装行业信息等
中国针织工业协会	http://www.cnknit.org	针织工业产品技术、面料纱线市场行情、资讯等
中国棉纺织行业协会	http://www.ccta.org.cn	中国棉、毛、丝、麻纺织生产技术、行业标准、行业动态、行业资讯等
中国毛纺织行业协会	http://www.cwta.org.cn	
中国丝绸协会	http://www.silk-e.org	
中国麻纺织行业协会	http://www.cblfta.org.cn	
中国百货商业协会	http://www.ccagm.org.cn	中国百货行业动态、管理创新、会展信息等

3.2.1.2　一手数据

与二手数据相比,一手数据的收集往往更费时费力,成本也更高。 但是一手数据专门针对营销决策面对的具体问题,更有针对性而且及时性非常好,另外,一手数据还有一个优点,即为调研企业独有,竞争对手无法获取。

传统的一手数据收集方法(如实验法、专题小组法、观察法和问卷调研法)可通过互联网进行优化,还有几种非传统的一手数据收集方法只有通过网络技术环境才能实现。 每一种一手数据收集方法都可以提供重要信息,但是网络经营者也应该看到一手数据的局限性,如在线调研的信息均来源于网络用户,却忽略了我国人口中占大部分的非网络用户。 在此,首先列出服装一手数据调研的步骤,然后再讨论服装网络市场调研的方法、用途和优缺点。

服装一手数据调研包括以下五个步骤,见图 3-1。

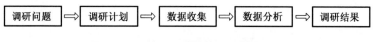

调研问题 ⟹ 调研计划 ⟹ 数据收集 ⟹ 数据分析 ⟹ 调研结果

图 3-1　服装一手数据调研的基本步骤

(1)调研问题

无论是一手数据收集还是二手数据收集,首先都必须明确调研问题,即调研目的和目标。 常见服装网络营销调研问题举例见表 3-3,表中罗列了服装在线零售商和销售网站所关注的调研问题，及顾客分析和营销沟通方面的常见问题。

表 3-3　服装网络营销调研常见问题

服装在线零售商	网　站
预测服装产品流行与需求 测试新材料、新概念等新款产品 测试不同价格点的影响力 测试合作品牌、合作伙伴的影响作用 调查品牌产品知名度、美誉度 如何改进在线销售	判断经常受访问的网页 追踪用户浏览网站的途径 如何增加用户在网站上浏览时间 调查消费者对网站的整体满意度 网站的点击率、购买率等
顾客分析	营销沟通
测试注册用户的忠诚度 描述购买顾客的特征 调查顾客购买行为 识别细分市场	广告内容的有效性 广告的点击率 新促销方案效果 博客、微博、论坛反映与评价

（2）调研计划

调研计划包括如下内容：

① 调研对象。 根据调研目的确定调研对象，调研人员要确定调查对象的样本来源，并预计受调研者的数量。 专业的调研机构通常有巨大的样本库，如爱调研网，截至 2010 年 6 月，拥有在线会员 371 万（包括在线招募和合作会员），通过独特的三重质量控制方法保证会员的唯一性及会员的信用度，其样本地域分布广泛，还建立了专业的子样本库。

② 调研方法。 根据所需收集信息的特征，调研人员需选择合适的调研方法。 网络市场调研的常用方法有专题讨论法、实验法、观察法和问卷调查法。

③ 调研工具设计。 网络调研主要采用在线问卷、在线访谈、软件系统等调研支持工具。 如调研人员准备使用的是问卷调研法，就需要设计一个调查问卷作为调研工具。 抽样计划要确定抽样单位、样本规模和抽样程序等。

④ 联系方法。 采取网上交流的形式，如 Email 传输问卷或链接、参加网上论坛等。

（3）数据收集

调研人员根据调研计划实施调研，收集数据信息。 如某服装品牌想要调查消费者对自身品牌和竞争对手的看法，只需在一些知名的门户网站或服装行业相关网站、论坛等广告站点上发布广告,并把链接指向品牌公司的调查问卷即可,无需像传统市场调研那样,在商业街、商场四处散发问卷,拦截消费者调研。

(4) 数据分析

调研人员根据最初确定的调研问题来分析结果,包括使用统计分析软件(如SPSS、 SAS 等)来分析调查数据,或者通过数据挖掘技术和其他相关技术来探究数据库中的潜在信息。 数据分析能力相当重要,它能使你在动态的市场变化中捕捉到商机。

(5) 调研结果

网络调研所获得的数据信息需输入营销数据库,同时调研人员应根据调研目的和用途对数据分析结果进行筛选、分类、整理等科学的加工,并形成规范的市场调研报告,传达给营销决策者以供参考。

3.2.2 服装网络市场调研方法

服装网络市场调研方法包括直接调研方法、间接调研方法和通过信息技术支撑的调研方法。

3.2.2.1 直接调研方法

服装网络市场直接调研指的是为特定的服装营销目的在因特网上收集一手资料或原始信息的过程。 服装网络市场直接调研的方法主要有四种:在线观察法、在线专题小组访谈法、在线实验法和在线问卷法。

(1) 在线观察法

在线观察法是通过互联网对消费者在聊天室、公告板、论坛或邮件列表中的闲聊和邮件发送行为进行观察,或者通过网站服务器自动记录消费者的网络访问情况,通过对网站日志的分析,能够得出用户上网的时间、次数、访问网站频率等基本情况。 通过上述的在线观察法,服装网络营销人员可以了解服装行业和产品信息,服装品牌可以了解品牌的知名度、美誉度和消费者品牌忠诚度等。

(2) 在线专题小组访谈法

专题小组访谈法是一种定性调查方法,试图从少数参与者中获取较深层次的信息。 通常的做法是由一名组织者邀请与专题小组访谈问题相关的重要的消费者自然、无拘束地讨论访谈问题。 如一名服装设计师,想就下一季度的服装设计问题，会邀请 6～10 名 VIP 客户进行在线专题小组访谈，对服装的款式、面料、色彩等设计畅谈问题、意见和建议。

(3) 在线实验法

在线实验法是指选择多个可比的主体组，分别采取不同的实验方案，控制外部变量，并检查所观察到的差异是否具有显著性。这种方法与传统的实验法原理一致，只是工具和手段上的差异。

服装网络营销人员在网上可以比较容易地测试备选网页、展示广告和促销活动。例如，服装 S 品牌将某款产品在网络店铺做促销，有两套定价方案，为测试哪个定价方案具有更好的促销效果，公司将两套不同的定价方案以电子邮件的形式发给客户数据库中各占一半的客户，在两套不同定价方案中还各自包含了一个链接，通过链接分别链接到公司网站上的两个不同网页，网络营销人员可以根据这两个网页的点击率来快速判断哪种定价方案更有促销拉动力。

(4) 在线问卷法

在线问卷法是将问卷发布在网上，被调查对象通过网络完成问卷调查。与传统问卷调查方法相比，在线问卷调查既快捷又经济，调研人员无需向受访者支付劳务费，当然也可以以某种奖励形式促进受访者参与；亦无需支付邮资，便可以通过网络将调查问卷瞬间传递至各目标受访者，节约了打印、整理和收发问卷的时间，大大降低了调研人力和物力。越来越多的在线调研网站成功地利用互联网开展在线调研，形成了自己的商务模式，如爱调研网、艾瑞调研社区、数字100·市场研究、中智库玛及天会调研宝等等。据 MarketResearchCareers.com 网站的调查显示，在线问卷调查法是目前使用率最高的调研方法，占所有市场调研的 29%。

3.2.2.2　间接调研方法

服装网络市场间接调研指的是二手资料的收集。二手资料的来源有很多，如政府机构公共数据、行业协会公共数据、企业及个人数据（可参看本节前文）；还有公共图书馆、大学图书馆、市场调查公司、广告代理公司、传媒公司、竞争者等许多机构和单位都建立了网站，并提供各方面的信息。网上有海量的服装二手资料信息，但是网络调研者要找到自己所需且有价值的信息，并不是一件轻松的事。需要熟悉搜索引擎的使用方法，并掌握专题型网络信息的分布。服装网络市场间接调研主要有以下三种方法：

（1）利用搜索引擎查找资料

搜索引擎使用自动索引软件来发现、收集并标引网页，建立数据库，以 web 的形式提供给用户一个检索界面，供用户以关键词、词组或短语等检索项查询与提问匹配的记录。 如想要了解 2012/2013 男装秋冬流行趋势，可以通过男装流行、2012/2013 秋冬、男装款式、男装面料、男装色彩等关键词或词组进行搜索。

（2）访问与服装相关的网站收集资料

在有一定服装调研经验的基础上，调查者通常会知道所要调查的服装相关信息主要集中在哪些网站，可直接访问这些网站来获取资料。 如中国流行色协会、时尚资讯网上提供时尚产品流行趋势和相关资讯。

（3）利用与服装相关的网上数据库查找资料

网上数据库有付费和免费两种，我国的网上数据库近些年来也有较大的发展，如万方数据库、中经网统计数据库及中国资源环境经济人口数据库等。 服装网络调研者亦可通过关键词在网上数据库搜索所需资料。

3.2.2.3　通过信息技术支撑的调研方法

网络是观测网络用户行为的好场所，依赖技术记录用户的行为，记录的数据信息可以通过简单、快速的方式进行分析。 计算机客户端和服务端自动收集数据方法是两种非传统的由信息技术支撑的调研方法，利用这两种技术可以对服装销售网页、定价方式和促销方式作出迅速的调查和分析。

（1）客户端数据收集法

客户端数据收集法指的是直接在网络用户的电脑上搜集他们的网上浏览信息，当用户访问某网站时，在用户的硬盘驱动器上添加一个小型数据文件，即网络跟踪文件，跟踪用户网页浏览行为，帮助营销人员向用户发布合适的促销信息和网页。 如果你在淘宝网上浏览过、购买过，当你下一次用同一台电脑登录淘宝网页时会发现，淘宝网会向你推荐你可能感兴趣的产品或促销信息等。 如某用户在上一次登录淘宝网时浏览了很多关于羽绒服的网页，但并没有最终购买，当该用户再登录时，淘宝网会针对性地发布羽绒服的网页和促销信息。

（2）服务器端数据收集法

网站分析工具通过使用网站日志软件分析和记录访问网页的用户数，访问本公司网站以前用户所在的网站位置，以及用户在站点上购买的产品，并生成报告。 这些都是服务器端数据收集法的基本要素。 如当当网、亚马逊网利用过滤软件追踪客户订购的图书，然后根据数据库中显示的客户购书倾向进行购书推荐。 服装网络销售同样可以根据顾客已选购的衣服进行搭配推荐，增加成交的可能，这些数据亦有助于服装企业改进网络营销策略。

相关技术 3.1——实时形象建档

越来越多的企业开始运用服务器端数据收集法对网页进行不断改进，提出新的促销方案。 一旦软件追踪到用户在网站中的行为，就会自动生成实时形象建档（real-time profiling），然后即刻对数据进行编辑和报告。 这种方法称为"实时点击流追踪"，其方便了营销人员分析消费者的在线行为，并能对网站促销方式和网页做出及时的调整。 实时形象建档并不便宜，但企业如果能通过此类软件和技术根据顾客过去的行为预测其将来的行为，并在此基础上对网页进行个性化的改进以满足客户的需求，那么高成本的付出也是值得的。

3.3 服装网络市场调研问卷设计

3.3.1 服装网络问卷发布形式

在服装网络市场调研的实施中，网络问卷发布形式主要有以下几种。

3.3.1.1 直接发布

直接将服装网上问卷放置在网站上，等待访问者填写问卷，这种方式的好处是填写者是自愿的，缺点是无法核对问卷填写者真实情况。 为达到一定量的问卷数量，站点还必须进行适当宣传，如在国内一些著名的 ISP（网络服务提供商）或 ICP（网络媒体提供商）如新浪、搜狐、网易等站点设置问卷调查的链接，服装在线问卷还可以在中国服装网、穿针引线服装论坛等与服装紧密相关的知名网站上设置链接，以吸引大量访问者。

3.3.1.2 讨论组型

在相应的服装讨论组中发布问卷，这种方式成本低且被调查者是主动的，容易获取较真实的信息。 但在虚拟社区和 BBS 上发布市场调研信息时，要注意调研问卷的内容要与该讨论组的主题相关，否则会遭到被调研对象的反感及抗议。

3.3.1.3　电子邮件型

电子邮件型又可以分成两种方式：一种是通过 Email 方式将问卷发送给被调查者，被调查者完成后将结果通过 Email 发回；另一种是发送内含网上调查问卷链接的电子邮件邀请用户参与调查。 目前，由于后者的操作更便捷和便于统计，使得后者的使用多于前者。 这种方式的优点是可以选择被调查者，缺点是容易遭到被调查者的拒绝，且需要积累有效的客户邮箱地址，电子邮件样本可以从公司内部数据库中抽取，也可以向第三方购买电子邮件列表。 服装网络营销调研者在使用该方法时，首先应争取被调查者的同意，可采取有奖回答或赠送礼品、可兑换积分的方式邀请被调查者参加。

3.3.2　服装网络调研问卷的类型与格式

3.3.2.1　服装网络调研问卷的类型

服装网络调研问卷的类型有如下几种：

（1）封闭式问卷

封闭式问卷是指已明确固定答案供答卷者选择答案的问卷。 其优点在于回答标准化，被调查对象易于作答，结果易于统计分析。 但所获得的信息大多是调研人员设定好的，信息获得相对较少。 因此，封闭式问卷要想获得质量好的信息，需在问卷调研前做足预调研。

（2）开放式问卷

开放式问卷是指问卷不设置固定的答案，由答卷者自由发挥的问卷。 正是由于答卷者可以自由表达意见，可以得到很多意料之外的答案，适用于那些不可简化为几个小问题的复杂问题，但调查数据往往不容易处理。

（3）半封闭式问卷

半封闭式问卷介于开放式和封闭式之间，问题的答案既有固定标准的，也有自由发挥的，吸取了两者的优点，这类问卷在实际调查中运用比较广泛。

3.3.2.2　服装网络调研问卷的格式

网络调研问卷的题型主要分为表格式和问答式两种。 两种类型一般均由标题、前言、具体问题、备注等构成，区别在于表格式问卷的问题以表格的形式出现,而问答式的问题以问句形式出现。 因此,表格式问卷具有简练、清晰、一目了然等特点,问答式问卷具有形式灵活、使用方便等特点。 一般内容比较单一的调查类文种采用表格式问卷,内容比较复杂的调查类文种采用问答式问卷。

3.3.3　服装网络调研在线问卷的设计与投放

3.3.3.1　服装网络调研在线问卷的构成

目前,许多网站上都设有在线调研问卷,在线调研问卷可以参考传统的调研问卷,并结合网络电子媒体的优势。 然而,在线调研缺乏训练有素的访问人员的指导,如果问卷设计得不合理,将导致被调查者误答、乱答、放弃而导致无效问卷等问题,调研数据分析结果亦不能为营销决策服务。 因此,网络在线调研中,问卷设计至关重要。 服装网络调研问卷的一般构成如下。

(1) 标题

任何调研问卷都有调研主题,服装网络调研问卷标题亦当主题明确,使调研对象一目了然,参加调研的对象往往对调研主题更有兴趣和责任感。 如"80 后孕妇服装消费心理与行为调查",把调查对象和内容明确指出,参加调研的对象更有针对性和有效性。

(2) 欢迎

在被调查者正式答卷之前,当设置问卷说明或前言,以欢迎形式更佳。 欢迎词可以用单独的屏幕来显示,也可以出现在网上调研问卷的第一页上方。 欢迎词中要体现被调查人意见的重要性,公开调查单位、调查目的、完成问卷大概所需时间、奖励措施等,以引起被调查者的重视和兴趣。 欢迎词还需强调对被调查者个人信息进行保密,尊重隐私,以取得信任和支持。 服装网络调研问卷奖励措施可以采用赠送服装购买代金券、优惠券等方式吸引被调查者完成整个问卷。

(3) 问卷主体

服装网络调研问卷的主体是将调研主题具体化,即细化成一个个问题。 一般包括:调研主题具体内容项目和关于被调查人特征的项目(如年龄、性别、职业等),用于掌握调查对象的背景资料,以进行不同属性消费群分析。

由于互联网信息丰富,访问者一般不可能长时间关注某一个网页,因此在服装网络调研问卷中要设置合理数量的问题和控制填写问卷的时间,在设计问题时可运用以下技巧：

① 设计过滤性问题。服装网络调研问卷根据不同的调研目标有不同的调研对象，如"80后"女性婚庆服饰消费心理与行为调研针对的是"80后"女性，且已婚的"80后"女性已经经历过婚礼，对婚庆服饰有一定了解，因此选择"80后"已婚女性更合适，可以在问卷开头部分提问"您是否已婚？"，及时过滤不合适的调研对象。

② 提高问题趣味性。被调查者通常更喜欢完成有兴趣的问题，尤其是与服装相关的问卷，服装网络调研问卷通常针对服装的某个主题去调研，服装具有流行、个性、时尚等特点，服装网络调研问卷的访问者也通常相对年轻、时尚、个性，因此在设计问题时，提高问题的趣味性、活泼性有助于被调查者更好地配合答题。

③ 合理安排问题顺序。为了吸引被调查者有效完成问卷，问题顺序可遵循先简单后复杂、先非敏感性问题后敏感性问题、先封闭式后开放式问题，以此减少被调查者的放弃率。

④ 备选答案随机顺序。对于一些多项选择，由于项目比较多，可能出现先入为主的影响，因此网络调研问卷可以将选项顺序随机化，有效减少误差，而这也正是传统的调研问卷不易做到的。

⑤ 提供帮助信息。由于没有调查员面对面的解释，网络调研问卷中针对某些不易理解的问题或者概念可以增加帮助信息，如将鼠标移动到该问题或概念上，就会出现一个提示窗口。

(4) 致谢

在问卷结束时，应感谢调查对象抽出时间完成问卷。为了获取被调查者的联系方式，可设计问题了解被调查者是否愿意收到调研结果分析，希望被调查者能够留下电子邮箱等联系方式，这样可以为以后的其他调研积累样本。

3.3.3.2 服装网络调研问卷的版面和导航设计

(1) 服装网络调研问卷的版面设计

服装网络调研问卷同传统的调研问卷一样，版面应美观大方、简单易读，要注意行距，避免问题之间过于拥挤，问题与答案之间则尽量紧凑而不要分离。服装问卷中如有图片，图片容量不宜过大，以免影响浏览速度。卷面根据问卷长短采用单页滚动式或多页非滚动式，通常短问卷采用单页滚动，长问卷采用多页非

061

滚动设计,如果问题涉及到逻辑跳转,则必须采用多页显示。

(2) 服装网络调研问卷的导航设计

服装网络调研问卷较长时,问卷设计者可以设置一些前进/后退按钮、进度条和链接,以辅助被调查者顺利完成问卷。 链接在解释概念或问卷以外的文件、图片时非常便利。 如某品牌服装风格的调研,为了让某些被调查者对品牌风格有更好的理解,可设置链接,在链接网页上放置服装图片并配以风格阐述说明。

(3) 服装网络调研问卷的投放

在服装网络调研问卷设计完成后,首先需进行问卷的检查和修改,并提交给本次服装网络调研负责人审核确认。 确认后,发布到服装品牌网站上,并找目标调研对象进行预测试,通过预测试及时发现并修正问卷中的缺陷与不足,最后将问卷按照服装网络调研计划中所设定好的问卷调研的方式和发布形式进行发布即可。

3.4 服装网络市场调研数据分析

3.4.1 服装网络市场调研信息的评估

由于互联网没有有效的程序检查和信息过滤机制,网络上传播的信息良莠不齐,其可靠性和可用性也不同。 服装网络市场调研信息,尤其是通过二手资料调研所得数据,需进行信息评估。 目前,对于网络信息尚无统一的评估标准,美国阿拉斯加大学教授爱德华·弗瑞斯特(Edward J. Forrest)所提出的 REAP (Reliability、Evidence、Accuracy、Propriety)评价体系对服装网络市场调研信息的评估具有一定的参考价值。

3.4.1.1 可靠性

服装网络信息可以根据信息文档中的作者和信息源来判断信息质量的高低。 文档信息中作者是否有署名,是个人还是单位署名:个人要确定其权威性,权威的服装领域,如服装设计、服装流行、服装陈列、服装销售还是服装终端管理等;单位还要确定是政府机构、公司还是协会、高校等非赢利机构。 信息源包括信息所在的网站声誉、影响度、有无赞助或协办单位及其口碑,另外还可以通过网站发布的内容是否与主题相关,网站上的原创信息的数量来判断,通常发布的内容与主题相关度高且原创信息的数量多则网站质量相对较高。 如中国流行色协会的网站(http://www.fashioncolor.org.cn),一方面它是中国科学技术协会直属的全国性协会,挂靠中国纺织工业协会;另一方面,网站发布的都是时尚产品流行色、流行趋势方面的信息,其色彩基地板块中现有成员包括美特斯·邦威、爱慕、爱登堡、彬伊奴、七匹狼、派克兰帝等知名品牌,由此可以大致判断该网站具有可靠性。

3.4.1.2 有据性

有据性即确定支持该信息的证据,可以通过以下问题来确认:是否有证据证明信息的真实性、正确性? 信息中使用的数据和引用的观点是否标明出处,出处又是否具有可靠性? 仍然以中国流行色协会网站为例,该网站中的色彩趋势资讯,较大部分信息标注出处 CNCSCOLOR,CNCSCOLOR 色彩事业部由中国纺织信息中心和中国流行色协会共同组建的。 因此,中国流行色协会网站上所提供的色彩趋势资讯等信息具有有据性。

3.4.1.3 准确性

服装网络信息的准确程度可以通过该网站信息更新的及时性和相关数据信息提供的可持续性以及与其他同一领域的网络或传统调查信息的可比性来衡量。 如发布服装时尚资讯有多种渠道和媒体,包括中国流行色协会、时尚资讯、中国服装协会、服装设计师协会、中国服装网等,还有《VOGUE》、《ELLE》、《Bazzar》、《Cosmo》、《流行色》等时尚杂志,可以通过多渠道进行服装时尚资讯信息的准确性把握。

3.4.1.4 适当性

服装信息同其他任何信息一样,都由于作者个人立场、基调、目的性不同而存在偏见,再加上网络的公开性,任何人都可以在网络上发表观点,网络信息更是如此。 因此,可以通过信息的客观性、立场和目的来判断信息的适当性。 如,一个专业机构的评价比服装公司的自我介绍更加客观和可信,站在第三方的立场比公司自身或竞争对手的立场更可信,带有偏见和感情色彩的信息通常不可信,另外还要弄清信息发布的目的,出于娱乐、商业目的相对不可信,如信息发布中出现链接,可以链接到某促销商品网页上,此类信息质量通常不高。

3.4.2 服装营销数据库和数据仓库

无论服装调研数据是在线还是离线收集,都被输入到各种服装营销数据库中。 服装产品数据库包含产品信息,如产品款号、颜色、尺码、价格、库存数量信息等;服装销售数据库包含销售产品具体款号、销售单价、折扣、销售数量、总金额、进销存信息等;服装客户数据库包含客户特征和行为的信息,如客户 VIP 编号、性别、年龄、收入水平、生活城市、所购买产品、金额、购买时间段、购买频率、购买偏好等信息。

一旦一笔服装交易完成,服装产品数据库、服装销售数据库、服装客户数据库都同时需要更新,因此根据服装交易情况实时刷新服装营销数据库十分重要,它能将数据从一个数据库移入数据仓库。 数据仓库是整个组织历史数据(不仅是营销数据)的储藏室,它是专门为制定决策提供必要的分析和数据支持而设计的。 换句话说,营销人员利用产品或客户数据库中的数据来解决营销问题远不如数据仓库中的数据更有效。 数据仓库中的数据通常被分开放在许多主题明确的区域(即数据中心),以便于检索。

3.4.3 服装网络市场调研数据分析和提交

通过不同调研方法所获取的调研信息的数据分析方法有所不同。 如二手资料间接调研所获取的信息可参考上述的 REAP 评价体系对其进行信息评估,然后进行整理、分析和生成报告。 而直接调研,如通过问卷调查法所获取的数据信息,当被调查者提交调查问卷时,相应的数据信息都已自动输入相应的数据库,数据分析方法有两种,一是通过已设定好的数据分析系统自动进行分析,二是同传统的问卷调研数据分析一样,根据调研主题和项目进行相关分析,两者的区别在于传统的调研数据信息需通过人工输入到计算机分析软件中,而网络调研问卷的数据信息已自动存入到数据库中。 调研人员根据调研主题类型,借用统计软件(如 SPSS),选取相应的数据分析方法进行分析后,整理并提交报告。

3.4.3.1 基本数据分析方法

(1)描述性分析

数据分析时,一般首先对数据进行描述性统计分析,发现其内在规律,再选择进一步分析的方法。描述性统计分析要对调查总体所有变量的有关数据做统计性描述,主要包括数据的频数分析、数据的集中趋势分析、数据离散程度分析、数据的分布以及一些基本的统计图形。

(2) 方差分析

方差分析,又称"变异数分析"或"F 检验",用于两个及两个以上样本均数差别的显著性检验。在服装网络市场调研中,需分析影响消费者购买心理与行为的一些因素,如性别、年龄、学历、职业、收入、婚姻状态、家庭结构等。

(3) 聚类分析

聚类分析是依据某种尺度对样本或变量进行分类的一种多元统计分析方法,主要用于辨认具有相似性的事物,根据彼此不同的特性加以聚类,使同一类的事物具有高度的相似性。在服装市场研究中,企业经常要根据消费者明显的不同特征进行市场细分。

(4) 因子分析

因子分析是多元统计分析的一个重要分支,主要目的在于浓缩数据。通过对诸多变量的相关性分析,用假想的少数几个变量,来表示原来变量的主要信息。因子分析可应用于市场细分分析,找出细分消费者分群的内在因子;因子分析还可应用于产品、广告及价格方面的研究,如通过因子分析找出影响消费者选择产品的关键要素、目标消费者的媒体接触习惯及对价格敏感的消费者特征等。

3.4.3.2 信息技术支撑的数据分析方法

(1) 数据挖掘

数据挖掘就是从数据库中将隐含的、先前并不知道的、潜在有用的信息从数据库中粹取出来的过程。通过数据挖掘发现的潜在消费模式可以帮助营销人员调整营销组合战略、开发新产品,并预测消费者行为等。服装网络营销人员通过数据挖掘可以预测某些重要顾客大概会在哪个时间购买服装、偏好购买何种类型服装、促销折扣对购买的影响力大小等信息,在此预测基础上,服装网络营销人员即可有针对性地推出促销活动吸引顾客前来购买,同时根据数据挖掘进行数据库营销,如根据不同顾客的产品点击浏览情况给予相关服饰产品搭配推荐。

(2) 客户建档

客户建档是指利用数据仓库信息帮助企业了解目标群体的特征和行为。通过客户建档,服装网络零售商可了解到何种消费者消费何种服装产品,以及他们对促销活动和价格变动的反应等。 服装网络营销客户建档还包括以下几种用途:为促销活动挑选目标消费群;寻找并筛选价值较高的顾客成为重点客户,对客户进行分类;掌握重点客户的消费行为特征;向顾客进行适当推荐;明确回应率较高的目标市场,以降低直复营销的成本等。

(3) RFM 分析(最近一次购买时间、购买频率、消费金额)

RFM 分析(RFM,即 recency、frequency、monetary)即是在数据库中寻找三种信息:顾客最近一次购物是在什么时间? 顾客相隔多长时间来购买,即购买频率是多少? 顾客每次购买花多少钱,即购买金额是多少? 通过 RFM 分析,服装网络零售商可以专门针对反应比较多的顾客调整促销方式、价格和服装产品发布、服饰搭配等,从而降低成本,增加销售额。

(4) 生成报告

服装网络营销人员可以随时利用数据仓库进行数据挖掘、客户建档及 RFM 分析,分析结果可传送至服装网络营销决策人员手中。 研究报告生成器可经常通过数据仓库内的信息自动生成营销报告,并将报告放置在内联网或外联网的服装营销知识数据库中,以供相关人员浏览。

服装网络营销实例——"试衣族"网络调查与分析

2012 年 3 月 13 日至 3 月 15 日,《南方都市报·广州杂志商业周刊》和大粤网联合推出"试衣族"网络调查,短短 3 天中,有高达 3 万多的人气值,可见不少人对这个问题感兴趣。 问卷内容及形式如下:

"试衣族"网络调查问卷

买衣服是一种乐趣,而在网购盛行的当下,买衣服的模式正在多样化:在商场买,在小店买,上网买,此外,还有在实体店试衣,确定穿着是否合适后再上网买。 这就是"试衣族"了。 现在,从学生到成熟白领不少人都有了购物时先到商场试装,再到网上购买的模式。 对这样的方式,你是怎么看的? 欢迎参与《南方都市报·广州杂志商业周刊》和大粤网联合做的本次调查。

买品牌衣服,您一般会在哪购买? (必选)

○ 品牌实体专卖店

○ 品牌网上专卖店

○ 先在实体店看款式、试穿,再到品牌网上的专卖店买

○ 先在实体店看款式、试穿,再到网上买类似款式的

▤ 您喜欢的服装品牌,网上有卖的多不多?（必选）

○ 没有

○ 有,但很少

○ 有,而且很多

▤ 您怎么看待在商场试衣、而在网上购买这种行为?（必选）

○ 这是消费者比较价格的行为,合情合理

○ 这是在商品价格高企下的无奈之举,不能怪消费者

○ 这是侵害商家利益的不道德行为,应该制止

▤ 现在,有国家推行"试穿费"做法。就是顾客想试穿看中的衣服或鞋子的话,先交 50 块钱的"试穿费"。如果顾客最终决定从这家店里买走商品,那么 50 块的"试穿费"原数退还;如果顾客不买,"试穿费"则不还。您对这种做法怎么看?（必选）

○ 不合理,试衣服是消费者的权利,无论如何也不应该收钱

○ 不合理,只要不是故意试衣不买,就应该给消费者试衣

○ 可以接受,但商家可用别的措施来防止"试衣族",而不是收"试穿费"

○ 合理,收取"试穿费"是商家的"正当防卫"

▤ 您曾经遇到过收"试衣费"的情况吗?（必选）

○ 没有

○ 没有,但试了不买的话,售货员就一脸不高兴

○ 有

▤ 除了服装,您有过专门到商场挑选和试用其他商品如书、数码产品、家电等,记下详细型号后再到网上购买的经历吗?（必选）

○ 从不

○ 偶尔会

○ 经常会

调查结论

① 七成以上选择在实体店买品牌服装

从购买方式看,买品牌服装的话,高达 77.81% 的消费者表示会选择在实体店购买。仅有 5.86% 的消费者表示会选择品牌网上专卖店购买。部分消费者会先在实体店看款式、试衣,再到网上购买。在这一类型的调查者中,11.13% 的网友会到品牌网上的专卖店购买,5.21% 的人则会到网上买类似款式。可见,对于品牌服装消费方面,消费者最注重与

接受的是"品牌"本身,而非购买类似款。

在调查中,消费者反映自己喜欢的品牌在网上不是很容易能买到。 49.82%的调查者表示即使有喜欢的品牌网店,选择也是很少,12.89%的调查者更表示网上买不到自己喜欢的品牌,仅有37.29%的调查者表示网上有比较多自己喜欢的品牌可供选择。 可见,目前品牌服装最主要和注重的销售渠道是商场而非网络。

② 过半数人认为试衣是无奈之举

而在问及"如何看待在商场试衣然后在网上购买这种行为"时,有超过半数的调查者认为这是在商品价格高企(高企指价位持续停留在较高的位置。)之下的无奈之举,不能怪消费者,占到调查者的51.11%。 39.52%的调查者认为这是消费者比较价格的行为,合情合理。 仅有9.36%的调查者表示,这是侵害商家利益的不道德行为,应该制止。

③ 六成以上认为"试衣费"不合理

就由国家推行"试衣费"的做法,61.55%的调查者认为"试衣费"不合理,试衣服是消费者的权利,无论如何也不应该收钱。 28.54%的人认为,只要不是故意试衣不买,就应该给消费者试衣,不该收钱。 有8.15%的调查者认为可以理解,但商家可以用别的措施来防止"试衣族",而不是收"试衣费"。 仅有1.76%的调查者认为收取"试衣费"合理,这是商家的"正当防卫"。

④ 1.05%的人有被收"试衣费"经历

不过,绝大多数调查者并没有遇到被收取"试衣费"的情况,仅有1.05%的消费者有被收取"试衣费"的经历。 但54.13%的调查者表示,试了不买的话售货员就一脸不高兴。

除了服装,46.90%的调查者表示偶尔会专门到商场挑选和试用其他商品如书、数码产品、家电等,记下详细型号后再到网上购买。

(案例来源:http://tech.qq.com/a/20120319/000078.htm)

相关技术3.2——数据挖掘

根据麻省理工学院的科技评论指出,数据挖掘(Data Mining)是未来会改变世界的十大新兴科技趋势之一。《时代》杂志更预测,数据挖掘是21世纪最重要的五大新兴行业之一。 数据挖掘,是指通过统计分析从大型数据库中提取潜在的预测信息。 通过数据挖掘技术,可以"挖掘"出顾客交易历史数据中的规律,来进行信用评等、保险理赔滥用欺诈、顾客流失分析、购买意愿、直效营销响应等的预测,通过其强大的预测能力,全面强化企业竞争力。 数据挖掘具有五项最重要的功能:分类、估值、预测、关联分组和同质分组。数据挖掘能够解决的问题包括预测、分类、探测关联度及购物篮分析,即什么商品组合在一起销售得最好。 这些软件已经越来越体现出客户友好的特征，越来越便于营销人员的工作。 许多企业如 Mega-puter 公司等迟早会将复杂的数据挖掘工作变成人人能完成的操作。

思考与练习

复习题

1. 服装网络市场调研相对于传统市场调研有何优缺点？

2. 服装网络市场调研主要有哪三种类型？ 每种类型分别又有哪些方法？

3. 比较分析一手数据调研和二手数据调研的优缺点。

4. 服装网络市场调研包括哪几个步骤？

5. 为什么网络营销人员要评估网站数据信息的质量？ 如何评估？

6. 服装网络调研问卷设计要注意哪些技巧？

讨论题

1. 假设你有服装新品需要测试，你更愿意使用哪些在线调研方法进行测试？ 为什么？

2. 当你想要了解目标消费者对自己的品牌及竞争对手品牌的品牌印象时，你将选用哪些方法来调查？

3. 公司希望结合消费者的需求进行服饰设计，你如何通过网络调研形式获取消费者对款式的喜好、建议等信息？

网络实践

1. 选择一个服装网络调研主题，设计在线调研问卷，可选择在已注册过的调研网站上发布调研问卷，收集调研数据并进行分析。

2. 假如有一家服装品牌公司，请你使用四种一手数据调研技术来测试其网站上新促销广告的效果，你该如何进行测试？

3. 对你一个正在淘宝上浏览服装的朋友进行 15 分钟的观察并记录相关的点击流，你可以点击"后退"按钮旁的下拉箭头或者查看历史记录来罗列出你朋友访问过的每个网店、网页，以及在网页上停留的时间。 你能否根据这些信息来判断你朋友本次的购买意向和态度？

第4章 | 服装网络消费者行为

知识要点

1. 了解服装网络消费者特征和类型；
2. 了解服装网络消费者的需要，了解服装网络消费者的购买需求动机和心理动机；
3. 掌握服装网络消费者的购买程序；
4. 了解服装网络消费者信息获取与决策涉入度，能够分辨何种类型的服装产品较有可能发生高涉入决策或低涉入决策；
5. 了解服装网络消费者购物评价与选择行为，掌握服装网络营销商如何提升顾客满意度。

章首引例

"好的市场效应，使得阿迪达斯加大马力运转。每双鞋在设计研发之初，便会面临着这样的危险：经过了长达一年多的设计、制造流程后，市场有可能已经变化，善变的消费者不再青睐当时的流行元素和款式。尽管如今制造流程已非常高效，但我们仍需改善流程中的其他环节。"阿迪达斯集团荣誉CIO(首席信息官)皮特·巴罗斯说。皮特正在尝试用互联网和消费者互动，试图从终端消费环节建立反向信息流，帮助设计研发人员更准确地了解市场。皮特曾使用一些开源软件(也称为开放源代码软件，是一种源代码可以任意获取的计算机软件)，通过观察年轻用户们在博客上和SNS社区里对某些产品写的评论，进行态度分析，评估出用户感受。他在德国与一些博士生合作，主要考察英国和德国市场对阿迪达斯和耐克即将上市的足球鞋的反应。 皮特项目组分别从阿迪达斯和耐克选出三双鞋进行观察,在跟踪消费者对产品评论态度的过程中,让阿迪达斯在产前就通过分析,预测出产品的销售情况。 同时阿迪达斯也估量出重点的流行元素,如哪些产品拥有最多的粉丝,哪些能吸引其他品牌没有的年轻用户。"当你看到这样一个概念,即制造商与 2 000 个消费者在产品设计上进行交流,从而得知人们喜欢什么,然后再设计生产,这样在价格、产品上有更多的优势,成功率更高。"皮特说。 其实,对于阿迪达斯的设计研发人员来说,除了在 SNS 与消费者互动以外,他们也时常在 PTC 公司建立的工程师的 SNS 社区互相交流意见。 皮特对 PTC 推出的社区型研发产品也很感兴趣,这种 2.0 式的研发将协同研发过程激发出更多创意,实现更多的经验分享。 同时,也更好地为阿迪达斯的流程再造加速。 阿迪达斯通过互联网与消费者互动,通过博客、社区等形式,与消费者交流,及时掌握消费者心理与行为,使得阿迪达斯的产品快速地适应市场需求。

(资料来源:纺织服装信息周刊,2010 年 9 月 13 日)

071

4.1 服装网络消费者分析

服装网络消费者分析包括服装网络消费者规模、服装网络消费者特征分析和服装网络消费者分类三部分内容。

4.1.1 服装网络购物用户规模

服装网络购物即借助网络实现服装商品或服务从商家/卖家转移到个人用户即消费者的过程。 在整个过程中的资金流、物流和信息流,其中任何一个环节有网络的参与,都称之为服装网络购物。

服装服饰是目前中国网络营销领域发展最为迅速、交易排名靠前的重点应用行业。 2009 年中国服装网络购物用户规模超过 8 000 万,占网购用户的 70%,到 2011 年该比重突破 80%。 由此可见,服装网络购物用户规模及发展潜力大,对于服装网络营销来讲,研究分析服装网络消费者行为则非常有必要了。

4.1.2　服装网络消费者特征

服装网络消费者是指通过网络购买服装的顾客。 服装网络消费者占总体网络消费者的 80%，结合分析中国互联网络信息中心（CNNIC）发布的 2010 年中国网络购物市场研究报告、中国 B2C 垂直商品网络购物用户研究报告及服装网络消费行为特征等，服装网络消费者特征分为两大类：基本特征与消费行为特征。

（1）服装网络消费者基本特征

① 性别与年龄结构特征。 网购用户中男性占比居多为 54.5%。 且男性群体在网民中占比也相对较多。 虽然一般而言女性的消费动机更强烈，但是服装网络购物的便利性消费特点使得男性成为线上消费更为重要的群体。

服装网络购物的用户群体仍以年轻消费群体为主，并正在从年轻群体向高龄群体渗透。 2010 年网购用户中，18～30 岁占 65.9%，31～40 岁占 22.8%，40 岁以上占 7.5%。 与 2009 年相比，36 岁以上的群体从 6.2% 攀升到 16%。 中老年消费者占比少，但需注意中老年服装网购较大部分是由子女完成购买。 因此，服装网络营销在关注年轻消费者的同时，也要关注中老年消费群体的增长潜力。

② 学历与职业结构特征。 目前服装网购用户仍以中高学历为主，但初中及以下用户占比继续增长，用户的学历差距有所缩小。 如大学本科及以上学历由 2008 年的 59.5% 下降到 2010 年的 40.4%，而初中及以下学历由 2008 年的 3.6% 提升到 7.6%。

企业公司人员和学生作为服装网购用户最大的两类群体，2010 年所占份额均下降，分别从 2009 年的 43.4% 和 20.1% 下降到 35.8% 和 15%。 网购用户向其他群体渗透，个体户及自由职业者占比上升到 16.1%，党政机关、事业单位人员也上升到 14.5%。

③ 收入与城乡结构特征。 网购用户的收入结构仍以中低收入为主，并在向两端扩散。 2010 年，月收入在 1 000～3 000 元的网购用户占比最大，占 45.5%。 与 2009 年比，月收入在 3 000 元以上的用户份额在上升，这与人们的收入提升、中高龄用户加入网购大军有关。 3 000～5 000 元和 5 000 元以上月收入网购人群分别较 2009 年的 15.7% 和 8.5% 上升到 2010 年的 19.5% 和 14.1%。 另外，500 元以下收入的网购用户占比也从 2009 年的 7.8% 上升到 12.2%。

网购用户主要集中在城市，有 90.5% 的人居住在城镇，仅 9.5% 的网购用户居住在农村。 网络购物在农村地区的渗透难度较大,农村消费水平远低于城市,物流配送的基础也较薄弱。

(2) 服装网络消费者消费行为特征

服装网络消费者消费行为特征如下:

① 购物网站选择上,淘宝网及淘宝商城为首选。 网络购物市场主要分为 B2C 网络购物市场和 C2C 网络购物市场。 C2C 领域,淘宝网依然呈现一家独大的局面,占据 C2C 市场交易金额的九成左右。 B2C 网络购物市场上已经出现行业的领头者,淘宝商城自 2010 年 11 月启动独立域名以来独立的宣传和营销活动全面铺开,目前已经占据 B2C 市场交易金额的五成左右,正式实现 B2C 领域的扩张。

目前,C2C 网购用户主要购买服装的网站为淘宝网。 B2C 网购用户主要购买服装的网站有淘宝商城、凡客诚品、QQ 商城、麦考林、当当网和卓越网。 网购服装用户最多的 B2C 购物网站(频道)是淘宝商城,用户渗透率达到 35%。 第二位是凡客诚品,用户渗透率为 4.1%,在 QQ 商城购买服装的用户比例为 2.1%,在麦考林和当当网购买服装的用户比例分别为 1.8% 和 1.6%。

② 服装网络购物人均年消费金额偏低,价格实惠服装仍为消费者所青睐。 2010 年,我国网购用户人均年网购消费金额 3 259 元,而服装网购用户年网购服装平均花费为 1 122 元。 服装网络购物人均年消费金额偏低,品牌多样、品类丰富、价格实惠的服装鞋帽等商品为服装网络消费者所青睐。

③ 服装网络消费者网络购物频率与网购整体满意度提升。 2010 年,我国网购用户半年人均网购次数达到 10 次,较 2009 年增加 4 次,且网络购物用户整体满意度达到 86.2%,较 2009 年增加 6.8 个百分点。 服装购物频率高的原因之一是服装不同于其他 3C 电子产品,其重复购买率高,需求产生频率快。 服装购买频率和满意度的提升同时表明服装网络购物整体质量在继续优化。

用户整体满意度最高的三家购物网站分别是京东商城、麦考林、凡客诚品,用户满意度均在 84% 以上。 有 18.5% 的网购用户最近半年有过不满意的网购经历,不满意的原因主要集中在商品品质和配送环节。

④ 服装网络消费者角色多元化。 互联网赋予了网络消费者新的权力,服装网络消费者不再只是单纯的消费者、服装商业活动中的受众,是可以利用各种网络功能和环境发布与消费相关的各种信息的"上帝",他们可以在论坛、博客、微博上自由发布服装消费信息,如穿着感受、面料质感、色牢度、保养便捷性、

073

购买意见与建议等等，成为商业活动中服装消费行为的指导者、消费需求的创造者、消费信息的传播者和服装企业经营行为的评论者。

4.1.3　服装网络消费者分类

服装网络消费者有着不同的类型，根据他们的网络购买行为可以分为目的型、冲浪型、接触型、定期型和议价型五种类型。

4.1.3.1　目的型

目的型服装网络消费者目的性很强，需要的是方便、直接的网上购物。如同传统的快速购物一样，他们快速进入某服装销售网站，搜索目的产品，实现快速购买。他们仅花少量的时间上网，但他们的网上交易却占了较大份额。服装网络营销者须为此类型顾客提供真正的便利，让他们觉得在你的网站上购买服装商品将会节约更多的时间。

4.1.3.2　冲浪型

冲浪型服装网络消费者跟目的型顾客刚好相反，他们没有明确的目的，通常花费较多的时间进行网上冲浪。他们也许正在访问某门户网站，看到感兴趣的明星穿着搭配，继而转至服装流行资讯，也许又点击进入某娱乐频道，再链接到某服装销售网站，再接二连三地进入不同的服装网络店铺，在店铺中又反复对比了多款服装，最后可能在其中一个网店中看到中意的服装并完成了购买。此类顾客访问的网站通常是一般顾客的数倍，他们对服装更新速度快、具有创新设计特征的网站较感兴趣。

4.1.3.3　接触型

接触型服装网络消费者指的是刚接触网络购物的新手。他们对网络购物跃跃欲试，却又持有一定的怀疑态度，他们更愿意相信生活中他们所熟悉的服装品牌。因此，那些有着知名传统服装品牌的公司应对这群消费群体保持足够的重视。

4.1.3.4　定期型

定期型服装网络消费者通常定期地访问服装销售网站，他们经常访问自己感兴趣的网站，如新闻网站、商务网站、体育网站、娱乐网站及其他自身相关行业专业网站等。定期型顾客服装网络购物呈现一定的规律性，对于服装网络营销者来说更具有可预测性，因此，把握此类消费者的网络消费行为和规律并作出相应的营销策略对于维系客户和持续购买具有重要意义。

4.1.3.5 议价型

议价型服装网络消费者趋于购买相对便宜的产品,著名的 eBay 网站一半以上的顾客都属于议价型。 他们喜欢货比三家、讨价还价,并有强烈的在交易中获胜的愿望。

4.2 服装网络消费者的需要与购买动机

在网络环境下,消费者的消费观念、消费方式和消费地位发生了重要变化。因特网的商业发展,促进了消费者的主权地位的提高;巨大的网络营销系统信息处理能力,为消费者提供了前所未有的商品挑选空间,使消费者的购买行为趋于理性化;网络消费者不再是广告信息的被动接受者,而是产品信息的积极寻求着,消费者的新消费理念和习惯逐步形成。

075

4.2.1 服装网络消费者的需要

在网络市场环境中,服装网络消费者的需要呈现出以下六个特点:

4.2.1.1 消费者需求的个性化和差异性

随着经济全球化和互联网时代生活方式的巨变,消费品市场越来越丰富和多样化,而服装本身就是时尚、流行性很强的商品,具有流行周期短、变化快等特点,消费者对服装的个性化需求更为强烈。 再由于不同的网络消费者,由于其所处的时代、环境、地域、民族、信仰、生活习惯的不同,对服装的需求呈现明显的差异。 因此,服装网络营销商在整个服装生产过程中,从产品设计、制造到包装、运输,再到销售、促销都需针对不同消费者的需求特点,采取相应的营销策略和方法。

4.2.1.2 消费者的主动性增强,商品购买趋于理性化

大量的服装网络销售网站和店铺为消费者提供了众多的服装挑选空间,消费者对消费的风险感也随着选择的增多而上升。 在服装产品选购中,消费者往往

会主动通过各种可能的渠道获取与商品有关的信息进行比较和分析，以决定是否购买。

4.2.1.3　消费者可直接参与服装设计和生产过程

传统的服装流通渠道由生产商、商业机构如商场和消费者组成，其中商业机构起着重要的作用，生产商不能直接了解市场，消费者也不能直接向生产商表达自己的消费需求。 而在网络环境下，消费者可直接参与到服装设计和生产过程，与生产者进行沟通，减少了市场的不确定性。 目前已有很多服装品牌正在尝试使购买者参与到设计过程中，如 Burberry 允许客户通过网上申请流程，自由选择图案、材质和其他细节，消费者可以拥有自己独有的衣服或饰品。 借助 Web 应用程序，在 Burberry 的"预定"分类中，消费者能够自由选择款式、颜色和其他细节。 随着越来越多材料的推出，产品将有超过 1 200 万种组合可能性，消费者有可能创造一些特立独行的设计，服装只在订单提交后生产，从而拒绝了任何多余库存的可能性。

4.2.1.4　服装网络展示的个性需要

由于网络购物的虚拟性，消费者无法实际感知服装的物理特征，主要包括服装的触觉感、视觉感和嗅觉感。 服装的触觉感包括服装面料的表面光滑或粗糙程度、纹理、蓬松性、柔软性、厚度等；服装的视觉感包括服装的色彩、服装面料的质感和垂感、花纹和光泽；服装的嗅觉感包括衣服是否带有异味等。 而这些性质对购买者来说却是非常重要的。 另外，不能试穿一直是制约服装网络销售的瓶颈所在。 目前，大多数服装网络销售平台采用通过真人模特多角度展示、详细的产品描述及七天无条件退款以给消费者足够的试衣时间的方式来弥补网络销售不能试穿的不足。 如果服装网络销售能够构建网络试衣管理系统，提供网上在线试穿服务，通过三维服装仿真技术模拟出具体顾客的三维试穿效果，则会吸引更多的顾客进行服装网络购买。

4.2.1.5　追求消费过程的便利性和购物乐趣并存

对于消费者来讲，网络购物与传统购物比较最大的好处之一便是便利性。现代人工作压力大，消费者以方便购买为目的，追求的是网购在时间和劳动成本上的节省。 然而，消费者在服装网购时不能更好感受品牌文化及店铺陈列艺术，无法面对面进行人际交往，无法体会到与家人或朋友一起上街购物时的闲暇与乐趣,无法体会到进出商场并亲手挑选商品的自豪感,也感受不到试穿不同新款服装的乐趣,有些高端消费者也不能享受到店铺里的尊贵体验。 因此,服装网络营销决策者需考虑服装网络消费者追求消费过程的便利性和购物乐趣的并存需要而制定相应的营销策略。

4.2.1.6 价格仍是影响服装网络消费心理的重要因素

从消费角度来讲,价格不是决定购买的唯一因素,但却是消费者考虑的重要因素。 服装之所以成为网络购物的最大品类,网购之所以具有生命力,重要原因之一是网上销售服装的价格相对实体店铺销售普遍低廉。 服装网络经营商倾向于以各种差别化来减弱消费者对价格的敏感度,但价格始终对消费者的心理产生重要影响。 因此,服装网络经营商在价格策略上无论采取何种方法,都须满足消费者对服装网购价格上相对实惠的消费心理需要。

4.2.2 服装网络消费者的购买动机

所谓动机,是指人们为了达到某种目的,从内心产生的某种意图与力量,从而推动人们去从事某些活动的心理特征,即激励人们行为的原因。 人们的消费需求是由购买动机引起的。 服装网络消费者的购买动机,是指在服装网络购买活动中,能使其产生购买行为的某些内在动力。 服装网络经营商需了解消费者的购买动机,才能预测消费者的购买行为,从而采取相应的网络营销策略。 由于网络销售是一种不见面的销售,消费者的购买行为不能直接观察到,因此对网络消费者购买动机的研究就显得更为重要。

服装网络消费者的购买动机基本上可以分为两大类:需求动机和心理动机。

4.2.2.1 需求动机

服装网络消费者的需求动机是指由需求而引起的购买动机。 美国著名的心理学家马斯洛把人的需求划分为五个层次,即生理需求、安全需求、社交需求、尊重需求和自我实现需求。 网络技术的发展成就了网络虚拟市场,而虚拟市场与现实市场存在很大的差别,在虚拟市场中消费者希望满足以下三个方面的基本需要。

(1)兴趣需要

兴趣需要,即消费者出于好奇和能获得成功的满足感而对网络活动产生兴趣。 这种兴趣主要来源于两种内在驱动力：其一是探索，人们出于好奇心理探究秘密，驱动自己沿着网络提供的线索不断深入查询，以获取更多的信息；其二是成功，当人们在网络上找到自己所需的资料、信息、软件、游戏等等，自然会获得成功的满足感。 人们对网络的接受程度即随着这种满足感的不断增强而增强。

(2) 聚集需要

通过网络给具有相似经历的消费者提供一个聚集的机会。 这种聚集不受时间和空间限制，形成富有意义的人际关系。 如在特定的论坛，人们可以对共同感兴趣的话题进行交流、传递信息。 通过网络而聚集起来的群体极为民主，每个成员都平等，具有独立发表自己意见的权利，使得在现实社会中处于紧张状态的人们在虚拟社会中寻求释放。

(3) 交流需要

网络消费者可聚集在一起相互交流买卖的信息和经验，包括商品质量好坏、价格高低、耐用程度、新品种类、使用经验等等。 这种信息和经验的交流一方面满足了同类消费者购买的参考需要，另一方面为网络商家在商品策略上提供了意见与参考。

4.2.2.2 心理动机

心理动机是由于人们的认识、情感、意志等心理过程而引起的购买动机。服装网络消费者购买行为的心理动机主要体现在理智动机、感情动机和惠顾动机三个方面。

(1) 理智动机

理智动机具有客观性、周密性和控制性的特点。 这种购买动机是消费者在反复比较各在线店铺或商城的服装服饰产品后才产生，比较理智、客观，少受外界环境影响。 这种购买动机的产生主要用于高档或耐用服饰品的购买。

(2) 感情动机

感情动机是由人们的感情所引起的购买动机，主要分为两类：一类是由于人们喜欢、满意、欢乐、好奇而引起的购买动机，具有冲动性和不稳定性；另一类是由于人们的道德感、美感、群体感而引起的购买动机，具有稳定性和深刻性的特点。

(3) 惠顾动机

惠顾动机是建立在理智经验和情感之上，对特定的网站、店铺商城、图标广告、商品产生特殊的信任及偏好,从而习惯性、重复地前往访问并购买的一种动机。 具有惠顾动机的网络消费者在作出购买决策时,心中往往已确定购买目标,并在各次购买活动中克服和排除其他同类水平网站商城及产品的吸引和干扰,按照事先计划完成购买行为,其往往是某一站点的忠实浏览者。

4.3 服装网络消费者的购买决策过程

服装网络消费者的购买决策过程包括服装网络消费者购买行为模式、服装网络消费者的购买过程与类型、信息获取与决策涉入度和购买评价与选择四方面内容。

4.3.1 服装网络消费者购买行为模式

服装网络消费者购买行为模式包括相关消费者行为理论、服装网络消费者购买决策模式和内容三方面内容。

4.3.1.1 相关消费者行为理论

网络消费者行为研究,是网络经济环境下消费者行为理论在网上交易活动中的应用,因此消费者行为理论是网络消费者行为研究的理论基础。

(1) 消费者行为

消费者行为是指消费个体、群体和组织为满足其需要而选择、获取、使用、处置产品、服务、体验和想法的活动过程。 消费者行为模型(图4-1)是一个概念模型,它所包含的细节不足以预测某种特定的消费者行为。 然而,它的确反映了我们对消费者行为性质的信念和认识。 消费者在内、外因素的影响下形成自我形象和生活方式。 其中,内部因素主要包括生理和心理方面,外部因素主要指社会、人文和人口统计方面。 消费者的自我形象与生活方式导致与之一致的需要和欲望的产生,这些需要和欲望大部分要求以消费来获得满足。 一旦消费者面临相应的情境,消费决策过程将被启动。 这一过程以及随之而来的产品获取与消费体验会对消费者的内部特征和外部环境产生影响,从而最终引起自我形象与生活方式的调整或变化。

图 4-1　消费者行为模型

（图片来源：Consumer Behavior：Building Marketing Strategy. China：Machine Press. 2007
（翻译并略修改））

（2）消费者态度理论

许多社会心理学家认为态度是由认知、情感及行为三个因素所组成的。态度是一种引起个人某种意见的先前倾向的心理状态，亦即是一种影响个人意见、立场及行为的参考构架。菲利普·科特勒认为人们通过行动与学习，来建立信念与态度，进而影响消费行为。态度指一个人对某些客体或观念，存在一种持久性的喜欢或不喜欢的认知评价、情绪性的感觉及行动倾向。

态度包含认知成分、情感成分和意向（行为）成分。认知成分指个人对态度对象的理解与看法，个人即由此形成对该对象的认知并形成信念；情感成分指个人对于态度对象的情绪感觉，个人由此来对对象加以评价，形成一种感性的心理反应；意向（行为）成分指对态度对象产生具体的行动倾向，内在态度往往促使个体产生某一行为反应。态度的认知、情感、意向三种成分相互作用，并决定个体对事物的看法。

马丁·菲舍比（Martin Fishbein）与他的合作者将认知、情感和意向因素组合在一起，提出了理性行为理论模型（图 4-2）。该模型的理

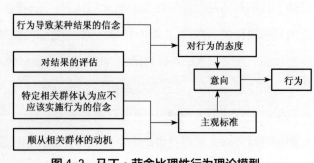

图 4-2　马丁·菲舍比理性行为理论模型

论基础是态度决定购买意向,而购买行为是某种特定购买意向的结果。该模型不直接预测行为,而是预测行为意向。

(3) 顾客价值理论

长期以来,学者们都是从产品、服务本身、企业的视角去认识价值,顾客只是被动的接受者。随着 20 世纪 90 年代顾客价值研究的兴起,越来越多的学者认识到顾客价值应由顾客而非企业决定。企业在为顾客设计、创造价值时,应把顾客对价值的感知作为决定因素,顾客价值实际上是顾客的感知价值。虽然顾客价值的研究已开展了近二十年,但对于顾客价值的概念界定,至今也未能统一。

科特勒提出的"顾客让渡价值"理论,指出顾客让渡价值是顾客从产品与服务中获得的总顾客价值与为获得此产品而付出的总顾客成本的差额。科特勒从顾客让渡价值和顾客满意的角度来阐述顾客价值。他认为在既定的搜寻成本和有限的知识、灵活性及收入等因素的限定下,顾客是价值最大化的追求者。顾客的选择取决于让渡价值的高低,顾客将从那些他们认为能提供最高顾客让渡价值的公司购买商品。

4.3.1.2 服装网络消费者购买决策模式

(1) 消费者决策过程模型

消费者决策过程(CDP)模型(consumer decision process model)描述了在购买决策生成过程中消费者所发生的活动,代表了一个消费者头脑中的路标。它可以指导市场经营者和管理者们制定产品的市场组合、沟通、销售策略。

正如模型(图 4-3)所示,消费者决策过程有七个主要步骤:需求确认、搜集资料、购买前评估、购买、使用、用后评价及处置。通过理解消费者决策过程模型,经营者可以分析发现消费者买或不买某种产品的原因,以及怎样做可以使消费者购买更多的特定产品。

图 4-3　消费者决策过程(CDP)模型

(图片来源:罗格·D·布莱克韦尔等.消费者行为学.第 9 版.徐海等译.北京:机械工业出版社,2003.4)

(2) 服装网络消费者购买决策模式

服装网络消费者的购买过程,也就是消费者通过网络购买服装行为的形成和实现的过程。 与传统的消费者购买决策相类似,服装网络消费者购买决策也遵循消费者决策过程步骤。 结合消费者态度理论、顾客让渡价值理论和服装网络购买的具体过程,王文兴在《服装网络营销策略研究》博士学位论文中,提出了基于消费态度的购买决策模式和基于让渡价值的购买决策模式。

① 基于消费态度的服装网络购买决策模式。 根据消费态度理论,消费者购买商品,首先要产生需求,然后比较商品价格和购买过程中的态度附加值与消费者自身期望值,进行购买决策。 在购买决策时,消费者有消费需求,并且价格也在消费者可以承受的范围之内,正面态度促进购买决策,负面态度阻碍购买决策,态度越强,促进与阻碍的力度也越大。

在服装网络购买过程中,态度的两个因素——情感与认知表现为服装网络感知因素与网络购买情感因素,网络购买情感因素指消费者在网络环境购买过程中一切影响消费者情绪的因素。 服装网络感知因素指在网络环境下影响消费者对服装感知的一切因素。

如图4-4所示,对服装网络消费购买决策产生影响的服装网络营销特性为服装网络展示、网络服务质量与网络安全三个方面。 服装网络营销商在非价格策略上需通过高质量的服装网络展示(包括公司企业说明、品牌诠释、产品详细说明、款式图、模特穿着展示图、细节图、规格尺码推荐等)以降低消费者对服装的认知风险,通过提供优质网络服务以减少消费者的时间精力成本,通过购物过程中的各种安全措施营造一个安全的购物环境,以降低消费者的安全风险,再通过合适的价格策略刺激来促进消费者形成购买决策。

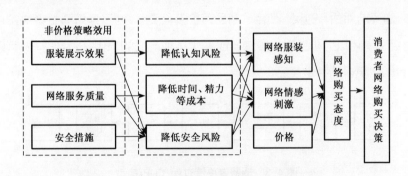

图4-4 基于顾客态度服装网络购买决策模式

(图片来源:王文兴. 服装网络营销策略研究. 东华大学博士论文,2010)

② 基于让渡价值的服装网络购买决策模式。 科特勒顾客让渡价值模型理论

中，顾客总价值包括产品价值、服务价值、形象价值、人员价值，顾客总成本包括货币成本、时间成本、精力成本、体力成本。 基于科特勒顾客让渡价值模型与服装网购特点，构建基于让渡价值的服装网络购买决策模式，如图 4-5 所示。

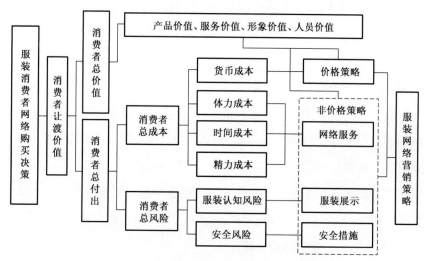

图 4-5　基于让渡价值的服装网络购买决策模式

（图片来源：王文兴. 服装网络营销策略研究. 东华大学博士论文，2010）

服装网络消费者的选择取决于让渡价值的高低，他们将从那些认为能提供最高顾客让渡价值的场所购买服装，而这个场所可能是网络的，也可能是消费者最终放弃网络而转至传统的实体店铺。 基于让渡价值的服装网络购买决策模式告诉我们要让消费者最终完成网络购买，服装网络营销商需要提高顾客总价值而降低顾客总付出，包括降低顾客总成本和顾客总风险。 在服装产品既定的条件下，我们需要通过价格策略和非价格策略，包括服装展示、网络服务和网络安全措施等，来降低顾客总付出，提高顾客让渡价值，以促进消费者形成购买决策。

4.3.1.3　服装网络消费者购买决策的内容

服装网络消费者购买决策的内容可概括为以下六个方面，亦称为"4W2H"。

（1）WHAT——购买目标决策

购买目标决策，即确定购买的对象。 在经过一系列的评价选择、方案择优后，服装网络消费者将确定自己的购买目标，具体内容包括服装的品牌、质量、款式、颜色、价格和尺码等。 服装网络营销商应借助相关统计分析工具，研究目标客户的消费偏好，为潜在消费者提供合适的商品。

(2) WHY——购买原因决策

购买原因决策,即确定购买的动机。 网络消费者的购买动机有很多,包括求廉购买动机、求便购买动机、求新购买动机及求异购买动机等等。 服装网络消费者在进行购买决策过程中,亦往往需要分析购买理由,为什么要选择这款服装而不是那款服装,而这个购买原因的决策是服装网络商家难以捕捉到却又至关重要的。

(3) WHEN——购买时间决策

购买时间决策,即确定什么时间购买。 服装网络消费者会结合传统的服装商场促销时间选择何时去网络购买。 服装网络营销商应结合传统销售渠道下服装促销情况,研究目标顾客购买决策过程中的时间规律性,以适当调整网络营销对策。 很多网络店铺或商城往往赶在传统服装商场促销前大搞网上特卖等活动,如淘宝商城的"十一"、"双十一"、"双十二"等大型特卖活动。

(4) WHERE——购买地点决策

购买地点决策,即确定在什么地方购买。 消费者进行网络服装购买目前有很多途径,可以通过淘宝、易趣、拍拍等 C2C 网站,可以通过淘宝商城、凡客诚品、梦芭莎、当当、1号店等 B2C 网站,也可以直接登录具体服装品牌的官方销售平台,还可以通过新兴的购物搜索引擎进行搜索比较。 服装网络营销商需考察各销售平台的产品定位与特点,选择合适的渠道进行合作分销。

(5) HOW MANY——购买数量决策

购买数量决策,即确定购买多少商品。 服装网络消费者通常会根据自己的生活方式、购买习惯、使用频率、支付能力及配送费用等情况,决定一次购买多少商品。 配送费用是网上购买的额外成本,由于服装产品具有相对重量轻单价高的特点,因此一般以每个订单为单位计算运费。 服装网络营销商应抓住消费者的求廉心理,制定满一定购物金额、数量免邮等营销策略,以刺激消费者通过增加购买数量来降低购买成本。

(6) HOW——购买方式决策

购买方式决策,即确定如何购买。 消费者在购买时必须决定采用什么方式,包括支付方式和运送方式等。 在支付方式上,消费者可以选择银行转账、邮局汇款、第三方支付(如支付宝等)或货到付款等方式;在送货方式上,可选择平邮、快递、EMS 甚至物流托运等方式。

4.3.2 服装网络消费者的购买过程与类型

服装网络消费者的购买过程与类型包括如下内容。

4.3.2.1 服装网络消费者的购买过程

服装网络消费者的购买过程即消费者服装网络购买行为的形成和实现的过程。消费者服装网络购买过程如图 4-6 所示。图中所表示的为消费者服装网络购买过程中所经历的一般主要步骤。在有些情况下，消费者可能会跳过或颠倒某个步骤，也可能会出于某方面的因素考虑，在购买过程中的任一阶段放弃购买。

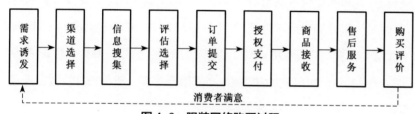

图 4-6　服装网络购买过程

（1）需求诱发

服装网络购买过程的起点是购买需求。服装的自然属性需要和社会属性需要，决定了消费者的服装购买需求的产生是生活必需或社会活动所需，是在内外因素的刺激下产生的。如天气寒冷，某消费者需要购置羽绒服来进行保暖，这是出于对服装自然属性的需要；而该消费者需要参加某个时尚聚会，在室外需要羽绒服保暖，而到室内参加聚会时，则需要脱掉羽绒衣，来展现里边漂亮的连衣裙。此时，对于该消费者来讲需要选购的不仅仅是保暖的羽绒服，还需要跟里面的连衣裙搭配，具有时尚、美、协调等特点。这便是消费者对该服装具有了社会属性的需要，而现实中的服装需求通常是自然属性和社会属性的结合。

（2）渠道选择

购买渠道是指消费者在购买前选择什么场所进行购买，购买渠道包括传统的购物场所，如商场、专卖店、商品市场等；还包括网络购买、电视购物、目录邮购、电话订购等购买方式。通过不同的购买渠道，消费者所感受到的服务和承担的风险不同，消费者会根据自身情况分析不同购买渠道的利弊，选择适合自己的购买渠道。对于服装网络营销商来讲，首先要做的是尽量吸引消费者通过网络来购买服装。

(3) 信息搜集

消费者在确定网络购买渠道后,会花费一定的时间和精力,去寻求符合自己需求的服装。 信息搜集的广度和深度是由消费者个性、社会、阶层、收入、购买量、过去的经验、对以前品牌的理解、消费者的满意度等因素来决定的。 假如某顾客使用某一服装品牌非常满意,他可能不会经过信息搜集过程,而再次直接选择该服装品牌。

(4) 评估选择

消费者要结合自己的购买能力选购所需服装,因此评估选择就成了购买过程的必经环节。 消费者会对来自多个或同一个网络站点的多件服装资料进行比较分析,了解每件服装的特点和性能,从中选择最为满意的一件或几件。 服装网络消费者通常会主要考虑服装的款式、品牌、质量、价格、面料、性能等服装特点和已购买顾客对该服装的购物评价,当然服务态度、支付方式、发货速度、退换货服务等也会辅助消费者做出是否购买的决策。

(5) 订单提交与授权支付

当消费者确定购买服装时,需要填写并提交订单并授权支付,而初次购买的消费者可能需要注册帐号、填写个人信息、支付方式确认等,而这也正是导致大部分初次网络购买的消费者放弃购买的原因。 初次通过网络购买商品的消费者对个人隐私信息与网络支付的安全还持有怀疑态度。 因此,服装网络营销商对于首次帐号个人信息需尽量精简,支付方式可多样化,比如货到付款及授权第三方付款(如支付宝)这种方式对于首次网络购买者更容易接受。

(6) 商品接收

商品接收在完成货款支付后,卖家会根据消费者的需求选择快递、邮寄等方式将服装货品送至消费者所填写的收货地址,消费者完成签收。

(7) 售后服务

服装的售后服务主要指退换货服务以及在整个过程中的服务态度,虽然退换货服务属于售后服务,但是却可能成为影响消费者是否购买的重要因素。 由于网络服装购买不能向传统店铺购买一样可以试穿,消费者看到的服装产品的穿着效果仅限于模特展示效果,极有可能出现看着喜欢穿上身却效果不佳的情况,此时制定详尽的退换货政策就非常重要了。 这正是为何淘宝商城及很多店铺推出7 天无条件退换货、14 天无条件退换货,甚至还有销售网站推出 30 天无条件退换货服务的原因。

(8) 购买评价

消费者收到网络上所购买的服装后,会打开包装,检查服装产品的质量,包括服装款式、面辅料品质、做工质地、细节处理等,以确认是否跟网络服装产品描述与展示相符,同时还需要通过试穿看穿着效果是否理想,服装是否与个人气质相符等。 再综合考虑整个购买过程中的服务以及实际发货速度,对所购买服装做出购买评价,评价指标通常为产品是否与描述相符、服务态度、发货速度。这种购买评价不但决定了该消费者以后的购买动向,也影响着其他潜在消费者对该服装做出是否购买的决策。

消费者的整个服装网络购买过程都与服装企业的形象、品牌、产品、价格、渠道、服务、广告、促销、信用、评价等相联系,它们当中的任何一个因素,都可能影响顾客的购买决策。 因此,服装网络营销商需把消费者的购买过程与网络营销策略紧密联系,促成潜在消费者服装消费行为的发生。

4.3.2.2 服装网络消费者的购买类型

一般来说,网络消费者有三种性质的购买决策行为,服装也不例外,我们根据三种性质的购买决策行为,将服装网络消费者的购买类型分为试购型、重复购买型和仿效购买型。

(1) 试购型

试购型服装消费者被网络众多个性服装款式所吸引,认为网络服装价格相对实惠,对于服装网络购买跃跃欲试,却因为没有网络购物经验而心存疑虑。 试购型服装消费者对于服装网购的疑虑点主要在服装款式是否像产品描述的那样好和网上支付是否安全两个问题上。 因此,他们在服装网购品种选择上,往往倾向于购买袜帽、手套围巾等服饰配件品及内衣裤、普通的打底衫等不需要试穿的简单的服装产品;而在品牌选择上,他们往往倾向于具有一定知名度、在传统销售渠道如商场、专卖店里销售的品牌服装;在价格选择上,他们往往倾向于价格相对低廉的服装产品,以降低购买风险。

(2) 重复购买型

重复购买型服装消费者选择曾经购买过且产生良好体验的网络品牌、店铺和商城进行重复购买。 由于服装的个性化特点,重复购买同一款式服装的可能性很小,但是已有的满意的购物体验让重复型消费者对该网络销售站点所销售的服装质量产生信任，减少了他们因决策不当而带来的购物风险。 服装网络营销商需重视重复购买型服装消费者的维护，他们虽已对该网站具有忠诚度，但是一旦发生不满意的购买体验将会使其转向其它服装销售站点。

(3) 仿效购买型

仿效购买型服装消费者因多种原因难以做出有效决策，或对自身决策缺乏信心，而采取从众行为，仿效他人或大多数人的购买选择，以减轻心理压力和购买风险。 在网络购物中，热卖的产品往往可以左右顾客的购买倾向，在服装网购中，也经常出现"爆款"（货品供不应求）的现象。 因此，对于服装网络营销商而言，可在服装产品名称前加上"热门"、"畅销"的关键词，在产品的描述内加上以往顾客的购买记录和评价信息，以激起仿效型客户的购买欲望。

4.3.3　信息获取与决策涉入度

信息获取与决策涉及度包括消费者信息获取、消费者的决策涉入度两方面内容。

4.3.3.1　消费者信息获取

服装消费者在确定网络购买渠道后，会花费一定的时间和精力，去寻求符合自己需求的服装，整个过程即涉及到服装相关信息的获取与比较，如款式、价格、店铺信誉及购买评价等。 根据消费者个性、社会阶层、收入、购买量、购买经验及购买品类的不同，信息获取的方式也不同。 服装网络消费者通常的信息获取方式有：

(1) 网上信息搜索与比较

服装网络消费者通过网络搜索欲购买服装产品的相关信息，大环境信息包括服装流行信息、明星穿着信息、潮流搭配建议信息等，具体服装产品信息包括款式类别、价格、面料、店铺或商城信誉、顾客购买评价等。 比如央视 2012 年春节联欢晚会上小品演员牛莉穿的大衣款迅速成为网络热卖的商品，当顾客想要购买类似款式的大衣，她刚开始可能先上网用 "牛莉""春晚""大衣"等关键词进行搜索，她最早看到了有一家网店称"此款已经开始进入打版阶段，2012 龙年春晚牛莉同款大衣现在开始预订，售价为 588 元"的信息，也许她马上就会下单，但也许她还想看看有没有其它店铺销售，价格是多少，于是她继续搜索其他店铺或其他商城，发现没有什么信息，她也许等几天后再继续搜索，在经过几番信息搜索和比较后才会购买。 再比如有一个顾客想要购买专业的登山户外服,他除了搜索产品信息,可能还会进入某登山协会的网站,从图片展示、发帖等去查询协会人员的购买选择。

(2) 线下实体店铺信息获取与比较

由于服装只有通过试穿,才能确定该款式是否喜欢及合适,且网络购买通常比实体店铺购买要实惠,因此很多消费者会去实体店铺进行调查,获取货品的信息,并与网络获取信息进行比较后决定购买,由此便产生了试衣族。 试衣族,是指那些在商场专柜和专卖店只试不买,偷偷抄完货号,然后在网上购物的群体。试衣族一般会先到实体店里"眼见为实",记下满意的型号和价格,再到网上淘货,只要在网站上输入型号款式,搜索出卖此款服装的网店,再从众多网店中找出价格便宜、信誉度高又标榜正品的店铺完成购买。

4.3.3.2 消费者的决策涉入度

涉入程度,指的是消费者在购买过程中,所投入的关注心力、在意程度。 不同的消费者对同样产品会有不同的涉入程度,因为同一产品对不同人所代表的意义不同。 对所购买的产品越关心,涉入程度越高,称为高涉入程度,反之为低涉入程度。 高低决策涉入程度的主要差别,在于信息搜集和购前方案评估两个步骤。

(1) 高涉入决策

对于所购买物的投注心力较高,则购买决策为高涉入决策。 一般而言,具有下列特点的服装产品,较有可能发生高涉入决策。

- 高价位服装
- 特殊场合穿着的服装
- 高度表达自我的服装
- 设计流行性强的服装
- 作为礼品赠送的服装

对于高涉入决策购买的服装产品,由于消费者需要丰富的信息以协助购买决策,服装网络营销商应提供详细文案宣传,包括品牌信息、产品描述与展示等,以协助消费者对产品产生信心与增进了解。 同时,还需制定无条件退换货政策等,以减少购买风险而增强顾客的购买决心。

089

（2）低涉入决策

对于所购买物的投注心力较低，则购买决策为低涉入决策。 一般而言，下列服装产品购买通常为低涉入决策。

- 低价位服装
- 家居服装、睡衣、普通内衣裤、袜品
- 设计经典、常规类服装

对于低涉入决策购买的服装产品，消费者并非在意是否有详细信息，多半是习惯使然，购买选择比较随意。 因此，此类服装产品网络营销商可利用促销手段（如低价、优惠券等）；建立品牌熟悉度，因为低涉入决策倾向于购买熟悉的品牌和产品；设计一些激发想象的广告；进行不断重复的广告，以加强品牌印象；大量采用符号、视觉上的设计，以影响消费者的购买意愿。

4.3.4 购买评价与选择

消费者购买及使用所购服装后，会根据自己的感受进行评价，以验证购买决策正确与否。 一般来说，评价结果存在两种情况：假如所购服装能够在约定的时间范围内及时送到，跟产品网络描述完全相符，且符合自己的意愿，消费者不仅给予好评，自己会重复购买，还会积极向他人宣传推荐；相反，假如所购服装与产品描述差异大，不符合期望，或遭遇网络欺诈，投诉无门，消费者不仅给予差评，自己不会再购买，还会通过各种渠道发泄其不满情绪，竭力阻止他人购买。 可见，购买评价常常作为一种经验，反馈到购买活动的初始阶段，对消费者以后的购买选择产生影响。

服装网络消费者的购买评价源于消费者对网络购买服装的"满意度"，满意的主要标准是服装产品的价格、质量和服务与消费者预期的符合程度。 服装产品的价格、质量和服务与消费者的预期相匹配，消费者会感到心理满足，否则就会产生失落心理。 购后评价是消费者表达满意或发泄内心不满的渠道，为其他网络消费者的购买选择提供参考，也为服装网络营销商的改进工作收集大量的第一手资料。 服装网络营销商可通过以下方法提升顾客满意度。

4.3.4.1 严格遵循服务承诺制定的可实现原则

服务承诺是指服务组织明确传播给顾客的关于服务的信息。 服装网络营销商通常会对产品质量、服务时限及服务附加值方面提供保证，而这些信息将直接影响顾客对购物的期望值。 如当顾客看到营销商"24 小时内发货"的承诺时，必然会产生同等的期望。 若实际结果与承诺不符，顾客必然产生失望情绪。 科特勒认为，"满意是一种人的感觉状态的水平，它来源于对一件产品所设想的绩效或产出与人们的期望所进行的比较"。 因此，服装网络营销商需结合可实现情况，合理制定服务承诺，一旦制定了服务承诺，则必须遵守实现，即"承诺制定的可实现原则"。

4.3.4.2 倾听顾客需要，关心顾客，维护顾客关系

在企业与顾客建立长期伙伴关系的过程中，企业向顾客提供超过其期望的"顾客价值"，使顾客在每一次的购买过程和购后体验中都能获得满意。 每一次满意都会增强顾客对企业的信任，促进重复购买和宣传，从而使企业能够获得长期的盈利与发展。

服装网络营销商需不断倾听顾客的需要，关心顾客，可主动、定期地回访顾客，建立长期、稳定的顾客关系。 对顾客的关心，不仅体现在服务中对细节的关注，也体现在问题产生后，在线零售商解决问题的速度和能力。 正如营销学者所描述，如果某个顾客不满意，他会告诉 5 个朋友，而在网络上，他会告诉 5 000 人，而且网络购买转向竞争对手更容易。 因此，服装网络营销商及时表达对顾客的关心，通过沟通掌握顾客的需要尤为必要。 消费者从购买服装产品那一刻起，一直被告之产品的可获得性、订单的状态会让消费者感受到被重视，顾客在整个购买过程中能感受到网络营销商的服务努力程度，其对顾客的关心将有效提高服务质量，提升顾客满意度，促进消费者的在线忠诚度。

4.3.4.3 建立完善的网上售后服务体系，提升网上售后服务水平

网上售后服务可分为两类，一是包括产品配送、调换退赔、客户投诉处理等基本售后服务，二是网上产品支持和技术服务等。 服装网络营销商可通过以下几个方面完善售后服务体系，提升售后服务水平以增加顾客的满意度。

① 确保服装产品的库存准确性。 由于服装款式涉及不同款号、颜色、尺码，服装网络销售经常出现消费者购买以后被通知库存不足而断货的现象，导致消费者因花费多时做出的购买选择无效而不满。 因此，服装网络营销商需确保服装库存的准确性，以避免后续的顾客不满。

② 完善物流配送体系。 要突出网络购物方便快捷的优势，服装网络营销商

需完善物流配送体系,加强与物流商的合作、协调,使服装产品能快速、安全地送至消费者手中。

③ 完善技术,确保顾客信息安全。 服装网上商店需在技术上确保消费者的个人信息安全、网上支付安全,以消除消费者网上购物的风险疑虑,提高消费者购物效率,进一步突出网络购物的便捷优势。

④ 及时解决问题,妥善处理顾客投诉。 网络店铺及商城应当设置完善的顾客互动系统,如消费者咨询和投诉方式及电话等,以促进消费者形成正面积极的购后行为。 一旦遇到顾客投诉,需及时、妥善处理,对于投诉处理结果满意的顾客,他们再购买的比例比怀有不满而未采取行动的顾客要高得多,且据统计,保留这些顾客所需的费用,仅是争取新顾客费用的 1/6。

⑤ 设立网上虚拟社区,加强顾客之间及营销商与顾客间的沟通互动。 顾客的购后评价是购买行为的一个极为重要的环节,尤其是网络营销。 服装网络营销商可通过设立网上虚拟社区为顾客提供一个发表言论的空间及心理平衡的渠道,让顾客在购后可以发表对产品的评论和意见,这对其他顾客是一种参考,对营销商则是不断改进的重要意见来源。 如淘宝的"帮派",消费者可以自由进入"帮派",发表个人看法与评论,营销商亦可以通过"帮派"发表最新的上架、促销、活动等信息。 通过虚拟社区,顾客与营销商,顾客与顾客都可以更好地进行沟通互动。

服装网络营销实例——艾瑞 EcommercePlus™:实时掌握购物网站销售状况和消费者网络购物行为

在线 B2C 商城、C2C 商城、品牌厂商电子商务部门以及电子银行和第三方支付企业需要及时了解消费者网络购物行为、商城各购物环节的转化率、竞争对手转化率和销售状况以及自身用户的忠诚度。 艾瑞研究院创新开发出的 EcommercePlus™(艾瑞电商服务评估工具)通过对中国网络购物用户浏览日志的深刻挖掘,实时监测消费者对在线商城的访问趋势,实时呈现消费者在商城选购、下单、支付交易各环节转化率变化情况,并根据网络购物用户的不同属性进行定向监测,同时对用户的购物行为做深度挖掘,能够为电子商务行业的标杆管理、用户体验改进和企业竞争情报提供重要的数据支持。

(1) EcommercePlus™对电商从业者的显著价值

EcommercePlus™能够帮助电子商务从业者处理实际运营中面临的 5 大问题:①用户对

购物网站各环节的使用情况和转化率如何？ ②竞争网站的市场地位和用户重合度有何变化？ ③不同消费群体的购买行为和转化率有何差异？ ④通过怎样的促销活动和积分奖励能够留住老用户？ ⑤如何与面向同一消费群体的购物网站开展合作？

对在线商城，EcommercePlus™能实时监测本商城及竞争对手用户变化情况，以及在网络购物各环节的转化率变化情况，完善企业竞争情报，支持行业数据分析，协助制定发展目标；实时监测不同属性用户在各家商城购物行为趋势，用户忠诚度变动趋势，为在线商城市场合作拓展提供指导和支持；还可以监测购物各环节转换率变动帮助商城优化用户界面设计，提升用户体验，改进推广活动，并通过分析商城所在行业位置，对商城用户体验进行提前预警。

对品牌厂商，EcommercePlus™能够实时监测品牌厂商产品在在线商城的交易次数和转化率情况，帮助传统企业开拓网上零售渠道，同时指导传统企业自身网上商城的内容建设和用户体验维护。 并且能实时监测传统企业竞争对手在线商城交易次数和转化率情况，支持传统企业的标杆管理和跟进策略，为传统企业管理电子商务部门提供行业标准和行业趋势。

对银行及支付企业，EcommercePlus™能够监测购物网站在线交易和在线支付比例情况，帮助支付企业拓展业务。 并且帮助银行和支付企业掌握用户选择在线支付工具种类和使用网银类别，为电子银行部门提供运营数据和竞争情报。

(2) EcommercePlus™的数据监测体系与内容

EcommercePlus™根据用户对购物网站浏览行为，通过分析各环节转化情况，得出各购物环节转化率，促进企业提升竞争力。 并可对比各购物网站，得出各网站在转化率上的差距，指导企业进行标杆管理和竞争对手分析。 在此基础上，交叉对比分析不同消费人群在各购物环节转化率变动情况，指导购物网站为满足目标消费者需求优化购物流程，改善用户体验。 同时可以分析各购物网站之间消费者的重合情况，为购物网站拓展销售商品品类以及与其他购物网站开展市场合作提供数据支持。 并分析购物网站当月消费者的重复购买情况，评估购物网站对用户的黏性，支持购物网站设立面向忠诚活跃用户的积分奖励或促销活动。

(3) EcommercePlus™数据范例与成果形式

EcommercePlus™通过对用户访问数据的深度挖掘，形成具有连续性的监测数据，对购物网站各环节的转化率、用户体验和商业运营均具备充分的指导意义，如图4-7所示。

相关技术——利用眼动仪进行眼球热点分析

在认知心理学探讨消费者行为时，经常使用"眼动分析"。 眼动仪的出现，使得网络

按用户数计算各家购物网站各环节月度转化率指标					
购物网站	访问人数(万人)	选购人数(万人)	访问到选购转化率	下单人数(万人)	访问到下单转化率
全部B2C	110 931.75	941.13	8.61%	345.68	3.16%
某综合百货	1 158.36	130.61	11.28%	73.85%	6.38%
某综合百货	1 090.80	203.29	18.64%	68.88	6.31%
某数码商城	754.41	91.71	12.16%	44.75	5.93%
某服装商城	344.48	16.49	4.79%	8.62	2.50%
某数码商城	300.48	55.13	18.35%	17.51	5.83%
某综合百货	181.40	41.26	22.74%	15.96	8.80%
某图书商城	142.39	18.85	13.24%	9.20	6.46%

访问到下单转化率反映整体销售状况

图 4-7　EcommercePlus™的数据范例

营销商能更进一步了解网络消费者。 眼动仪借助专用的计算机屏幕与摄影机,捕捉用户脸部、眼球、角膜反射点,分析人类左右眼的眼球运动,记录人在处理视觉信息时的眼动轨迹特征,广泛用于注意、视知觉、阅读等领域的研究。 现有不同厂家生产的多种型号的眼动仪,如 EyeLink 眼动仪、EVM3200 眼动仪、faceLAB4 眼动仪、EyeTrace XY 1000 眼动仪、Tobii X1 Light Eye Tracker 眼动仪。 日本出现了一种日本网络行为研究的新方法,可追踪分析网友视线,并提供网站经营者相关服务。 日本信息分析公司 DragonField 在其"Eye Tracking Report"中,提供测试网页动线与工具配置是否恰当的分析服务;利用注视结构(Gaze Plot)与热点(Hot Spot)两种功能来追踪、分析受测者眼部视线轨迹。

　　眼动仪可用来搜集网络消费者情绪信息与感知状态,是非侵入性的眼球追踪系统,眼球追踪影像与镜头影像被撷取后,记录的影片数据自动存储于磁带,并确保分辨率的质量。数据接着被传输到系统的计算机内,进行影像分离、分析并建立镜头与光标的重合影片。

(案例来源:http://www.iresearch.com.cn)

思考与练习

复习题

1. 服装网络消费者有何特征?

2. 服装网络消费者分为哪些类型?

3. 服装网络消费者的需要呈现出哪六个特点?

4. 服装网络消费者的购买动机是什么?

5. 服装网络消费者购买决策的内容包括哪些?

6. 服装网络消费者的购买过程？

讨论题

1. 请分别基于消费态度和顾客让渡价值来讨论分析服装网络购买决策模式。

2. 服装网络营销商应如何去迎合体验型购物者？

3. 服装网络营销商应如何提升顾客满意度？

4. 网络消费者热衷于建立关系，服装网络营销商应如何利用这种热情？ 为什么？

5. 消费者为何宁愿信任相互间提供的信息而不信任厂商提供的信息？ 服装网络营销人员当如何应对这个问题？

网络实践

1. 建立小组，拟购买某类别服装一件。 每个组员分别登录淘宝网、当当网、梦芭莎等购物网站，并最终每组完成一笔购买。 在收货及购买评价后，小组讨论购物过程，对比分析讨论各购物网站的优劣势。

2. 建立小组，设计大学生服装网络消费心理与行为调查问卷，做一个大学生服装网络消费心理与行为调查。 调查范围与内容可自行细分（如男大学生运动服装网络消费心理与行为调查），实施调查、分析统计并形成报告。

第 5 章 | 服装网络营销市场细分

知识要点

1. 了解服装网络市场细分的基本概念，理解服装网络细分市场的主要特点；

2. 理解服装网络市场细分的标准，能够运用这些标准进行服装网络市场细分实践；

3. 了解服装网络市场细分目标市场的选择，能根据企业实际情况进行有效的目标实施选择；

4. 理解服装网络市场的定位战略，掌握市场定位的层次、依据以及基本实施步骤。

章首引例

21 世纪是一个网络科技的时代、信息传播及分享的时代、网络购物的时代，应势而来的产物不仅仅包括电子商务、iPhone、Facebook、无线领域 APP，更包括了潜伏在这些表象下的"自我经济"时代的到来，如今的"80 后"、"90 后"、"00 后"愈发重视及渴望自我主张得到重视与认可，因此所有时代及产物的来临在 21 世纪将紧密围绕着"我"的个性诉求而来。 IDX 爱定客由此抓住个性市场群体，顺应 I 时尚的发展趋势，在网络市场中寻找一席之地。

提到"高级定制"，大家通常都会联想到 Chanel、Dior、Hermes，限量稀有、昂贵奢侈、超长等待，仿佛无形中这就成为了定制的定义，只有王室贵族、富豪富翁、明星艺人才有机会得到这样的待遇，一般人对定制的概念及需求则是望尘莫及。 而正是有了这份"望"，随着网络的普及，个性化意识愈来愈强，定制不再局限于高级服装，运动休闲类的代表 Nikeid、Converse、 adidas Originals 也有了定制,但仍需要等待一个月,价位对于一般人来说,还是遥不可及。 定制鞋对于一般人还是奢侈品而非消费品。

IDX 爱定客,发现这一市场需求后,应允了平民网络定制的需求,以此为目标市场,引领时尚潮流。 IDX 爱定客以此为信念而提供服务的 C2B 新模式网站,运营品牌及平台,开创真正的平民网络定制。 无论是学生、白领、主妇、企业家,还是设计师、艺术家等小众群体,都可以成为 IDX 爱定客的顾客,根据目标消费者的个性需要,享受来自 IDX 爱定客打造的"7 天到货、高品质保证、轻松拥有"三大黄金服务承诺,让定制走下神坛,走近平凡的大众。

IDX 爱定客企业营销者将细分市场再细分,直至"细分到个人"。 让消费者成为自己的设计师,打造"每个人的 IDX",这就是每个人自己的产品线、自己的品牌,无限展示个性与自我主张。

(资料来源:http://www.fashiontrenddigest.com/d/10536.shtml)

097

5.1 服装网络市场细分概述

网络的快速发展,买方市场的形成,网民的日趋多样化,都成为网络营销市场细分的前提。 网络营销市场细分是指为实现网络营销的目标,根据网上消费者对产品不同的欲望与需求、不同的购买行为与购买习惯,把市场分割成不同的或相同的小市场群。

19 世纪 50 年代,美国著名的市场学家温德尔·史密斯(Wendell R. Smith)提出市场细分的概念,基于市场"多元异质性"的市场细分理论为企业选择目标市场提供了基础。

服装网络市场细分是指服装企业在进行充分市场调研的基础上,在网络环境下,依据服装网络消费者的购买欲望、购买动机与习惯爱好的差异性,把服装网络营销市场划分成不同类型的细分群体,每个消费群体可以构成企业的一个细分市场。 服装网络营销市场可以分成若干个细分市场,每个细分市场都由需求和愿望大体相同的消费者组成。 在同一细分市场内部,消费者需求具有较大的共性,不同细分市场之间,则存在明显差异性。

5.1.1 服装网络市场的特点

在当前网络市场中,服装是第一大产品品类,我国服装网络市场呈现增速快、主体多样且互相融合、传统企业从幕后走向台前、"淘品牌"影响力初显的趋势。

5.1.1.1 服装网络市场发展迅猛

服装类产品是网络购物市场的最重要的消费品之一,有关统计数据表明,2010年网购产品品类分布中,服装类产品(包括鞋帽、箱包和配饰)商品交易规模为1 052.4亿元,占比最高,达22.8%。艾瑞咨询预测2014年我国服装网络市场规模将达5 195亿元,在整体网购市场中的渗透率将达到27%。服装网络市场发展迅猛来源于两大动力,一个是服装网络在整体网购中的渗透率仍处于较低状态,2010年服装网络销售在服装零售市场中只占了8.2%(图5-1),并且在服装网络市场中,B2C相对C2C在服装网购市场中占20.1%,自主式网购相对平台式网购在服装网购市场中占6.3%(图5-2、图5-3),在当前半标准化产品网购条件日益走向成熟的网络环境下,呈现出巨大的发展潜力;另外一个动力是服装与其他3C电子产品比较,它的重复购买率高,需求产生的频率快,由此也进一步推动服装网络市场的迅猛增长。据艾瑞咨询《2011~2012年中国服装网购市场研究报告》显示,2012年中国服装网络购物市场预计交易规模约为3 188.8亿元,整体实现55.6%左右的年增长,增速略高于网络购物整体;其在网络购物市场中占比为26.9%,仍为网络购物第一大品类。

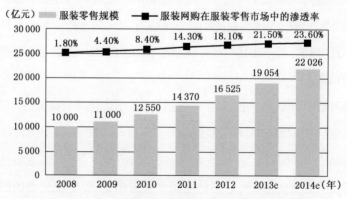

图5-1 2008~2014年中国服装零售市场规模及服装网购渗透率
(e代表预测,后同)

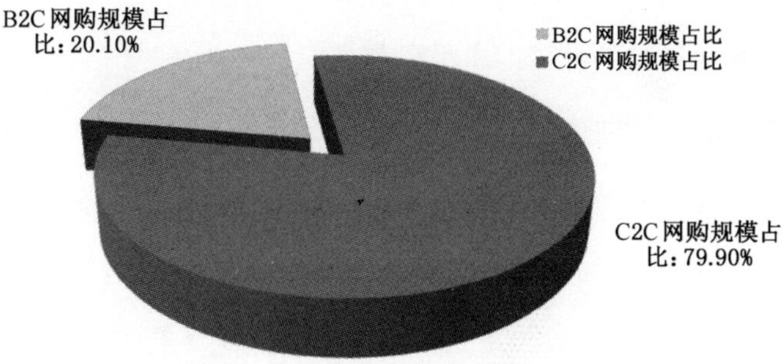

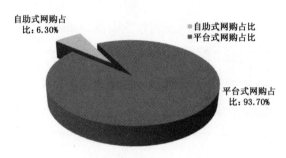

图 5-2　2011 年服装 B2C/C2C 的份额

图 5-3　2011 年服装 B2C/C2C、自主/平台的份额

5.1.1.2　主体多样化互相融合

随着互联网市场的发展,越来越多的服装企业将网络市场作为营销环境研究的重要对象,其中既有网络品牌服装电子商务企业,也有服装"淘品牌"企业,既有网络渠道品牌企业,也有传统的服装企业。 网络品牌服装电子商务企业往往顺应了互联网"快"的特点,灵活应用线上推广手段和数据化营销手段,向前整合产业链;而传统的渠道商或者品牌商,则依托其在渠道上的货源及运营经验,开始尝试进行线上销售。 随着服装网络市场的潜在参与主体多元化,为实现服装的网上销售这个目标,这些参与的主体企业各取所长,互相融合。

5.1.1.3　传统服装企业从幕后走向台前

传统服装企业已经觉察到线上交易带来的战略性意义,由前期通过分销渠道将货物批发给 B2C、小卖家、小商家到网上销售,已经演变到自主利用成熟的网络销售平台(如淘宝网、拍拍网等)的官方旗舰店进行产品销售,部分企业甚至建立企业官方 B2C 商城直接进行零售。 互联网对传统经济的最大贡献在于,将"一对多"、"多层渠道"、"单向"的产品和信息流动改造成"多对多"、"扁平化"、"双向"的产品和信息流动模式。 在这种模式下,传统企业会加深对终端消费者的理解,并对其需求进行快速有效的响应和满足,在这种进程下,传统企业在服装网络市场中的角色会变得举足轻重。

5.1.1.4 "淘品牌"影响力日趋明显

"淘品牌"是淘宝商城推出的基于互联网电子商务的全新的品牌概念,是"淘宝商城和消费者共同推荐的网络原创品牌"的概念。 它依托淘宝等网络平台快速孵化,并即将成长为具有重要影响力的市场参与者,这些"淘品牌"企业或是以往传统代工企业转变的,对服装的设计、生产环节有较深积累,或是新诞生的服装品牌,通过在淘宝等网络品牌的锻炼,深谙线上平台运营之道。 经过近几年的发展和积累,"淘品牌"企业纷纷扩充销售渠道——以淘宝等网络平台为主阵地,并将产品销往其他网站甚至线下的用户群体,部分企业甚至开始涉及国际业务,将优秀的品牌理念和有竞争力的产品输出到其他国家和地区。 2012 年 6 月 1 日淘宝的"淘品牌"正式更名为"天猫原创",是指在天猫平台上诞生成长的年轻品牌,这些年轻品牌气质非凡。 目前共有 100 多家天猫原创品牌,其中较为成功的服装淘品牌有裂帛、韩都衣舍、七格格、歌瑞尔、阿卡等。

5.1.2 服装网络市场细分的依据与条件

随着市场经济的发展,买方市场的形成,企业的市场营销也从以企业生产为中心向以消费者为中心转变。 而网络市场是一个综合体,是多层次、多元化的消费需求的集合体,任何企业都无法满足所有消费者的需求。 服装企业网络营销要取得成功,就必须注重市场调研,把握消费者的需求变化,来定义自己的目标市场,为自己定义的目标市场中的客户服务。 服装网络市场细分是服装企业进行网络营销的一个非常重要的网络营销战略步骤,是服装企业选择网络目标市场的基础和前提。

5.1.2.1 网络市场细分的依据

市场细分研究的目的就是通过市场细分为企业找到并描述企业的目标市场,为此有针对性地对目标市场确定最佳营销策略。 相比较传统的市场细分的宽泛的依据和条件,网络营销有很大的区别。 在网络市场环境下,市场细分有"精深"的特点,每一个消费者群就可以成为一个细分市场,每一个细分市场都是具有类似需求偏好的消费者构成的群体，一个细分市场可以有大有小，有时小到只有一个人。借助网络营销技术能够使企业比较容易实现制定符合个体目标市场的营销组合。网络市场细分的依据是把焦点放在顾客的期望上，即根据消费者的需求、动机、购买行为等因素的多元性和差异性来分析和划分。另外，只有当不同的细分市场之间存在的差异比各细分市场内部的差异明显时，才需要进行这样的细分。比如，当某些网络用户在工作和生活中呈现的状态和行为存在差异，服装企业营销人员才可以根据这些差异进行细分，否则就没有必要把这些用户分为两个细分市场。

5.1.2.2 网络营销市场细分的条件

企业进行市场细分的目的是通过对顾客需求差异予以定位，来取得较大的经济效益。众所周知，产品的差异化必然导致生产成本和推销费用的相应增长，所以，企业必须在市场细分所得收益与市场细分所增成本之间做一权衡。

首先，要明确什么时候需要使用市场细分：

① 明确产品定位，却不了解采用哪种促销策略来最大程度地吸引目标顾客；

② 消费者的产品偏好比较多样化，企业需要把握自身能满足消费者哪些偏好；

③ 企业需要把握消费者的构成变化趋势；

④ 企业准备进入市场竞争比较激烈的新市场领域；

⑤ 企业占优势地位的领域被竞争者开始蚕食；

⑥ 尽管企业有好的产品，但市场数据显示营销计划遭受重大挫折；

⑦ 作为新的市场决策者，需要重新审定公司的营销计划。

其次，应具有明确的市场细分标准。由于消费者的需求存在着差异性，企业需综合运用一定的市场细分标准来细分市场，如地理因素、人口因素、心理因素、行为因素等。

再次，应把握好市场细分中的几个原则：

① 可衡量性。可衡量性表明消费者特征的有关资料的存在或获取这些资料的难易程度。亦即细分出来的市场不仅范围比较明晰，而且能够大致判定该市场的大小。比如，以地理因素、消费者的年龄和经济状况等因素进行市场细分时，这些消费者的特征就很容易衡量，该资料获得也比较容易，而以消费者心理

因素和行为因素进行市场细分时，其特征就很难衡量。

② 实效性。 实效性是指网络营销市场细分后各子市场的需求规模及获利性值得企业进行开发的程度。 也就是说，细分出来的各子市场必须大到足以能使企业实现它的利润目标。 一个细分市场是否大到足以实现具有经济效益的营销目标，取决于这个市场的人数和购买力。 在进行市场细分时，企业必须考虑细分市场上消费者的数量、消费者的购买能力和购买数量。 一个细分市场应是适合设计一套独立营销计划的最小单位，因此，市场细分并不是分得越细越好，而应该科学归类，保持足够容量，使企业有利可图。

③ 可接近性。 可接近性指企业能有效地集中力量接近网络目标市场并有效地为之服务的程度。 企业对所选中的网络目标市场，能有效地集中营销力量开展营销活动。 可接近性一方面指企业能够通过一定的媒体把产品信息传递到细分市场的消费者；另一方面指产品经过一定的渠道能够到达细分市场。 对于企业难以接近的网络市场，进行细分就毫无意义。

④ 反应的差异性。 反应的差异性指不同的细分市场对企业采用相同营销策略组合的不同反应程度。 如果网络市场细分后，各细分市场对相同的营销组合策略做出类似的反应，就不需要为每个子市场制定一个单独的营销组合策略了，细分市场也就失去了意义。 例如，所有的细分市场按同一方式对价格变动做出反应，也就无需为每一个市场制定不同的价格策略。

⑤ 稳定性。 网络细分市场必须在一定时期内保持相对稳定，以使企业能制定较长期的营销策略，有效地开拓并占领该目标市场，获取预期收益。 若细分市场变化过快，将会增加企业的经营风险。

爱定客网（IDX）就是一个很好的例子，这家鞋履公司通过网络市场细分，为小众群体精准地提供个人喜爱的鞋型，以定制化时尚概念来推动个性化网络定制，并利用网络平台进行消费者倾向调查，发挥定制的优势。 比如它为满足舞蹈爱好者、滑板爱好者、旅游爱好者、篮球爱好者、跑步爱好者等小众人群对鞋的特殊偏好需求而开发专用的系列鞋型和推出专项营销策略。

5.2 服装网络市场细分标准

一种产品的整体市场之所以可以细分，是由于消费者或用户的需求存在差异。 在服装网络 B2C 市场中，市场是由以满足生活消费为目的的消费者构成的，消费者的需求和购买行为等具有许多不同的特性，这些不同的需求差异性因素，便是 B2C 市场细分的基础。 由于引起消费者需求差异性的因素很多，在实际操作中，企业一般是综合运用有关标准来细分市场的，而不是单一采用某一标准。 概括起来，B2C 市场细分的标准主要有 4 类，即地理因素、人口因素、心理因素、行为因素。 以这些因素为标准来细分市场就产生出地理细分、人口细分、心理细分和行为细分，这 4 种市场细分的基本形式（见表 5-1）：

表 5-1 服装 B2C 网络市场细分标准及变量一览表

细分标准	细 分 变 量
地理因素	地理位置、城镇大小、地形、地貌、气候、交通状况、人口密集度等
人口因素	年龄、性别、职业、收入、民族、宗教、教育、家庭人口、家庭生命周期等
心理因素	生活方式、性格、购买动机、态度等
行为因素	购买时间、购买数量、购买频率、购买习惯（品牌忠诚度），对服务、价格、渠道、广告的敏感程度等

5.2.1 服装网络营销地理细分市场

Internet 这个全球性的网络，虽然打破了常规地理区域的限制，但是企业所提供的产品或服务的不同地理区域之间的人口、文化、经济等差异将会长期存在，即使一些大型跨国公司通常也是根据地理特征的差异来制定多重细分市场策略。 由于我国区域经济的不平衡性，形成区域互联网普及率的不平衡，这一特点也就构成了服装企业在网络市场细分过程中需要考虑的一个重要因素。

地理细分是指按照消费者所处的地理位置、自然环境来细分市场，比如，根据国家、地区、城市规模、气候、人口密度、地形地貌等方面的差异将整体市场分为不同的细分市场。

产品的分销策略对地理细分是一个重要的原因。 因为处在不同地理环境下的目标市场中网络用户所占的比例会不同，同时对于同一类产品往往会有不同的需求与偏好,他们对企业采取的营销策略与措施会有不同的反应。 比如,在我国南方沿海城市的消费者对服装的时尚程度要求比较高,与世界流行趋势接轨比较紧密,品牌敏感度比较高;而某些内地的欠发达的城市居民可能对服装的时尚度要求偏低,对价格敏感度比较高。

地理变量易于识别,是细分市场应予以考虑的重要因素,但随着经济发展的一体化,全国性甚至全球性人口流动使得处于同一地理位置的消费者需求也会呈现很大差异。 在我国的一些经济比较发达的城市,如北京、上海,融合了数百万流动人口,这些流动人口本身就构成一个很大的市场,他们的需求会受到当地常住人口的需求影响,又保留了自身的需求特点,往往会呈现出复杂性和多样性;同时因为文化素质的差异,这些流动人口对互联网的使用能力和需求也呈现出一定的差异性。 所以,开展网络经营的服装企业在选择目标市场时,不能仅仅简单地以某一地理特征区分市场,有时还需要综合考虑其他细分变量。

5.2.2　服装网络营销人口细分市场

人口细分是指总体市场以不同消费者和家庭需求为载体,因年龄、性别、家庭规模、家庭生命周期、收入、职业、教育程度、宗教、种族、国籍等差别而形成一个个有差别的消费者群体,他们往往拥有不同的消费偏好、购买力和需求重点,同一消费群体中的不同消费者既有共性,又有个体的差异,但其共性大于个性,以此为基础细分市场。 根据中国互联网信息中心的统计,我国互联网用户人口特征表现如下:截至 2011 年 12 月底,网民数量达到 5. 13 亿。 其中在学历方面,大专及以上学历人群中互联网使用率在 2011 年已达 96. 1%;过去五年内高中学历人群的渗透率增长最为明显,而在小学及以下学历人群中,互联网渗透率增长始终缓慢(图 5-4)。

为了能更好地接近这些互联网使用人群,企业营销人员必须能识别出哪些人口细分市场比较具有吸引力。 如网民中规模最大的大学生群体、"80 后"年轻人群体、追求时尚和独立个性的时代主流人群、具有一定经济基础的中产阶层等。

人口因素主要包括性别、年龄、收入、职业与教育、家庭生命周期等,除此以外,经常用于市场细分的人口变量还有家庭规模、民族、种族、宗教、国籍等。 实际上,大多数企业通常采用两种或两种以上人口因素来细分市场。

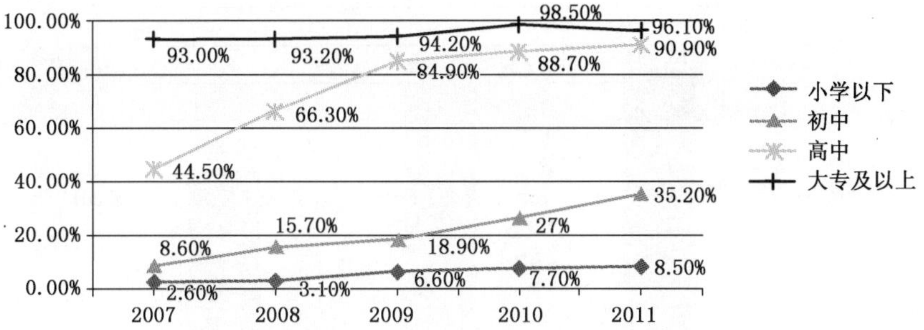

图 5-4　2007～2011 年各学历人群互联网普及率

（资料来源：《第 29 次中国互联网发展状况统计报告》）

5.2.3　服装网络营销心理细分市场

心理细分是指根据消费者所处的社会阶层、生活方式、个性特点等心理因素细分市场，它比人口细分更加深入。互联网用户心理特征包括个性、价值观、生活方式、活动、兴趣以及观念等。互联网是把具有相同兴趣和目的的人聚集到同一社区的理想场所，如网络社区吸引网民用户，允许他们在网上发表自己的评论，建立自己的信息档案，或者上传信息与他人分享，甚至有时浏览者需要支付阅览费用。企业在建立和维护社区时，社区可展示根据消费者兴趣进行定位的产品并掌握相关信息（如美丽说、蘑菇街、LC 风格网等），对某些产品感兴趣的消费者而言，这类社区也是他们所关注的。

5.2.3.1　社会阶层

社会阶层是指在某一社会中具有相对同质性和持久性的群体。处于同一阶层的成员具有类似的价值观、兴趣爱好和行为方式，不同阶层的成员则在上述方面存在较大的差异。识别不同社会阶层的消费者所具有的不同特点，对很多产品的市场细分将提供重要的依据。

5.2.3.2　生活方式

通俗地讲，生活方式是指一个人怎样生活，人们追求的生活方式各不相同。例如互联网用户采取的上网方式有：使用台式电脑（73.4%）、手机上网（69.3%）、笔记本电脑（46.8%）；在家里上网（88.8%）、单位上网（33.2%）、学校上网（18.7%）、网吧上网（27.9）（图 5-5，图 5-6）。

105

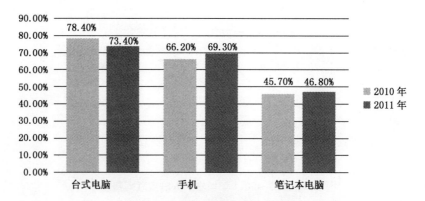

图5-5 网民上网设备选用情况

（资料来源：《第29次中国互联网发展状况统计报告》）

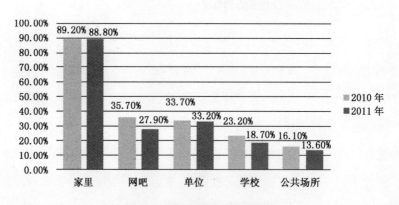

图5-6 网民使用电脑上网场所

（资料来源：《第29次中国互联网发展状况统计报告》）

5.2.3.3　个性

个性是指一个人比较稳定的心理倾向与心理特征，它会导致一个人对其所处环境作出相对一致和持续不断的反应，如他人取向、自我取向、习惯等显著特点。每个人的个性都会有所不同，个性会通过自信、自主、支配、顺从、保守、适应等性格特征表现出来。企业依据个性因素细分市场，可以为其产品更好地赋予品牌个性，以与相应的消费者个性相适应。

5.2.4　服装网络营销行为细分市场

根据购买者对产品的了解程度、态度、使用情况及反应等将他们划分成不同的群体，被称为行为细分，它往往可以与心理细分相结合，其分析效果会更好。

通常情况下，行为变数能更直接地反映消费者的需求差异，因而成为市场细分的最佳起点。 按行为因素细分市场主要包括：

5.2.4.1 购买时机

根据消费者提出需要、购买和使用产品的不同时机，将他们划分成不同的群体。 如夏季，各大网络销售平台推出夏季潮品大集合的促销活动；情人节来临之际，消费者的购买礼品的需求出现爆发期。

5.2.4.2 追求利益

依据消费者通过购买、消费产品期望得到的主要利益，进行市场细分。 消费者购买某种产品总是为了解决某类问题，满足某种需要。 然而，产品提供的利益往往并不是单一的，而是多方面的。 消费者对这些利益的追求时有侧重，如对购买手表有的追求经济实惠、价格低廉，有的追求耐用可靠和使用维修的方便，还有的偏向于显示出社会地位。

5.2.4.3 使用者状况

根据顾客是否使用和使用程度细分市场。 通常可分为经常购买者、首次购买者、潜在购买者、非购买者。 大公司往往注重将潜在使用者变为实际使用者，较小的公司则注重于保持现有使用者，并设法吸引使用竞争产品的顾客转而使用本公司产品。

5.2.4.4 使用数量

根据消费者使用某一产品的数量大小细分市场。 通常可分为大量使用者、中度使用者和轻度使用者。 大量使用者人数可能并不多，但他们的消费量在全部消费量中占很大的比重。 有不少服装网络品牌会运用 VIP 专属的特权和特有的营销策略来吸引少量的大量使用者，以获取长远的利润。

5.2.4.5 品牌忠诚程度

企业还可根据消费者对产品的忠诚程度细分市场。 有些消费者经常变换品牌，另外一些消费者则在较长时期内专注于某一品牌或少数几个品牌。 通过了解消费者品牌忠诚情况，品牌忠诚者与品牌转换者的各种行为与心理特征，不仅可为企业细分市场提供基础，同时也有助于企业了解为什么有些消费者忠诚本企业产品；而另外一些消费者忠诚于竞争企业的产品，从而为企业选择目标市场提供启示。 如女装淘品牌"as 安都"为品牌忠诚度比较高的顾客组建"帮派"——安都范范团,分享时尚咨询、服装搭配、新品推介、促销活动等,既让这批最重要的忠实顾客更好地了解品牌,又能及时了解忠实顾客的需求和动向,以便更好地满足他们的需求。

5.2.4.6 购买的准备阶段

消费者对各种产品的了解程度往往因人而异。 有的消费者可能对某一产品确有需要,但并不知道该产品的存在;还有的消费者虽已知道产品的存在,但对产品的价值、稳定性等还存在疑虑;另外一些消费者则可能正在考虑购买。 例如,很多服装网购用户,对自己不熟悉的品牌的产品,他们会上一些论坛了解服装质量状况和品牌信誉情况再决定要不要购买。 针对处于不同购买阶段的消费群体,企业可进行市场细分并采用不同的营销策略。

5.2.4.7 态度

企业还可根据市场上顾客对产品的热心程度来细分市场。 不同消费者对同一产品的态度可能有很大差异,如有的持肯定态度,有的持否定态度,还有的持既不肯定也不否定的无所谓态度。 有不少的服装网络商家针对持不同态度的消费群体在广告、促销等方面会有所不同,比如网络淘品牌对新顾客推出低价尝鲜体验服装系列产品,通过低价让顾客体验产品的质量和商家的服务,以此途径打动持犹豫态度的新顾客,使其转变为老顾客。

5.3　在线服装客户目标市场的选择

许多服装企业在创建初期,面对瞬息万变的市场,尤其是数字革命所带来的飞速发展的网络市场犹豫不决,选不定目标市场导致无法将战略目光放眼开来,这成为大多数服装企业发展停滞不前的阻碍。

目标市场的选择在服装企业明确目标市场的过程中保障了企业对特定市场的占领。 服装企业营销管理战略决策过程包括市场细分、目标市场选择和市场定位。 这三个环节是相互联系,缺一不可的。 那么,在服装网络营销过程中,目标市场怎样选择?

5.3.1 服装网络细分市场进入策略

服装企业在对不同的网络细分市场进行评估后，就必须根据各个细分市场的独特性和公司自身的目标，对进入哪些市场和为多少细分市场服务进行决策，一般来讲，可有三种目标市场策略可供选择。

5.3.1.1 无差异网络市场营销策略

无差异网络市场营销是指服装公司经过市场细分之后不考虑各个子市场的特征，而只注意各个子市场的共性，将产品的整个网络市场视为一个目标市场，采用单一的网络市场营销战略，开展无差异的营销活动。即只推出一种产品，或只用一套市场营销办法来招徕顾客。当公司断定各个细分市场之间差异很小时可考虑采用这种大量市场营销策略。这种策略往往适用于某些单品销售，比如有些服装网络销售公司会开发一款 T 恤通过网络销售给整个网络市场。

这种策略重视的是消费者需求的相同点，而忽视客户的差异性，将所有消费者需求看作是大致相同或有较小差异的。它可以使企业省去市场调研、产品开发、制定多种营销组合方案等方面的营销投入。因此，这种策略比较适合于刚起步或刚进入某一新市场的企业。

但是该策略存在一定的局限性。首先，无法长期满足适应处于不断变化之中的消费者的需求；其次，当市场上的其他企业模仿该策略时，市场竞争会变得异常激烈，同时在一些小的细分市场上，消费者需求可能会得不到满足，这对企业和消费者都是不利的；再次，采用无差异营销策略的企业更易于受到竞争企业的攻击。

5.3.1.2 集中化网络市场营销策略

集中化网络市场营销又称密集营销策略，是指服装公司在进行市场细分之后，选择一个或几个细分市场作为目标市场，集中资源并采取相对统一的营销组合全力服务于这些细分市场，实行专业化生产和经营，以在这些细分市场上获取较高的市场占有率的一种策略。

采用集中化网络市场营销策略的企业较易在特定市场上获取有利地位，继而向更大的市场范围发展。因此这种策略比较适合资源有限的中小型服装企业，它们往往因资源有限而无法顾及整个市场。一方面，企业通过进行专业经营，可以降低巨大的市场费用;另一方面,企业在某些特定市场上比较容易获得更高的市场地位和声誉。 只要网络目标市场选择恰当,集中营销策略通常可以为企业提供强有力的立足点,获得更多的经济效益。 比如,凡客在创建初期只以商务男士为主要目标市场,对男士衬衫和 polo 衫进行集中化经营,并立足服装网络市场,为凡客后来的进一步发展奠定了坚实的基础。

然而,集中化网络市场营销策略也有以下的局限性:第一,集中化营销策略针对的市场区域相对较小,企业在这些市场做大后可能会面临增长瓶颈;第二,当消费需求发生变化或强大的竞争者进入这些细分市场后,企业可能比较容易陷入困境。

5.3.1.3　差异性网络市场营销策略

差异性网络市场营销策略是指服装公司根据各个细分市场的特点,相应扩充某些产品的花色、式样和品种,或制定不同的营销计划和办法,以充分适应不同消费者的不同需求,吸引各种不同的购买者,从而扩大各种产品的销售量。

差异性网络市场营销策略的优点有在产品设计或宣传推销上能有的放矢,开发品种较多,分别满足不同地区消费者的需求,可增加产品的总销售量,同时可使公司在细分小市场上占有优势,从而提高企业的声誉,在消费者心目中树立良好的公司形象。 同时,由于企业在多个细分市场上经营,风险得到分散,其经营风险可以在一定程度上得到降低。

其不足之处主要体现在:一是会增加各种营销成本,如增加产品改良成本、制造成本、管理费用、物流费用。 同时企业在市场调研、促销和渠道管理等方面的营销成本也会大大增加;二是企业可能不能有效集中资源进行重点营销,而造成顾此失彼,甚至可能出现企业内部相互争夺资源的现象,使其产品难以在各自领域中形成优势。 因此,当针对多个细分市场的时候,企业应该考虑投入产出比、市场开发程度和市场占有率等因素,分清主次,以免分散精力或失掉商机。

5.3.2　服装网络单细分市场营销

单细分市场营销(niche marketing),也被称为利基市场营销,这是指企业选择一个细分市场并开发一个或多个营销组合来迎合这个细分市场的需求。 这个细分市场经常指向那些被市场中的统治者或有绝对优势的企业忽略的某些细分市场，或指企业选定一个很小的产品或服务领域，集中力量进入并成为领先者，从当地市场到全国再到全球，同时建立各种壁垒，逐渐形成持久的竞争优势。 时尚起义网就是采用这种战略对网站服装消费者进行分别定位的，网站开拓不同专区如女装专区、男装专区、自产品牌专区、实体批发专区、旗下网络时尚 71 专区等，以吸引网络消费者不同方面的需求。 运用这种市场战略虽然能获得一定收益，但常常会令企业处于一种危险的状况，因为效仿的竞争者经常会挤入这个赚钱的市场。 一旦出现服装市场不景气，就等于把所有的鸡蛋都放在一个快要翻倒的篮子里了，十分危险。 在单细分市场营销的过程中，有时需要开拓更多网络渠道，来迎合该细分市场中来自不同网络平台的消费者的不同需求，像时尚起义就在不同的网络平台开设旗舰店，如京东商城、淘宝等。

营销大师菲利普·科特勒从市场营销角度界定的单细分战略是通过市场细分、再细分，选择一个未被服务好的单细分市场进行营销，同时他还指出，在一个竞争性市场中，总是存在一定数量的市场单细分者，它们的战略与该市场中的领先者、追随者有所不同，其核心思想是"在市场中找到一个单细分市场，然后在单细分市场中做大市场"。 相比实体店来讲，内衣作为比较隐私的产品网购更容易让消费者接受，婷美塑身内衣通过网络平台的销售，使其自创立至今迅猛发展并在淘宝网塑身衣产品中做到销量第一。 互联网时代为单细分市场的发展带来更大更多的可能，如借助网络平台这个特殊的渠道可以专卖特殊尺寸的服装、专卖特殊风格的服装、专卖特殊场合的服装或者专卖隐私性比较强的服装等等。

实施服装网络单细分市场战略的重要意义在于进行单细分市场营销的公司事实上已经充分了解了目标顾客群，因而能够比其他公司更好、更完善地满足消费者的需求。 此外，市场单细分者可以依据其所提供的附加价值收取更高的利润额。

5.3.3 服装网络微型市场营销

微型市场营销（micromarketing），也称为个性化市场定位（individualized targeting），是指企业为一小群人定制全部或部分的营销组合。 传统的服装企业习惯于采用"大市场营销战略"，即对同一种产品用同一种方式进行市场营销并卖给所有的消费者。 现在越来越多的企业正采用一种新的战略——"微观市场营销战略"，这些企业使自己的产品和营销方案与地理、人口、心理和行为因素相适应，并使之逐步取代了传统的标准化营销模式。 如果把这种营销战略发挥到极致，就是一个客户一个目标市场。

互联网的出现彻底改变了原有市场营销理论和实务存在的基础，营销和管理模式也发生了根本的变化，它是企业向消费者提供产品和服务的另一个渠道，也为企业提供了一个增强竞争优势、增加盈利的机会。 将网络营销与传统营销很好地结合，比竞争对手更有效地唤起顾客对产品的注意和需要，成为服装企业开展网络营销能否成功的关键。

网络营销的一个发展趋势就是目标市场个性化，这也是许多服装企业正在努力实现的目标。 如"我的百分之一女装"淘宝店，将销售的服装进行整合搭配，形成统一的网站风格，并对各种搭配按照生活方式进行划分，因此给人的感觉更像是一个品牌而非平台，更重要的是其买手的经验让服装搭配起到了对消费者个性化装扮带来灵感的作用，而不仅仅是看看穿在身上起什么作用而已。

很多服装企业通过官网为追求个性化的消费者提供定制服务，如 NIKE 官网可接受来自世界各地的消费者对鞋子的个性化要求，通过网络进行一对一的个性化销售服务——"NIKEiD"。 如图 5-7 所示显示了一个允许营销人员追踪用户在网站上进行注册和购买全过程的销售漏斗。 每一个步骤都创造了一个用户细

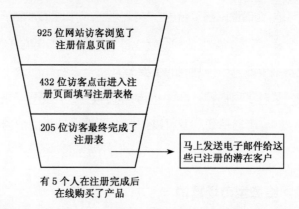

客户细分市场	访客人数	丢失客户人数	转换率（%）
浏览注册页面	925		
点击进入注册页面	432	493	46.7
完成注册	205	227	47.4
购买产品	5	200	2.4

图 5-7 瞄准合适的客户（图表来源：斯特劳斯《网络营销》）

分市场,营销人员可以根据这些细分市场客户的具体行为通过具有说服力的沟通方式来吸引客户,如发送邮件给那些在网上注册过但未购物的用户。 淘宝网站为每一位在网站上浏览或购物的用户建立个人档案——"我的淘宝"。 网站会追踪到用户最近浏览过或收藏过的服装产品,根据他们过去的购买行为推荐"猜你喜欢的"的宝贝。 这种方法充分体现了营销理念的极致状态:在适当的时间和地点,准确地给予个人消费者想要的产品。 网络技术的发展让这种个性化营销的普及成为可能。

5.4 服装网络营销市场定位

服装企业在网络营销活动中,通过市场细分、进而选择适合企业发展战略的目标市场,这使得企业能够聚焦于自己可以最好地服务、最有利可图的细分市场,从而获得更高的效率。 此外,服装企业还必须确定一种价值主张——它将如何为目标市场创造差异化的价值,以及它希望在目标市上占据什么位置,这就涉及差异化和市场定位问题。

5.4.1 服装网络营销市场定位概述

5.4.1.1 市场定位的概念

市场定位(Market Positioning)是指企业根据竞争者现有产品在市场上所处的位置,针对顾客对该类产品某些特征或属性的重视程度,为本企业产品塑造与众不同的、给人鲜明印象的形象,并将这种形象生动地传递给顾客,从而使该产品在市场上占据适当的位置。 服装网络营销者需要看到,网络环境为企业寻找新的差异点、进而实现定位创造了条件,例如,服装网站的环境和氛围、建立信任(使用安全交易加密技术)、客户关系管理、允许网站用户进行评论(图 5-8)、为客户原创内容提供空间等。

图 5-8 韩都衣舍天猫旗舰店关于客户评价的内容

定位(Positioning)是树立形象的过程,企业的定位战略就是帮助其在特定的顾客群中建立企业形象和产品形象。 因此,市场定位并不是对一件产品本身做些什么,而是在目标顾客的心目中做些什么,它的实质是使本企业与其他企业严格区分开来,使顾客明显感觉和认识到这种差别,从而在顾客心目中占据特殊的位置。 在识别差异化和实施定位战略时,市场营销人员可以运用概念定位地图来描绘消费者在重要购买维度上对企业及其竞争者的产品或品牌认知。

5.4.1.2　市场定位的层次

现代市场营销学中的定位是一个多维的过程,包括产品定位、品牌定位、公司定位三个相互关联的层次,它们之间相互影响、相互制约、相互促进。 其中,产品定位是基础,品牌定位是延展,企业定位则是宏观架构。

(1) 产品定位

产品定位是指企业通过突出产品的符合消费者心理需求的鲜明特点,确立商品在市场竞争中的地位,从而使消费者稳定地选购该商品的营销行为。 这一层次的定位是所有定位的基础,因为企业最终向消费者提供的是产品,没有产品这一载体,品牌在消费者心智中的形象将难以维持。 在这里需要区分产品定位(Positioning)和产品地位(Position)的区别——产品地位是消费者对产品的认知、印象和情感的复杂组合。 产品地位虽然根本上是由消费者的眼光决定的,但是企业可以通过产品定位,而后凭借营销沟通来实现对消费者的认知引导,使消费者按照企业希望的方式来看待产品。 对于服装企业来说,产品地位需要企业立足于服装风格、系列、款式、功能、价格等方面的差异。

(2) 品牌定位

品牌定位是指企业为满足经过市场细分选定的目标顾客群与产品有关联的独特心理需求为主要目的,并在同类品牌中建立具有比较优势品牌的营销行为。 品牌定位必须以产品定位为基础,并通过产品定位来实现。 当然,当一种知名品牌代表某一特定产品时,品牌定位和产品定位就没有太大区别。 在某个品牌只对应一种产品时,对于生产该产品的企业来说,它的品牌定位和产品定位的针对对象就是基本一致的,而从消费者的观点来看,某些知名度高的品牌实质上已成了某一类商品的代名词。 一旦品牌定位成功,品牌作为一种无形资产就会与产品脱离而单独显示其价值,品牌的价值甚至比产品本身的价值还高得多,它是市场销量的保证。 于是,品牌可以转卖、可以授权,即使不是同一家企业生产的产品,只要冠以同一品牌,就在消费者心中拥有几乎同样的地位。 网络的虚拟性使得平台性服装电商品牌大量涌现,包括凡客 V+、唯品会、银泰网、梦芭莎(图5-9)、玛萨玛索、D2C 等。 这些品牌涉及海量产品,它们的准确定位可以为每一种产品增加价值。

图 5-9 梦芭莎购物网站首页截图

(3) 企业定位

企业定位是指企业树立其在社会公众及消费者心目中的特定形象的过程,它的着眼点不是具体的产品或品牌,而是组织形象整体或局部性的特点与优点。企业定位的成功与否,直接影响着该企业产品和品牌在人们心目中的地位。 对于企业整体而言,企业定位是宏观层面的问题,而产品定位和品牌定位则相对属于微观层面,没有好的产品定位和品牌定位,企业地位就难以树立起来,但企业定位的内容和范围比前两者要广得多。 例如,韩国时装流通公司——衣恋集团的中国公司,把帮助社会弱势群体和扶助社会文化事业作为自己的责任,每年都将所得利润的 10% 捐赠给社会,体现出希望树立一个负责任的卓越企业形象的追求。

5.4.1.3　市场定位的依据

服装企业要想提高服装产品或品牌在消费者心目中的地位,还需要从多种角度来考虑进行市场定位,以形成自己的竞争优势。 这些角度也是定位的出发点,包括目标消费者是谁、产品的差异点是什么以及产品的竞争者是谁。

(1) 目标消费者

在服装网络营销中,对网络目标消费群体的描述与掌握,是定位运作的首要因素。 在描述目标消费群体时,企业可以把人口统计资料和心理描绘资料组合起来,如收入、年龄、受教育程度、居住地区、性别、生活形态以及价值观等。例如,时尚箱包销售网站麦包包有着众多的自有品牌,分别针对不同的目标消费群:"飞扬空间"定位于 16～25 岁的时尚青春女生;"浪美"定位于 25～35 岁的魅力女人;"阿尔法·阿蒂斯特"则是面向 35～45 岁的成熟女性。 如图 5-10 所

115

示，为品牌 LOGO 所展现的不同品牌风格。

图 5-10　麦包包的不同品牌 LOGO

(2) 产品或服务

市场定位可以着眼于产品或服务的差异化。 一方面，这些差异点可以是实质的，即企业提供的产品或服务确实与别的产品或服务存在差异；另一方面，这些差异点也可以是心理的，企业通过提出一种具有独特吸引力的主张，让消费者在心理上认为其产品或服务有差异。

(3) 竞争的需要

市场定位还可以基于竞争者的情况。 根据竞争的需要，一方面可以定位于与其相似的另一种类型的竞争者或产品的档次，以便与之对比。 例如，中国运动用品的领导品牌——李宁，在与竞争对手耐克（Nike）的对比中，公司高层提出"不做中国的耐克，要做世界的李宁"；另一方面，还可以定位于与竞争直接有关的不同属性或利益。 例如，著名的休闲装品牌埃斯普利特（Esprit）宣称自己销售的是一种生活方式，以区别于其他品牌单纯的休闲装销售。 以竞争为出发点，要着重考虑突出本企业产品与竞争者同档产品的不同特点，通过评估选择，确定对本企业最有利的竞争优势并加以开发。

5.4.2　服装网络营销市场定位步骤

服装企业在网络营销活动中进行市场定位的完整过程，一般包括四个步骤：分析定位需要的差异化竞争优势、选择恰当的竞争优势、制定整体的定位战略、制定定位陈述并向目标顾客递送和沟通既定的定位。

5.4.2.1　分析差异化竞争优势

差异化（Differentiation）与市场定位并不相同，差异化着眼于产品、服务、品牌，而市场定位致力于影响目标顾客对企业产品、服务、品牌等的感知。 服装企业的营销人员在市场定位过程中，需要仔细分析顾客对企业产品或服务的全面体验，以便发现可能具有竞争优势的差异点。 这些差异点存在于产品、服务、人员、渠道和形象等五个方面。

(1) 产品差异化

通过产品差异化,服装品牌可以依托风格、款式、功能等使自己与众不同。在网络环境下,服装产品差异化包括定制和捆绑销售、产品线差异化、包装差异化等。 例如,在淘宝网有众多定制服装店家,提供个性化的服装产品。 消费者可以提供款式图片或者选择设计元素组合,甚至在线与设计师互动,完成款式设计,然后提供个人身材尺寸等就可以实现个性化服装的定制。 本章引例所提到的爱定客(IDX)个性化潮鞋定制网站,就拥有超过8 800万种组合设计样式,并提供图片上传及电脑手绘的制鞋功能,图5-11为其网站截图,反映了基本的定制流程。

图5-11 个性化潮鞋定制网站爱定客(IDX)网页截图

(2) 服务差异化

网络环境为服装企业的差异化服务创造了更好的条件,企业可以从多个方面实现服务差异化。 对于在线销售,服装企业可以通过网络客服24小时接受顾客的问询、回应顾客反馈的问题、迅速处理订单。 例如,互联网时尚品牌——韩都衣舍,在天猫商城的旗舰店设有客服中心,包括售前、售后、投诉等方面的大量客服人员,他们通过阿里旺旺即时通讯工具实现与顾客的即时沟通,服务时间从上午9点一直持续到凌晨。 服务差异化也可以体现在商品配送方面。 由于快递物流是用户网购过程中的"最后一公里",是构成电商企业服务品质的重要一环,所以一些企业非常重视。 例如,凡客诚品自建物流"如风达",力图突破物流瓶颈,提升服务品质。

(3) 人员差异化

企业可以通过聘用和培训比竞争者更为优秀的人员以获取差别优势,例如时装品牌——卓雅(Jorya)的专卖店导购被认为气质好、专业素养高。 人员差异化需要企业仔细选择与顾客接触的员工,并很好地培训他们。 例如,衣恋集团中国公司,为员工提供良好的培训机会,包括新员工培训、部门OJT(On the Job Training,在职培训)、晋升培训、职能培训、高级管理人员培训、韩语培训等。

117

服装企业在开展网络服务和交易时减少了人力投入,降低了交易成本,这就在人力成本上对传统的离线企业形成了优势。

(4) 渠道差异化

在网络环境中,服装企业的渠道差异化可以体现在多个层面,例如,利用互联网作为沟通渠道;利用互联网作为销售渠道;利用互联网开展网络服务。 微博、博客、电子邮件、电子刊物、网站都成为企业进行营销沟通的工具,图 5-12 为时装品牌——EP 雅莹的网络营销沟通媒体。

图 5-12　EP 雅莹网络营销沟通媒体

(5) 形象差异化

即使市场中的竞争性产品看上去差不多,购买者也会根据企业或品牌形象的不同而感受到差异,因此企业应该致力于树立积极而美好的形象。 企业可以创造独特的顾客体验以使自己与众不同。 图 5-13(a)是潮流商品购物网站有货网(YOHO),(b)是大众时尚购物网站麦网,通过对比可以发现两家企业具有完全不同的形象。

(a)

(b)

图 5-13　有货网(a)和麦网(b)网站首页截图对比

5.4.2.2　选择恰当的竞争优势

在已经发现几个可以提供竞争优势的潜在差异点的基础上,服装营销人员接着需要从当中选择企业赖以建立定位战略的差异点:决定选择多少差异点以及哪些差异点。

服装企业在选择差异点的时候,可以根据以下标准:重要性——对目标顾客而言,该差异非常有价值;独特性——竞争者不能够提供,或者本企业与竞争对手相比具有明显的优势;优越性——与消费者提供相同利益的其他方法相比,更加优越;可沟通性——该差异点适于沟通,购买者可以看到;经济性——购买者能够买得起;盈利性——推广该差异可以为公司带来利润。 例如,美国 Lands End 服装公司选择的技术定位:公司网站能够根据女性消费者自身特点(如发色、肤色、发型与脸型等)生成一个逼真的模特,然后可以给模特穿上待选的服装,这样顾客就可以看到自己模拟着装效果了。

5.4.2.3　制定整体的定位战略

品牌的整体定位被称为该品牌的价值主张——品牌赖以差异化和定位的利益的组合。 服装企业可以用来成功定位的价值主张包括优质优价、优质同价、优质低价、同质低价、低质更低价。 例如,西班牙 Inditex 集团旗下的服装品牌 ZARA(飒拉)凭借其紧跟国际大牌、潮流标杆的时尚设计、款式多更新快的销售模式，希望把自己打造成"中低价位却拥有中高级质量"的国际性流行服饰品牌，在消费者心目中形成优质低价的印象。

5.4.2.4 沟通和宣传既定定位

一旦企业确定了市场定位，就必须采取有力的措施向目标顾客宣传和沟通既定的定位。为了清晰地描述企业或品牌的市场定位，相关诉求可以总结为定位陈述（Positioning Statement）的形式。定位陈述可以采用下列句式：对于（细分目标市场及其需求）而言，我们的（企业或品牌）是一种（如何与众不同的概念）。例如，对于雅戈尔的衬衫产品，可以总结这样的定位陈述语——"对于四处奔波但需要始终保持完美形象的商务人士而言，雅戈尔免烫衬衫是您的最佳选择，超强的抗皱免烫保型功能使您可以保持每时每刻的耀眼光彩"。当然，我们要意识到光是高谈阔论是没有用的，只有企业的经营行动到位，所确定的市场定位才不会流于广告口号或宣传语。

服装网络营销实例——凡客诚品市场细分案例分析

凡客诚品开办之初是完全参照 PPG 的模式发展的，也是以衬衫起家，所以早期凡客诚品的目标细分市场选择了有较大发展潜力的校园人群和男女商务人士，采用密集型营销策略。他们是最具有消费能力和最能接受新事物的人群，这些人是伴随着互联网成长起来的，媒介接触习惯以电脑和手机为主，并且在工作、生活中也不断和互联网发生着关联。他们活跃于社交网站、论坛等网络互动平台。他们喜欢"灌水"，发帖转帖，在网上嬉笑怒骂、厌弃虚伪、讽刺时弊。同时，相对女士来说，男士的服装更加容易进行大批量标准化生产与供应，只需要提供适当的参照标准，顾客就可凭个人喜好选定商品。而且，男士相对来说不那么专注于逛街购物，更喜欢简单的生活方式。凡客诚品抓住这一细分市场，以男士衬衫与 POLO 衫为主打产品来满足目标消费者的需要，另外凡客并不标榜名牌，而只是做顾客需要的设计和服务，这样让男士买衣服变得简单有效。

随着凡客诚品的逐步发展壮大，为顺应市场需求，凡客诚品开始向另一个重要的细分市场延伸，这就是——年轻女性群体。这一群体大多数为步入工作岗位不久的女性或者已婚的年轻女性，他们喜欢为家人购置物品。为此，凡客诚品将业务范围扩大至女性服装、儿童和家居类。

在 PPG 破产之后，凡客诚品竞争对手不断减少，同时日订单量不断创下新高，于是凡客诚品开始寻找下一步的发展方向，它采用差异性营销策略，不断推出新品，进军其他细分市场，利用价格和质量相比于其他 B2C 企业的优势打开了广阔的市场。从最初的男士衬衫到如今的男女装、童装、鞋、家居和配饰，应有尽有，而且利用自身的渠道和市场优势建立了凡客 V＋平台，代销其他品牌的产品，虽然现在品种不是很多，但是未来不排除大幅地占有市场的可能性。

凡客诚品的成功并非偶然，从市场细分方面来看，它合理地对市场进行细分，并有选择地进入适合自身和符合市场发展的细分市场。首先，它抓住了中国电子商务迅速发展和网络市场逐渐细分的时机；其次，它对中国服装市场进行全面细分，并选择进入一个尚未开发成熟的电子商务细分市场；再次，它对自己清晰的市场定位，使得它可以面对自己的目标细分市场生产出适销对路的产品，保证了产品的质量和服务。任何一个企业的资源、人力、物力、资金等都是有限的，通过细分市场，选择适合自己的目标市场，企业可以集中资源去争取某个局部细分市场的优势，然后再获得进一步的发展。在早期，凡客诚品只选择一个单独的细分市场，保证了人力、物力最大限度的利用，迅速占领这个市场，打响自身的品牌，为企业长远发展奠定坚实的基础。

（资料来源：www. wenku. baidu. com）

121

概念辨析——市场细分 VS 市场定位

市场细分（Market Segmentation）是企业根据消费者需求的不同，把整个市场划分成不同的消费者群的过程，其客观基础是消费者需求的异质性。进行市场细分的主要依据是异质市场中需求一致的顾客群，实质就是在异质市场中求同质。市场细分的目标是为了聚合，即在需求不同的市场中把需求相同的消费者聚合到一起。细分市场不是根据产品品种、产品系列来进行的，而是从消费者（指最终消费者和工业生产者）的角度进行划分的，是根据市场细分的理论基础，即消费者的需求、动机、购买行为的多元性和差异性来划分的。

市场定位（Market Positioning）是在 20 世纪 70 年代由美国营销学家艾·里斯和杰克特劳特提出的，其含义是指企业根据竞争者现有产品在市场上所处的位置，针对顾客对该类产品某些特征或属性的重视程度，为本企业产品塑造与众不同的，给人印象鲜明的形象，并将这种形象生动地传递给顾客，从而使该产品在市场上确定适当的位置。市场定位并不是你对一件产品本身做些什么，而是你在潜在消费者的心目中做些什么。市场定位的实质是使本企业与其他企业严格区分开来，使顾客明显感觉和认识到这种差别，从而在顾客心目中占有特殊的位置。

相关技术——网络精准营销技术

网络精准营销技术是指在网络时代，利用数据库和计算机技术，使得完全市场细分得以实现。市场中的每一位消费者都单独构成一独立的子市场，企业根据每位消费者的需求制定不同的营销策略,运用个性化技术手段(如网站站内推荐系统),帮助用户从这些网络过量的信息里面筛出他所需要的信息,达到精准营销的目的。 目前电子商务网站、媒体资讯类网站、网络社区都逐渐引进站内个性化推荐这种手段进行精准营销,实现精细化的市场细分。

互联网精准营销最主要是通过个性化技术来实现的,以下列出了网络个性化精准营销的部分发展历程。

1999 年,德国 Dresden 技术大学的 Tanja Joerding 设计了个性化电子商务原型系统 TELLIM;

2000 年,NEC 研究院的 Kurt 等人为搜索引擎 CiteSeer 增加了个性化推荐功能;

2001 年,纽约大学的 Gediminas Adoavicius 和 Alexander Tuzhilin 推出了个性化电子商务网站的用户建模系统 1:1Pro;

2001 年,IBM 公司在其电子商务平台 Websphere 中增加了个性化功能,以便商家开发个性化电子商务网站;

2003 年,Google 开创了 AdWards 盈利模式,通过用户搜索的关键词来提供相关的广告。 AdWords 的点击率很高,是 Google 广告收入的主要来源。

2007 年 3 月开始,Google 为 AdWords 添加了个性化元素,不仅仅关注单次搜索的关键词,而是对用户近期的搜索历史进行记录和分析,据此了解用户的喜好和需求,更为精确地呈现相关的广告内容。

2007 年,Yahoo 推出了 SmartAds 广告方案。 雅虎掌握了海量的用户信息,如用户的性别、年龄、收入水平、地理位置以及生活方式等,再加上对用户搜索、浏览行为的记录,使得雅虎可以为用户呈现个性化的横幅广告。

2009 年,Overstock(美国著名的网上零售商)开始运用 ChoiceStream 公司制作的个性化横幅广告方案,在一些高流量的网站上投放产品广告。

2009 年 7 月,国内首个个性化推荐系统科研团队百分点公司成立,该团队专注于个性化推荐、电子商务个性化精准营销解决方案,在其个性化推荐引擎技术与数据平台上汇集了国内外百余家知名电子商务网站与资讯类网站,并通过这些 B2C 网站每天为数以千万计的消费者提供实时智能的商品推荐。

2011 年 9 月,百度世界大会上,李彦宏将推荐引擎与云计算、搜索引擎并列为未来互联网重要战略规划以及发展方向。 百度新首页将逐步实现个性化、智能地推荐出用户喜欢的网站和经常使用的 APP,达到精准营销服务。

思考与练习

复习题

1. 服装网络市场细分方法有哪几种？ 分别对每种细分市场方法列举其细分市场变量？

2. 服装网络细分市场进入策略有哪些？

3. 微型市场营销的理念是什么？ 如何实施这种营销活动？

4. 网络营销市场定位的层次和依据是什么？

5. 服装网络营销市场定位的主要实施步骤包括哪些？

讨论题

1. 作为要开展网络经营的服装企业营销人员，如何针对当前在校大学生市场进行市场细分并选择目标市场？

2. 网络环境为服装企业寻找新的差异点创造了哪些条件？ 新的差异点可以有哪些？

网络实践

1. 利用互联网进行对知名网络社区的搜索（如天涯社区、人人网等），了解和研究一些服装企业是如何借助网络社区提高客户的热衷度并获得客户信息资源和反馈信息。

2. 服装网站的目标市场可以是传统大众、时尚人群、潮男型女，请分别浏览这样的网站，对网站的氛围进行评价，并说出它们的差异性特征。

第6章 服装网络营销产品策略

知识要点

1. 掌握服装网络营销产品概念及其特点，了解服装网络营销产品的三种类型；
2. 理解服装网络营销产品信息策略，了解服装网络信息传播基本内容；
3. 理解服装网络营销产品开发策略，掌握其开发模式，能够在实践中加以运用。

服装网络营销产品可划分为实物产品、服务产品和信息产品三方面。服装网络营销产品在继承传统销售服装产品特点的基础上，又派生出新的特点：实物产品低成本、低感官性，服务过程简化、服务产品出现两极性，服装信息产品开放性、及时性、精准性。了解服装网络产品的现状和发展趋势，有助于分析服装产品的未来发展方向，更好地把握住产品策略的制定。

服装企业要注重产品的信息服务策略，通过产品形式信息、品牌信息、服务信息的网络发布，使顾客充分了解待购产品，促成顾客最终实现购买。

网络营销中，产品的开发策略是重要内容，开发模式是产品开发策略的具体表现形式。主要有领先型、模仿式、拓展式以及前瞻型四种产品开发策略。根据这些策略和网络营销新产品的开发程序，创立了三种较为常见的产品开发模式，即服装产品常规开发模式、个性化定制产品开发模式和服装改良产品开发模式。

章首引例

对于常在网上购买服装的消费者来说，杰克·琼斯品牌也许并不陌生。杰克·琼斯已连续2年成为中国网购市场中最受欢迎品牌，成为淘宝服装购物平台第一店。 那么,杰克·琼斯在淘宝取得成功的背后,蕴藏着怎样的服装产品网络营销模式? 杰克·琼斯品牌在淘宝的成功代表了一种趋势,就是知名的服装品牌开始重视网络市场,纷纷建立具有品牌文化的服装网络营销产品,将其视为实现战略转型、品牌延伸、渠道扩展、赢得客户的重要手段和途径。 杰克·琼斯在其网店上开辟了"达人笔记"板块和网友讨论区,每天由时装编辑、模特、知名服装设计师、时尚达人等与网友在线上进行沟通、互动。

杰克·琼斯还在网店上设置了讨论专区,主要介绍当下流行装扮、推荐下季潮流趋势,解答网友关于着装及搭配技巧的提问,与消费者进行最直接的时尚交流。 在淘宝网上,杰克·琼斯成为沟通欧美时尚与中国消费者的桥梁,消费者在这里获得了独一无二的消费体验。 在网络传播方面,杰克·琼斯主要采用官方网站＋服装产品网络营销策略＋网店的整合传播链条。 杰克·琼斯的目标消费群主要是年轻消费群体,他们不喜欢灌输式的品牌传播,更喜欢平等的沟通方式,自己能够参与其中。

在服装产品信息网络传播方面,杰克·琼斯在网站上设置了 FANS 俱乐部,在 FANS 交流区,消费者可以在这里讨论经典款式收藏、流行趋势,这为消费者搭建了一个穿衣扮靓的平台。 在 FANS 资讯区,杰克·琼斯会公布品牌每季最新动态并组织不定期的会员或团购活动。 这一板块还允许会员交换二手闲置服装,从而大大提升了人气和流量。 在 FANS 话题区,登录这里,你可以和其他消费者成为网友。 通过这种服装产品网络体验营销模式,杰克·琼斯牢牢嵌入了消费者的生活圈。

(资料来源: http://business. sohu. com/20091231/n269328017. shtml; www. wenku. baidu. com)

125

6.1　服装网络营销产品概述

服装产品在人类社会发展进程中始终是一类备受关注的必需消费品,这种消费品受到社会大环境变化和生产力水平发展的影响而不断地变化前进。 在市场经济的发展过程中,服装市场占据了一个重要的位置。 伴随着世界网络革新的开展，服装市场派生出一个新的营销手段——服装网络营销，而它的轴心则是服装网络营销产品。

6.1.1 服装网络营销产品整体概念与分类

服装网络营销产品是指服装营销者以互联网为营销媒介，向消费者提供能满足其服装方面需求的一种实物或虚拟产品。

6.1.1.1 服装网络营销产品整体概念

如图 6-1 所示，其整体概念可分为四个层次：

(1) 核心产品

核心产品是指服装产品能够提供给消费者的基本效用或益处，是消费者真正想要购买的基本效用或益处。例如，服装的保暖性、蔽体性。

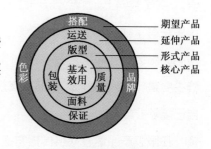

图 6-1　服装网络营销产品整体概念

(2) 形式产品

形式产品是指服装产品在网络营销环境中出现时的具体物质形态，是核心利益的物质载体。例如，服装的版型、面料、质量、包装等。

(3) 延伸产品

延伸产品是指由服装产品的生产者或经营者供给顾客的一系列附加利益。例如，服装网购之后的运送、保证、免费修改等在消费领域给予消费者的好处。

(4) 期望产品

期望产品是指购买者在购买服装产品时，期望得到与所购服装产品相关的一整套产品属性和条件。例如，服装购买者一般所期望的是服装款式、使用面料以及合适的价格和优良的品牌，而另外一些购买者追求的不仅是以上属性和条件，还有其他的期望，诸如服装的色彩、服装的搭配等等。

6.1.1.2 服装网络营销产品分类

服装网络营销产品不仅具有有形的条件属性，如服装网络营销产品的式样、品牌、特色和包装；还包含无形的、心理上的条件属性，如售前咨询、网购运送、售后服务等方面。 依此,服装网络营销产品可划分为实物产品、服务产品和信息产品三种类型。

(1) 实物产品

实物产品是指服装、服饰品本身实体及其品质、特色、款式、品牌、包装、商标,它属于物质形态的产品。 服装实物产品包括两个方面:一方面是服装产品的形体,它是提供给消费者服装产品的外在质量。 服装产品的外在质量分为款式、面料、色彩、板型四个基础部分。 通过这四个基础部分的有机结合,服装有一个基本的外在有形轮廓,而这个有形的外观在当今的竞争环境下必须符合大的流行趋势才能够抓住基本消费者。 同时随着服装市场日新月异的发展,新的有形因素在不断地加入到服装产品的形体中,赋予产品新的竞争力,如包装、吊牌、商标等都是在传统有形特征上的延伸。 如图 6-2 所示为服装产品的形体、款式、面料、 色彩、板型、包装、吊牌、商标等。 另一方面是服装产品的实质,它包括两个方面,一是服装产品的功能,即服装产品能提供给客户的基本效用,如服装的保暖性,服装的蔽体性等服装最基本的用途;二是客户对产品的期望,包括对品牌、个性化和个人价值的实现,如在购买高档的服装产品时,消费者并不单纯地购买服装样式,而是在某种程度上满足自身 "追求高贵"的心理需求。

图 6-2 购物网站服装产品的形体描述截图

(2) 服务产品

服务产品是指生产者通过由人力、物力和环境所组成的结构系统来销售和实际生产及交付的，能被消费者购买和实际接收及消费的"功能和作用"。服装网络产品处于一个特殊的营销环境中，其服务产品是消费者购买服装有形产品时所获得的来自网络上的全部附加服务和利益，它更大程度地满足了消费者的需求。服务产品包括售前服务、售中服务和售后服务，主要是通过因特网进行售前传递产品信息；售中提供咨询、网络导购、订货、电子货币结算及送货服务；售后为用户解决产品在使用中出现的问题，退货或再次发货。对于营销者而言，售前服务主要是快速吸引目标消费者，让消费者更多更全面地了解产品信息，方便消费者买到自己理想的产品。而售后服务是帮助企业建立品牌信誉度，建立消费者的购买忠实度，促进再次销售。

随着网络市场的快速发展和市场竞争的加剧，因特网成为信息传播的一个重要工具，任何产品的负面信息都会在网络上快速地传播。因此服装企业间的竞争不再单纯是实物产品竞争，而延伸到了服务产品的竞争。因此良好的网络服务产品不仅方便了消费者的购买和使用，而且会增加消费者对其产品的信赖度，增强消费者和企业的联系、交流。

(3) 信息产品

服装网络营销产品中还需要重视的就是信息产品。信息产品是指在信息化社会中产生的以传播信息为目的的服务性产品，主要是指服装的品牌信息和企业信息。传统的实体店营销为了刺激消费者的购买欲望，采用营造购物环境的方式，而由于网络虚拟性的存在，顾客在网络购物时无法享受试穿等传统营销环节。因此必须抓住服装信息产品，提供信息产品服务，在顾客购买服装网络营销产品时营造一个充分的品牌、企业信息氛围。

品牌信息包括产品名称、产品标志和品牌的内容等识别信息。在网络营销中，品牌不仅是图案与文字的结合，它更是消费者对各种信息和体验的综合感知，是对客户的一种承诺，通过传递这种承诺，在客户中建立信任。当消费者通过网络购买服装产品时，由于消费者与服装网络营销者相隔距离太远，因此网络营销具有安全隐患和隐私保护等问题。品牌信息则可以帮助消费者了解所欲购买产品的品牌基本状况，建立对产品和营销者的信任，降低消费者的购买风险。

企业信息是指通过因特网传达相关企业的基本情况，它往往包括企业的创立情况、企业的设备条件、企业的人员配备、企业的销售情况，这些信息可以帮助企业塑造良好的形象。企业往往会通过因特网建立企业资料库开放给目标客户，用于说明企业的历史、发展、变革、经营理念、企业文化、品质保证等，有助于消费者更加深入地了解企业的信息，拉近消费者与企业的距离，增进消费者对企业的认知和认可度。

6.1.2　服装网络营销产品特征

与其他产品相比，服装的分类很多，虽然型号标准使之相对统一，但不同的打板方式和款式造型以及穿着目的使服装选购不同于其他网络产品。服装网络营销将传统营销产品和网络产品的特性相融合而产生了一些新的特征。

6.1.2.1　实物产品低成本、周期短

网络营销这种不同于传统市场营销的模式使商家可以通过电脑出货，而不需要借助实体商铺做终端销售。因此为商家节省了大量的铺面费用、水电费用、人员费用，在整体上降低了服装产品的成本费。由于服装产品具有流行性和周期性，再加上网络信息传播速度快并且共享化，所以通过网络销售的服装产品要不断地更新换代才能吸引顾客的眼光，因此它的周期要比传统营销短。

6.1.2.2　实物产品低感官性

网络营销与传统营销的一个重要区别在于其时空跨越性与虚拟性，在传统营销方式下，客户可以通过各种感观、知识和经验来判断产品的性价比，而网络营销的时空跨越性使得触觉、嗅觉等部分感观不能派上用场，并由此带来产品信息的失真和限制。对服装产品来说，"失效"感观可能会在购买行为中起着重要作用，如消费者选购服装时通常需要试穿感受一下样式大小，而网络营销的时空跨越性则使消费者不能得知"试穿其效果的好坏"这一信息。另外，对于有些产品来说，不同客户关注的服装信息有所区别，有人更关注外观，有人更重视质量，还有一些人可能更注意品牌，不同的特征判断对各种感观的要求程度不尽一致。

6.1.2.3　服务过程简化、服务产品出现两极性

在传统营销过程中，售中导购和试穿是相对重要的环节，而针对于网络营销方面，售中导购已被弱化，试穿环节也被取消，然而售前咨询和售后服务变得尤为

129

重要。因此网购时服务过程得以简化,并且服务产品也逐步倾向于售前和售后两个环节。售前咨询可以帮助消费者更详尽地了解所欲购买的服装产品的基本信息,弥补了实物产品低感官性的不足;售后服务有力地保障了消费者的根本利益,使得消费者所承受风险降低,并且可以有效地消除消费者的防御心理,建立营销者与消费者之间的信任感,因此服务产品出现两极性。

6.1.2.4 服装信息产品的开放性、及时性

网络加快了产品信息的传播速度,网上信息可以在世界范围内进行传播,因此服装信息产品具有良好的开放性,广泛面向于全体大众。不仅如此,信息的开放性加大了产品开发创新的压力,加大了网络营销中服装的更替速度,因此网络营销中服装的流行周期要比传统营销方式中服装的周期短。消费者想在最早的时间内获得所购服装的全部信息,所以网络营销中服装信息产品还应具有及时性,在最快的时间内发布服装相关信息,抢占信息市场,这是服装网络营销中的一个重要环节。

6.1.2.5 服装信息产品准确性

消费者在服装购买过程中,通常会通过服装图片及所描述的相关信息来判断自身对该服装的需求,并且服装品牌也影响着消费者对服装的判定;营销者也需要通过准确的服装展示图片、合理的描述信息以及良好的品牌效应来吸引客户。因此,服装信息产品的准确性显得尤为重要,准确的信息产品会给消费者留下良好的印象,增加消费者对服装产品的信赖度,为营销者带来满意的销售量。

概念辨析——服装网络营销产品 VS 服装网上销售产品

服装网络营销产品是指服装营销者以互联网为营销媒介,向消费者提供能满足其服装方面需求的一种实物或虚拟产品,其整体概念可以分为核心产品、形式产品、延伸产品和期望产品。服装网络营销产品由实体产品、服务产品和信息产品组成,不仅仅包含了服装这种有形的物质,还包含了服饰相关信息、购买过程中的服务等等无形的条件。而服装网上销售产品则是其网络营销产品的一部分,是指实体有形的服装产品,例如短裤、T恤等,这些产品是消费者购买的主要物品。

6.2 服装网络营销信息服务策略

网络销售的服装产品在很多方面改变了服装消费者的利益，使营销活动发生了巨大的变革，使销售从实体世界向虚拟世界变化。 而最基本的网络营销活动就是信息的发布，互联网将实体产品及相关服务转化为图片、文字等相关的信息，以网络窗口展示出来，便于消费者了解选择。 这种营销策略即为信息服务策略，主要包括产品信息发布、品牌信息发布、服务信息发布三个方面。

6.2.1 服装形式产品信息网络发布

在互联网上，产品信息的发布是最重要的营销步骤。 企业可以运用网页图片、视频、文字描述、数据记载等，形象地发布服装产品信息，使得企业得到更多的商机。

在购物网站环境中，服装产品信息发布内容包括产品的名称、详细描述和服装特性，例如进驻淘宝商城中的商家会将他们的服装产品进行分类，而每一个产品首先会通过一个包含 30 个字符以内的关键词来吸引消费者，如"Only 低腰原色修身百搭铅笔裤"、"裂帛正品日本棉绣花长袖 T 恤"，这些关键词要求短小精简，包含了产品所属品牌、产品属性以及产品特色，最重要的是要写出产品的卖点才能够快速地吸引顾客，如图 6-3 所示为服装网络营销产品的关键词实例。

图 6-3 服装网络销售产品的关键词实例

当消费者进入服装产品页面后会有该服装产品的全面展示和详尽描述,包括更精准的文字数据来介绍服装的面料特性、外观特色以及功能构造,并附以详尽的号型尺寸表格,同时还应附带直观的服装展示图片,一般为正面、背面、侧面及特殊设计部位,可以给消费者一个大致的印象,使其按提示说明做出选择。

服装产品信息发布还包括产品价格信息发布。 因为网络信息资源的共享性,网络价格的信息对消费者的购买行为有很重要的作用。 由于消费者网上购物的最终目的是能够以最适当的价格购买服装产品,所以消费者在进行网上购物时对价格的关注度有时要高于服装产品本身的部分属性信息,营销者需要向消费者提供服装产品价格的构成体系及服装产品的市场定价、优惠价格以及产品的运输费用。 产品价格信息的发布,有助于稳定服装网络市场经济,便于消费者对服装产品的选择。 例如,七匹狼网上旗舰店会在每一款服装价格栏中打出初始价格、促销价格、运费、积分数等有关价格信息,省去了消费者的价位、运费、优惠活动等咨询,使消费者在最短的时间内获得最大量的商品信息。 服装网络营销产品的低感官性,往往降低了消费者对产品信息发布的满意度。 因此,随着计算机技术的普及和提高,许多营销者为了更好地满足消费者的需求,便借助更多的网络工具,把服装产品的着装效果和服装体验尽可能地转化为一种视觉感受,例如,3D 试衣系统和面料风格展示,只需要消费者键入相关尺寸和数据参数,就可以看到着装效果,使消费者很好地看到服装与人体的贴合度;通过图片和材质、纤维原料展示,可以让消费者即刻了解到自己着装后的舒适程度。 营销者还可以通过多媒体功能在网上发布着装模特的相关视频使产品呈现动态效果,以视觉效果弥补触觉效果的不足,促使消费者购买行为的产生。

6.2.2　服装产品品牌信息网络发布

在激烈的服装市场竞争中,品牌已成为了服装营销的焦点,像服装这样的大众消费产品,基本不存在核心技术,最大的附加值就是品牌。 随着客户品牌消费行为的逐渐形成,品牌在确定服装价格及获取服装市场份额中发挥着越来越重要的作用。 建立服装品牌网络信息的过程一般包括:

6.2.2.1　通过品牌网站形式建立品牌形象

品牌网站是企业在互联网上建立的形象代言,也是视觉和体验上形成的商务代表,建立网站是品牌在信息时代强化形象的必由之路。

6.2.2.2　借用网络革新技术拓展品牌营销

当品牌网站建立之后,企业应采用多方面的网络技术宣传品牌信息,如网络检索、广告宣传等途径,从而达到拓展品牌营销的目的。

6.2.2.3　利用企业内部双向网络强化品牌管理

企业内部的网络活动可划分为信息开放的公众互联网、信息半透明化的企业内网,总称为企业内部双向网络。 两者在用户类型、网站目的、制作网站的组织责任等方面都是不同的。 企业内部双向网络可以有效地拓展网络营销市场,强化品牌的管理。

服装品牌的网络信息发布需要做的是将传统营销中品牌的推广延伸到网络领域,网络不仅仅是为服装实体企业或营销集团进行服装产品销售的媒介,它应该被看作是品牌拓展的一部分,是品牌内容与营销的延伸。 通过网络发布品牌信息要达到品牌形象的深入人心、垂直整合的推进、在线与离线销售并进、交互沟通的便利的目的。 而一个完善的服装品牌网络信息发布包括品牌历史、品牌风格、品牌活动、企业内容、企业文化等方面,目的是在给予消费者娱乐体验的同时将品牌概念深植消费者的心中。 服装品牌的网络信息可以通过图片、文字、flash 动画或点击链接式视频表现。 以下是常见的几个发布板块:

品牌历史、风格往往是介绍一个品牌的起源、品牌的成长以及品牌产品发展过程中所形成的独特风格,对客户而言可以了解到品牌的理念和内涵。 品牌历史、风格的发布在增加了网站的娱乐性的同时,使客户对品牌的理解程度由认知达到认同,增加品牌的信赖度与影响力,如图 6-4 所示为淘宝我爱酷时装网店的品牌介绍。 又如美国的 Levi's 网店介绍了 Levi's 的品牌三大变迁,向客户展示了它的自由和个性的品牌理念。 对客户来说,Levi's 就是美国西部的文化象征,这种历史信息发布让目标客户产生一种归属感,可以快速地建立客户忠诚度。

企业内容、文化:包括企业的发展概况、企业经营规模、实体企业地址、主要客户一览表以及企业文化等等。 例如,"七匹狼"服装公司的企业文化核心是"培育和创造一种符合企业实际、催人向上、开拓创新、永争一流的精神"。

活动专栏:充分发挥网络的时效性,及时介绍品牌即将举行的各种活动,以及活动的详细说明,并将一定时期内的重要历史纪录保留以供检索。

图6-4　淘宝我爱酷时装网店的品牌介绍

6.2.3　服装产品服务信息网络发布

服装产品网络营销过程中,服务信息的发布是影响营销者声誉、调控服装产品网络营销的重要手段,即消费者除关注服装形式产品信息之外,更多地关注服装产品销售方的服务信息。 服装产品服务信息发布与其他信息的发布有很大的不同,服装产品的服务信息发布者不仅是营销者,还有部分已购买服装产品的消费者,例如,在淘宝网络购物网站上,每一个服装产品的详尽信息中都包含着该产品的"买家评价"系统,这就是一种服务信息发布手段,消费者通过"买家评价"系统,向营销者提出个人建议,并向其他消费者阐述服装产品问题。 由于消费者平等心理的存在,他们更倾向于聆听其他消费者的建议,所以消费者发布的服务信息很大程度上影响着服装产品的网络营销。 服装产品服务信息网络发布的主要方式有客服咨询、电子邮件、电子论坛、常见问题解答（FAQ）、跟踪服务系统和买家评价系统。 通过这些方式，消费者可以直观地了解产品服务相关问题，同时营销者也可以通过这些方式将售前、售中、售后服务变得便捷清晰。 这些运用网络技术进行虚拟销售的服务产品正逐渐颠覆传统服务方式，是营销者达到成功销售的关键。 通过网络手段营销的服装产品服务信息策略具体表现如下：

6.2.3.1　服务信息发布与回馈策略

首先，网络企业可以通过在线咨询、电子邮件、常见问题解答等方式获得消费者的意见与建议，消费者也比较喜欢通过网络来与营销者进行联系。 其次，互联网技术能够实现信息开放式、同步沟通与异步沟通（如电子邮件、语音邮件）相结合以及分别对不同层次的买家作出不同回应的个人互动沟通。 第三，营销者可以通过互联网来监视服务信息的点击数（服务网页进入的次数），通过顾客问题记录来分析并获取信息反馈，以此来改善网站建设、产品服务设置等。

135

6.2.3.2　互动式的线上服务策略

通过建立个性化服务、销售者与消费者沟通、消费者与消费者沟通来进行多方位的交流互动，以此来增强服装产品市场敏感度、增加产品与顾客以及顾客与顾客之间的沟通交流能力。 这样的互动服务能够在潜移默化中增强顾客参与感、加深顾客与产品之间的感情、培养信任度与忠诚度，提高顾客的满意程度。互动式的在线服务实现了产品与顾客的直接沟通以及顾客之间的相互交流，有利于扩大产品影响力，增强产品可信任度，并有效地获取了消费者的反馈讯息。 互动式的线上服务策略在服装产品网络营销运用中最重要的两个方面是满足营销者与消费者双方利益、提供个性化服务。

（1）满足营销者与消费者双方利益

对于服装产品而言，无论是传统营销还是网络营销，消费者为得到自身利益，会选择性地购买服装产品，而营销者为了将服装产品进行销售而服务消费者。为了达到以上目的，买卖双方需要进行相互交流，在沟通中达成买卖协议。 网络有能力快速地在产品和顾客之间创建双向交流。

（2）提供个性化服务

服装产品网络营销的个性化服务听起来似乎与"高级"、"昂贵"这样的概念脱不开关系，但是当下基于网络营销的需求，个性化服务必然受到顾客的青睐。 服装网销营销产品个性化服务可以归结为三种：一是提供一些预备的服装选择，通过某些小型软件的排列组合，例如淘宝商城中七格格旗舰店会提供服饰搭配，在顾客选择服装单品时，会提供其他部位的服饰选择；二是提供零售店基于库存原因不具备的特殊商品，例如 BANANAREPUBLIC 在网上提供在一般网络店铺很难找到的小尺码服装；三是简单的组合定制与远程定制服装服务，例如可由顾客自己选择或设计的印花 T 恤、定制结婚礼服等。

概念辨析——服装产品商标 VS 服装品牌

服装品牌指的是服装产品或服务的象征，而符号性的识别标记，指的是服装产品的商标。 品牌所涵盖的领域，则必须包括商誉、产品、企业文化以及整体营运的管理，因此，品牌不是单薄的象征，乃是一个企业总体竞争，或企业竞争力的总和。 品牌不单包括"名称"、"徽标"还扩及系列的平面视觉体系，甚至立体视觉体系。 但一般常将其窄化为在人的意识中围绕在产品或服务的系列意识与预期，成为一种抽象的形象标志，甚至将品牌与特定商标划上等号。

相关技术——3D 试衣系统

"3D 试衣"系统，是一个新兴的网络服务概念，由德国弗劳恩霍夫学会的科学家与其他科研小组共同开发。 顾客在进行虚拟试衣之前，先通过手持式的三维扫描仪对自身形体进行扫描，获得的数据被传输回服装销售商处，形成顾客自己的虚拟三维影像。 之后，顾客就可以根据销售商提供的服装目录选取新衣"试穿"上身，并可以通过鼠标控制虚拟影像进行简单的举手弯腰等动作，在电脑屏幕上查看衣服是否合身；还可以观看不同场合灯光下的着装效果。 据悉，这套试衣系统在葡萄牙的一场时装秀中一亮相，即迅速在网上盛行。 许多品牌的网站利用 3D 科技推出虚拟试衣服务，消费者可先上传自己面部的照片，经网站工作人员处理后，套用到仿真模特脸上，而模特身材根据服装尺码标准，分为 S、 SM、M、 L、 XL 五种体形，试衣者可选择与自己身材相仿的模特，将想买的衣服试穿在"自己"身上。"3D 试衣"系统对消费者来说加大了网络购物活动的参与性，降低了购物的风险；对于企业来说，改变了传统行业的销售模式，降低了成本。 此外，部分三维试衣还运用在网络定制中，这样不仅让用户体验服装试穿的乐趣，还能成为个人形象设计的平台。

6.3　服装网络营销产品开发策略

在互联网时代,随着技术扩散速度的加快以及知识、信息的共享,企业之间由单纯的产品形体竞争转化为不断开发新产品能力的竞争。 作为一种时尚产品,服装是不断变化并且具有一定的流行周期的。 当一种新的服装款式成功引领风潮后,竞争对手就会立即对之模仿,加上互联网的推广,使服装产品的生命周期大大缩短。 因此,服装网络营销产品开发策略在营销中显得尤为重要。 对于服装网络营销产品的开发,由于服装产品的特殊性,使其产品开发策略与其他网络产品的开发策略大不相同。

6.3.1　服装网络营销产品开发模式

产品的开发模式是产品开发策略的具体表现,网络营销中的服装产品流行周期短,覆盖范围广,并且突破了地域局限性,因此其开发模式是在传统营销产品开发模式的基础上延伸出的一种更符合消费者利益的模式。 常见的服装网络营销产品开发模式有服装产品常规开发模式、个性化定制开发模式、改良产品开发模式。

6.3.1.1　服装产品常规开发模式

服装产品常规开发模式是指生产者根据市场需求设计制作服装新产品并通过网络手段向消费者出售,开发产品定位人群广,个性设计弱化的一种开发模式,也是生产者最常使用的开发模式,如图 6-5 所示。 过程主要包括:

① 服装产品定位。 服装新产品所吸引的是哪个年龄层次,消费者的特点是什么,服装新产品的风格如何等问题,都是这个环节考虑的主要方面。

② 服装产品设计、制作。 在这个环节中,设计师占有主导地位,首先他们根据目标

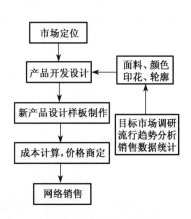

图 6-5　服装产品常规开发模式图

137

市场调研、流行趋势分析以及销售数据统计来确定面料、颜色、印花、廓型的选择,并根据以上选择设计出服装新产品样板。

③ 服装产品网络销售。 服装新产品产出后,营销者将其放到网络购物网站上进行销售。

6.3.1.2 个性化定制开发模式

个性化定制开发模式是现阶段备受消费者欢迎的一类新型产品开发模式。 在开发过程中,个性设计得以放大,消费者可以直接或间接参加服装设计环节,生产者按照消费者个人意愿来生产符合消费者自身期望的服装产品。 如图 6-6 所示,过程主要包括:

① 服装产品定位。 由于消费者要参与服装设计过程,服装产品彰显的风格由消费者决定,即生产者要按照消费者意愿来定位新产品,所以服装产品定位问题被弱化。

② 消费者参与产品设计环节。 此环节是开发模式中最重要的部分,消费者可以直接或间接地参与服装设计环节,大大地提高了消费者的主动性。 参与产品设计有模块式定制、合作型定制两种方式。

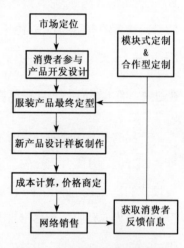

图 6-6　个性化定制开发模式

模块式定制是指将服装产品分解为各个相对独立的组成部分,即为模块,每个模块都有可替代的设计类型供消费者选择,由消费者选择的模块类型与原设计组合成整个服装产品系列。

合作型定制是指消费者直接参与服装产品的设计环节,与设计师进行语言沟通,将自己对服装的愿景充分地向设计师表达,设计师在消费者描述的基础上设计出服装新产品。 如淘宝网于 2011 年推出了一家被称为设计师平台的 D2C 旗舰店,这个旗舰店是通过设计稿 + 模特 T 台秀的方式进行新品团购预售。 设计师可以直接面向消费者,通过设计草图等相关设计产品阐述传达自己的设计理念,并直接聆听消费者的意向和需求;而另一端的消费者,一改以往被动接受库存商品的弱势,前所未有地尝试与大牌设计师互动。 消费者网络定制与工厂化生产互相渗透,取得了新商业模式的成功。

③ 服装产品最终定型、制作。 当消费者向设计师阐述自己对服装产品的

愿景之后,设计师整合消费者信息,分析服装新产品的开发方向,在原设计基础上进行新产品设计,追求个性化的同时保留基础消费者数量,并将定型样板交与生产商进行制作。

④ 服装产品网络销售。 服装新产品生产出后,营销者将其放到网络购物网站上进行销售。

⑤ 获取消费者反馈。 反馈是消费者间接参与设计的一个变相体现,消费者向生产商进行信息反馈,生产者通过反馈的信息整合,了解消费者诉求,从而改变服装新产品的设计方向,满足最广大消费者的利益,是一种双赢的营销方式。

6.3.1.3　服装改良产品开发模式

服装改良产品开发模式是指对已开发的服装产品进行诸如改版、增加新功能、删减等二次设计的开发模式。 开发过程简单,是将未达到预期销售目标的服装产品再次投入市场的一种有效手段。

① 服装产品重新定位。 生产者分析服装原产品未达到预期销售目标的原因,重新进行服装网络产品定位,以确保服装产品能够再次投入网络市场。 该环节可以借助消费者网络反馈,将该部分信息加以整合统计,生产者可以直观地了解消费者心中对服装原产品的不满,为产品重新定位提供客观依据。

② 服装产品二次设计、制作。 在服装原产品的基础上进行,按照生产者重新制定的产品方向进行二次设计制作。

③ 投入网络销售市场。 营销者非常重视该环节,由于前一次规模销售未能达到预期目标,给这一环节带来了无形的压力。

6.3.2　服装网络营销产品开发策略

营销者应该了解服装网络产品的开发策略,根据策略制定符合自身的开发模式,从而达到服装产品销售的预期目标。 由于服装网络产品流行周期短、服装信息全面开放、地域局限被弱化,所以其产品开发策略也与其他网络产品大不相同。

6.3.2.1　领先型开发策略

领先型开发策略又称为占领性开发策略,是指采用新原理、新技术、新结构、新材料,优先开发出全新服装产品,这种产品会以其新颖的功能、款式、结构特色先入为主,占领市场。 这类服装网络产品多以新型服装材料或服装新功能、新结构为开发方向。 采用这种策略,投资数额大,但作为网络营销,往往以其特有市场和价格优势获得高额的回报,这样的领先策略也能给商家开创一个新的市场方向。

6.3.2.2　模仿式开发策略

由于网络信息的快速传播以及服装产品信息的全面公开化,服装产品的设计方式变得透明化,进而使得很多企业并不投资独立研制新产品,而是当网络市场出现成功的服装新产品后,立即进行仿制并适当改进,消除网络市场中产品的最初缺陷而后来居上。

6.3.2.3　拓展式开发策略

服装生产者可以紧紧围绕服装网络产品进行全方位的拓展,开发出一系列类似的,但又各不相同的服装产品,形成不同类型、不同规格、不同档次的服装产品系列。 如夏季雪纺长裙能够延伸出相同风格的饰品、雪纺上衣、高跟鞋的需求等。 服装生产者针对消费者在购买某一服装产品时所产生的新的需求,推出特定的系列配套服装产品,可以加深服装网络产品组合的深度,为新产品的开发提供广阔的天地。

6.3.2.4　前瞻型开发策略

前瞻型开发策略又称为潮流式发展策略,该策略要求生产者具有预测服装消费潮流与趋向能力,还必须具有及时捕捉消费流行心理并能开发出新的流行性服装产品能力。 网络时代导致的信息爆炸,从根本上改变了顾客的消费心理,生产者根据顾客受流行心理的影响,模仿电影、戏剧、文艺等明星的流行生活特征,开发新的服装网络产品。 在消费者日益追求享受、张扬个性的消费经济时代,了解消费流行的周期性特点有利于生产者超前开发流行服装产品,取得超额利润。 如电影《杜拉拉升职记》上映于 2010 年 4 月,衣着简约、时尚、具有白领风范的徐静蕾一登场,便博得了许多女性影迷的关注。 于是,"杜拉拉"席卷网络服装市场,Lotto(乐途)服装品牌更是率先在官方网站上推出了"白领俏佳丽"系列服饰,并以杜拉拉为模特原型,配以电影中的经典语句,向消费者全方位展示简约时尚白领丽人服饰,并引领了当年服装网络产品的流行浪潮,也为公司创造了可观的销售业绩。

服装网络营销实例——埃沃定制的崛起

2006年何冠斌创办了埃沃环球定制服饰有限公司,首先选择进入服装电子商务领域。在我国还没有流行网络购物的时候,埃沃就成为我国市场上首批服饰电子商务公司,而且率先推出了服装定制业务。为了便于规模化生产,埃沃首先开始尝试将男装进行模块化区分,它将原本需要消费者填写的复杂的个人信息,也简化成了一些标准性的语言供消费者选择。在填写了有关尺寸、腰围等必要信息后,消费者只需要针对各个部分的不同款式,挑选自己喜欢的样式就可以完成这个前期定制过程,例如一件衬衫,埃沃将其分解成领口、袖子、版身、后摆等几个部分,再按照流行的样式在每个部分中推出不同的样式来供消费者选择。从定制一件产品开始,埃沃也会通过自己独创的IT系统追踪这个消费者。在生产的过程中,埃沃会及时地通过短信、电子邮件等方式通知消费者定制产品已经生产到什么程度了,大概还需要多少时间就可以拿到,让消费者进一步减轻等待的焦急。这种模块化设计,不仅为埃沃实现大规模生产提供了可能,而且在何冠斌看来,既为埃沃实现"标准化定制"提供了前提保证,也能满足目标消费者的需求。

"这些男性白领们既需要个性化元素,但又很难自己为自己设计服装。我们将服装进行模块化区分后,推出不同的设计让他们做选择题,简单地勾画几笔就可以得到一件属于你自己的衣服了。"在接收了消费者的定制信息后,供应商会通过网络平台把每季的原料类型发送给埃沃,埃沃则根据供应商提供的原料进行选择。在进行模块化生产的过程中,埃沃的IT系统会把每个部分具体的尺寸、规格和用料情况详细地提供给供应商。供应商在接到订单后,只需要按照订单采用相应的原材料就可以进行标准化的生产,而不需要进行二次修改,最终再按照计算机所储存的客户信息组合成相对应的成品。供应商的生产进度也可以通过这套系统及时地反馈给埃沃,如果在某一个环节上发生了问题,埃沃可以很快变换生产商,而不会拖延到服装生产的整个流程。

(资料来源:http://business.sohu.com/20100117/n269642561.shtml)

思考与练习

复习题

1. 服装网络营销产品的定义和包含的五个层次。

2. 实物产品、服务产品、信息产品的异同是什么?

3. 服装网络营销产品的特征是什么?

4. 服装网络营销服务信息策略的具体方式是什么？

5. 服装产品常规开发模式、个性化定制开发模式、改良产品开发模式的异同是什么？

讨论题

1. 讨论服装网络营销产品的发展趋势。

2. 讨论传统营销模式和网络营销模式中服装产品的异同点。

网络实践

1. 以淘宝网为例，上网搜集并归纳出网络热销服装产品的特点，加以对比整理。

2. 浏览天猫商城 D2C 旗舰店，分析设计师直接面向消费者的服装产品开发特点，预测其未来发展趋势。

第 7 章 | 服装网络营销价格策略

知识要点

1. 了解服装网络营销价格的特点、影响因素以及定价步骤；
2. 掌握以成本、需求、竞争为导向的定价方式，合理运用于实践当中；
3. 了解固定、动态以及免费定价策略的主要内容，懂得如何与传统营销产品定价取长补短进行整合。

价格是产品或服务的价值货币表现，从消费者的角度来看，价格是顾客为购买产品必须放弃的价值。 网络技术的发展促使了价格制定的变化。 对网络商家来说，价格策略的重点就是提供给顾客感到物有所值甚至物超所值的产品和服务。 在网络上，顾客认为一个产品价格合适与否，是通过比较其他价格和购买产品后能带来的利益得到的。

服装企业在为网上产品制定价格时除了考虑成本、需求和竞争因素外，还要结合企业的定价目标、采用的定价程序和选择合适的定价方法，为产品确定最终价格。 主要的定价方法有成本导向定价法、需求导向定价法和竞争导向定价法。

企业除了根据影响各种定价的因素，采用不同的定价方法外，还要根据网络市场情形，采取不同的价格策略，主要的网络价格策略表现在三个方面，即固定价格策略、动态价格策略、免费价格策略。

章首引例

凡客诚品凭借极具性价比的服装服饰和完善的客户体验，成为网民购买服装服饰的主要选择对象。 凡客诚品目前的价格可以说是一般人都能够穿得起，更何况它经常推出许多价格优惠活动。 比如凡客诚品曾推出的"68 元任选衬衫"活动，吸引了众多买家的眼球。 前段时间它又推出了"买 880 元衬衫送 1080 元的飞利浦三头电动剃须刀"的活动，更是受到了疯狂抢购。 凡客诚品一直都在实行低价策略，比如我们比较常见的"199 元四件衬衫"初体验，这对凡客诚品迅速扩大市场份额，占领市场是极为重要的，凡客诚品整体策略就是先以低价格、高品质迅速占领市场。 虽说以这样的价格推出，凡客诚品也是没有亏损的，但是以这样的价格在市场上推出，让利幅度确实很大。 凡客诚品这样做的目的是迅速扩充市场，先让消费者购买体验，这时你的数据已经进入了他们的数据库，凡客诚品再采取 QQ、邮件或者其他方式向你追加其他产品。 这就是凡客诚品的前期策略。 在现在愈演愈烈的网络营销竞争中，价格似乎成为了营销者和消费者共同关注的重要内容，凡客诚品的低价营销策略显然达到了它的目的，使得凡客诚品在网络销售中占有一席之地。

（资料来源：节选自《凡客诚品的营销组合策略分析》 刘佳佳）

7.1 服装网络营销定价概述

在经济学概念中，价格是指在进行交易时，买方所需要付出的代价或货币数量。 在市场经济环境下，价格的制定是受到买卖双方相互制约、相互协调的。在网络营销的市场环境中，服装价格定位需要考虑的因素复杂而多变。

7.1.1 服装网络营销定价的特点

价格一直是影响消费者购买产品的因素之一，也是营销者最为关注的问题。在网络营销模式中，网络虚拟店面节省了成本支出，全球信息开放化、及时性使得品牌企业、消费者和中间商对服装产品的价格信息都有比较充分的了解，消费者不再是被动地接受价格，销售市场也更倾向于消费者利益，因此网络营销定价与传统营销有很大的不同。

7.1.1.1 价格的地域针对性

服装网络营销市场面对的是开放的和全球化的市场，世界各地的消费者可以直接通过网站进行服装购买，而不用考虑网站是属于哪一个国家或者地区的。 这种目标市场从过去受地理位置限制的局部市场，一下拓展到范围广泛的全球性市场，这使得网络营销服装产品定价时必须考虑目标市场范围的变化给定价带来的影响。 如果服装网络营销产品的来源地和销售目的地与传统营销模式结构相似，则可以采用原来的定价方法。 当服装网络营销产品的来源地和销售目的地与原传统营销模式结构有很大差距时，产品定价就必须考虑这种地理位置差异带来的影响。

例如易趣网是一家面向中国买家的海外代购网，提供美国代购、英国代购、eBay 代购等众多海外国家的代购服务。 其中某店铺中的服装产品来自美国，倘若购买者也是位于美国地区，那产品定价可以按照原定价方法进行折扣定价，定价方式也比较简单。 但如若购买者是中国或者其他非美国地区的消费者，那么采用针对美国本土消费者的定价方法就很难应对全球化的网络市场，从而影响了网络市场全球性作用的发挥。 为解决这些问题，营销者一般采用针对性方法，准备在不同市场的国家建立地区性网站，以适应地区市场消费者需求的变化。 企业面对的是全球性网上市场，因此企业不能以统一市场策略来面对这差异性极大的全球性市场，必须采用统一性和针对性相结合原则进行。

7.1.1.2　价格的商定富有弹性

网络可以使消费者收集到某款服装产品的多个甚至全部商家的价格数据以做出购买决策，这就决定了服装网上销售的价格弹性很大。 消费者之所以喜欢通过网络购物的一个原因是在网络市场中，他们占有重要地位，并且消费者的利益得到最大化地提升，因此消费者在网络营销市场中占据了重要位置，消费者也可以主动控制服装网络产品的价位。 因此企业在制定网上销售价格时，应充分检查所有环节的价格构成，以做出最合理的定价策略。 企业必须以比较理性的方式拟定和改变价格策略，根据企业竞争环境的变化不断对产品的价格进行及时恰当的调整，而且企业在制定价格策略时要考虑消费者的价值观念，并根据每个消费者对服装产品和网络服务提供的不同要求，来制定相应的价格，如图 7-1 所示为凡客诚品某网店服装售价与市场价对比。

7.1.1.3　价格的趋低优势

服装网络营销的两端是服装企业与消费者，中间通过互联网相互连接，而不是传统的中间人，这样使得企业产品的销售成本降低，因此企业可以降低服装网

图 7-1　凡客诚品某网店服装售价与市场价对比

络产品的销售价格。 又由于因特网的开放性和及时性,网上服装产品及其价格一目了然,消费者可以掌握充分的信息,服装市场变得透明,消费者拥有极大的选择余地,可以就服装产品及价格进行充分的比较和选择,如图 7-2 所示,因而通过网络营销的服装产品价格比传统营销中产品的价格更具有竞争性。 同样的产

图 7-2　淘宝网店同一款服装产品不同价格对比

品,消费者肯定更倾向于选择价格相对较低的一方,这就迫使网络营销者以尽可能低的价格推出产品,增大对消费者的吸引力。 但价格的趋低不是盲目的低价,而是有一定战略和部署的,它与品牌战略同步。 所以服装网络营销品牌化的发展也是对货品控制以及价格控制有很大帮助,应避免商家打价格战,扰乱货品市场。

7.1.2 影响网络营销定价的因素

在网络营销中影响服装产品定价的因素是多方面的,如企业的定价目标、企业的生产效率、网络相关的政策法规、消费者的接受能力、竞争对手的定价水平、供求关系以及供求双方的议价能力等都是影响定价的重要因素。 市场营销理论认为,产品价格的上限取决于产品的市场需求水平,产品价格的下限取决于产品的成本费用,在最高价格和最低价格的范围内,企业能把产品价格定多高,则取决于竞争对手同种产品的价格水平、买卖双方的议价能力等因素。 可见,市场供求关系、市场竞争、成本费用、竞争对手产品的价格、交易方式等因素对网络营销中服装产品的定价都有着重要的影响。

7.1.2.1 需求因素

从需求方面看,网络市场需求规模以及消费者的消费心理、感受价值、收入水平、对价格的敏感程度、消费者的议价能力等都是影响企业对服装网络产品定价的主要因素。 经济学里因价格和收入变动而引起的需求的相应变动率称为需求弹性,需求弹性一般来说可以分为需求收入弹性、需求价格弹性、交叉价格弹性和顾客的议价能力等几类。

(1) 需求收入弹性

需求收入弹性是指因收入变动而引起的需求相应变动的敏感程度。 一般来说,高档服装、奢侈服饰品、相关服务产品多属于需求收入富有弹性的产品,而日常服装则一般表现为需求收入缺乏弹性。 网络营销是以网络用户为对象的。根据 CNNIC 的统计报告,我国网络用户中低收入网民仍然占据主体。 因此,网络营销定价中要考虑需求收入弹性的大小问题。

(2) 需求价格弹性

需求价格弹性是指因价格变动而引起的需求相应变动的敏感程度。 正因为价格会影响需求,所以企业产品定价的高低会影响企业产品的销售。 因此,在服装产品的网络营销活动中,价格策略的制定必须了解所定价服装产品的需求价格弹性的大小,即了解需求量对价格的敏感程度。

(3) 交叉价格弹性

交叉价格弹性指某种商品的供需量对其他相关替代商品价格变动的反应灵敏程度。 其弹性系数定义为供需量变动的百分比除以另外商品价格变动的百分比。 交叉弹性系数可以大于 0、等于 0 或小于 0,它表明两种商品之间分别呈替代、不相关或互补关系。 如果交叉价格弹性大于零,则商品 A 与 B 之间存在着相互替代的关系;如果交叉弹性小于零,则说明商品 A 和 B 之间存在着互补关系;如果交叉价格弹性的绝对值很小,接近于零,则说明商品 A 与 B 之间没有什么关系,互相独立。 因此,企业在对服装网络营销产品进行定价还要考虑互补品、替代品、条件品的价格水平高低。

(4) 顾客的议价能力

网络营销活动中,顾客有着较强的选择性与主动性,顾客的议价能力或者顾客价格谈判的能力对企业产品交易价格的形成有很大影响。 一般来说,顾客的议价能力是众多因素综合作用的结果。 这些因素主要有顾客购买量的大小、企业产品的性质、顾客趋向一体化的可能性、企业产品在顾客产品形成中的重要性、顾客寻找替代品的可能性等。

7.1.2.2 供给因素

从供给方面看,服装产品的生产成本、营销费用是影响企业定价的主要因素。 成本是产品价格的最低界限,也就是说,产品的价格必须能补偿产品生产、分销、促销过程中发生的所有支出,并且要有所赢利。 产品成本根据与产量(或销量)之间的关系来划分,可以分为固定成本和变动成本两类。 固定成本是指在一定限度内不随产量(或销量)变化而变化的成本部分;变动成本是指随着产量或销量增减而增减的成本。 二者之和为产品的总成本。 产品的最低定价应能收回产品的总成本。 对企业定价产生影响的成本费用主要有总固定成本、总变动成本、总成本、单位产品固定成本、单位产品变动成本、单位产品总成本等因素。

7.1.2.3 供求关系

从营销学的角度考虑,企业的定价策略是一门科学,也是一门艺术。 供求关系是影响网络服装交易价格形成的一个基本因素。 一般而言,当企业的服装产品在市场上处于供小于求的卖方市场条件时,企业可以实行高价策略;反之,当企业的服装产品在市场上处于供大于求的买方市场时,企业应该实行低价策略;当企业的服装产品在市场上处于供给等于需求的均衡市场时,交易价格的形成基本处于均衡价格处,因此,企业的定价不能过度偏离商品的供给量与需求量相等或商品的供给价格与需求价格相等时的价格。

7.1.2.4 竞争因素

虽然企业在现代经营活动中一般采用非价格竞争,即相对稳定的商品价格,以降低成本、提高质量、提供服务、加强销售和推广方式来增强竞争力,但是也不能完全忽视竞争对手的价格。 市场竞争也是影响价格制定的重要因素。 同样在网络营销中根据竞争的程度不同,服装产品定价策略会有所不同。 按照网络市场竞争程度,可以分为完全竞争、不完全竞争与完全垄断三种情况。

(1) 完全竞争

完全竞争也称自由竞争,它是一种理想化了的极端情况。 在完全竞争条件下,买者和卖者都大量存在,产品都是同质的,不存在质量与款式、面料材质上的差异,买卖双方能充分地获得市场情报。 在这种情况下,卖方不能根据买方需求而变动价格,买方也无法干涉产品价格的制定,双方只能在市场既定价格下从事生产和交易。

(2) 不完全竞争

它介于完全竞争与完全垄断之间,它是现实中存在的典型的市场竞争状况。不完全竞争条件下,最少有两个以上买者或卖者,少数买者或卖者对价格和交易数量起着较大的影响作用,买卖各方获得的市场信息是不充分的,它们的活动受到一定的限制,而且它们提供的同类服装产品有差异,因此,它们之间存在着一定程度的竞争。 在不完全竞争情况下,企业的定价策略有比较大的回旋余地,它既要考虑竞争对象的价格策略,也要考虑本企业定价策略对竞争态势的影响。

(3) 完全垄断

它是完全竞争的反面,是指一种商品的供应完全由独家控制,形成独占市场。 在完全垄断竞争情况下,交易的数量与价格由垄断者单方面决定。 完全垄断在现实中也很少见。

149

7.1.3 服装网络营销定价的步骤

当了解影响服装网络营销产品价格的因素之后，会发现价格的制定深深地影响着产品的销售结果，这也成为营销者关注的一个重要环节。价格是营销组合中产生收入的唯一要素，对于营销者来说，掌握服装网络营销定价的步骤至关重要，其过程如下。

7.1.3.1 确定网络营销定价目标

定价目标是指企业通过指定服装产品价格所要达到的目的，企业的定价目标不是单一的，而是一个多元化的结合体。不同的定价目标有着不同的含义和运用条件，企业可以由此制定产品价格。服装产品网络营销定价的目标主要包括：生存定价、获取当前最高利润定价、获取当前最高收入定价、销售增长最大量定价、最大市场占有率定价和最优异产品质量定价、企业的战略目标、产品的生产成本、产品的特性。企业必须清楚知道自己的价格策略所期望并能达到的目标。

7.1.3.2 估计销售总量

在通常情况下，产品的销售量会按照价格相反的方向变动。因此，服装企业在做网络营销时，应通过对相似服装产品数据的统计处理以及综合各类有经验者对新产品的判断意见，进行估算营销价格范围内产品的总销量，再通过盈亏分析，选择对销售最有力的营销价格。

7.1.3.3 估算产品成本

企业要想制定合理的网络营销价格，相关人员要对产品的成本进行评估。以确定企业的产品在市场中的相对地位，这是产品定价的最关键的步骤。产品成本是正常情况下产品定价的最低界限，产品成本的估算包括了对有形的耗费价值计算和无形的网络耗费预算以及产品的附加值预算。

7.1.3.4 预测市场反应

企业必须首先通过调研活动获取并分析消费者的需求，主要包括市场的总需求量，需求结构以及不同价格水平上人们可能购买的数量与需求价格弹性等。其次，分析市场中同类产品与替代品的价格及其策略，以对全行业有深刻的了解，为企业选择定价目标和定价方法提供参照。

7.1.3.5 确定最终价格

初步确定网络营销价格,然后将其拿到试验市场上征求消费者的意见,最后要综合地考虑政策法规的影响、产品策略的实施、销售计划的调控等有关情况,对产品的基本价格进行必要的调整,最终确定产品的网络营销价格。

服装网络营销实例 7.1——闪购热潮中的价格陷阱

在闪购网站上争分夺秒、眼明手快下单的时候,你是否想过,还有没有更便宜的选择?Gilt.com 是美国一家限时特卖网站,又称闪购网站,消费者可通过限时折扣来购买设计师品牌服装。 在 Gilt 上,一个 Kate Spade 的绿白条纹帆布包售价为 169 美元,另需 5.95 美元的运费。 而同一天,这个包在 Kate Spade 官网的售价为 130 美元且免运费,便宜了大约 45 美元。 在另一家闪购网站 HauteLook.com 上,一件 Decode 1.8 的海军风潮连衣裙售价 75 美元,运费为 7.95 美元,但在 Overstock.com 上,这件裙子只需 55.99 美元且免运费,为顾客省下 26.96 美元。 同为"闪购"网站,在 RueLaLa.com 上,Born 的皮质芭蕾平底鞋售价为 49.9 美元,运费为 9.95 美元。 一模一样的鞋子在 6pm.com 上却便宜足足 21 美元。

如表 7-1 所示,这是市场研究公司 Experian Hitwise 所做的统计,从表中的对比可以看出,闪购网站销售价格并不是最低的。

表 7-1 Experian Hitwis 统计货品售价及运费表

商 品	销售商	售价(美元)	运费(美元)
Kate Spade 的绿白条纹帆布包	Gilt	169	5.95
	KateSpade	130	0
Decode 1.8 的海军风潮连衣裙	HauteLook.com	75	7.95
	Overstock.com	55.99	0
Born 的皮质芭蕾平底鞋	RueLaLa.com	49.9	9.95
	6pm.com	38.85	0
Enzo Angiolini Sten 的靴子	HauteLook	85	7.95
	Piperlime	89	0
Cline 的新款手袋 bowler bag	Ideeli.com	920.99	9.95
	Bluefly.com	900	7.95

(资料来源:http://news.xinhuanet.com/fashion/2011-11/16/c_122291743.htm)

7.2 服装网络营销定价方法

7.2.1 服装网络营销成本导向定价法

企业经营的最终目的是赚取利润,因而在各企业制定价格时都要充分地考虑成本问题。 与传统营销一样,网络营销产品的价格也受到成本的影响。 由成本因素引出的定价方法有以下几个方面:

7.2.1.1 低价定价法

相关调查显示,消费者之所以选择上网购买服装,一方面是因为网上购物比较方便快捷,另一方面则是因为从网上购买的服装产品价格相对低廉。 低价定价策略是企业常见的一种定价策略,主要包括直接低价定价、折扣定价和促销定价三种方法。

直接低价定价法是指在服装网络产品定价时,营销者采用该产品的成本价格与一定利润(或零利润)的加和,即产品价格 = 成本 + 利润(或零利润)。 该方法所制定的价格比同类服装产品低,产生低价优势,满足消费者追求低价高质的心理需求。 折扣定价是指在服装网络产品的原价基础上进行折扣定价,即产品价格=产品原价×折扣率。 这种定价方式采用对比效应,将原价与折扣价格相对比,让顾客直接了解服装产品的降价幅度以促进顾客的购买。

促销定价指企业暂时地将服装网络产品定价低于目录价格(甚至低于成本)从而达到促进销售的目的,即产品价格<目录价格或成本,有时还为刺激消费者购买该服装网络产品而提供赠品或有奖销售等方式。

7.2.1.2 高价定价法

高价定价法是一种从一开始企业就对其产品定出高价投放市场的策略,其主要原因是为了保护品牌形象、需求大于供给、拥有垄断性控制权。 因为他们以一种全新的且较具高档奢侈的形象来吸引那些追求完美的高档顾客,在网络市场营销中这些顾客被称为"早期接受者"。 只要其服装产品能保持其定位,这种策略就具有可持续性。 而当其他更新的服饰新款出现时,该产品不再具有吸引力时,价格就逐渐下来了。

7.2.1.3 撇脂定价法

撇脂定价的意思是"从顶端撇去奶油",其定义为在产品生命周期的最初阶段,企业把新产品的价格定得远远高于成本,以攫取最大利润,有如从鲜奶中撇取奶油。 企业为那些具有独特优势的新产品定价时通常使用这种策略。 由于新产品较市场上其他产品有明显的优势,顾客愿意以高于市场平均水平的价格购买这种新产品,那么撇脂定价是最合适的定价方法。 撇脂定价法和高价定价法都是追求高的单价和高利润,但是使用高价定价法的产品多为高档次、高质量的服装产品,而使用撇脂定价法的产品则是一些领先市场、独特新奇的服装产品。与传统营销环境中的定义相同,网络环境中的撇脂定价也是指在产品或服务初上网络时,定以高价,从而在网络上撇取厚利润这层"奶油"。 成功的撇脂定价法能够使经营者在短期内迅速收回产品成本,并迅速获得盈利。 使用该定价方式的服装网络产品的销售对象主要是那些高收入阶层,产品在销售一段时间后,可以逐渐降低价格,以吸引更多顾客,渐渐扩大市场覆盖面。

这种定价方式可以在如下情况中使用:服装网络产品短期内几乎没有竞争的危险;由于产品具有独特性,所以价格需求缺乏弹性;不同的客户有不同的价格弹性,企业有足够的时间,尽量先让弹性小的客户充分购买,然后再向弹性大的客户推销;大规模生产之前,对产品需求的满足极为有限;行业政策要求尽快收回投入成本。

7.2.1.4 亏本销售定价法

亏本销售定价是指使某款服装网络产品或服务的价格低于成本,其主要目的是为了吸引客户购买本企业的其他产品。 在以下情况可采用:营销者希望能造成抢购风潮;库存清货;与亏本销售产品相配套的产品可高价售出,以收回利润。例如,淘宝购物网站有一家专门销售服装和饰品的网店,每逢节假日都要举办"一元拍卖活动",所有拍卖的服装饰品均以一元起价,报价每次增加五元,直至最后定夺。 这种拍卖活动由于基价定得过低,最后的成交价就比市场价低得多,因此会使人们产生一种"卖得越多,赔的越多"的感觉。 岂不知,该店铺以低廉的拍卖品活跃自家网店的气氛,增大客流量,带动了整个店铺的销售额上升。

7.2.1.5 等价定价法

在网上销售数量不是很大的情况下,网络零售企业为了尝试网上营销的经验,可以采取等价法,即在网上销售的商品价格与在传统商店中的商品价格相等,例如北京西单商场的网上购物服务就采取了等价法。

7.2.1.6　成本加成定价法

成本加成定价是指是以全部成本作为定价基础。 首先要估计单位产品的变动成本,然后再估计固定费用,并按照预期产量把固定费用分摊到单位产品上去,加上单位变动成本,求出全部成本,最后在全部成本上加上按目标利润率计算的利润额,即得出价格。

这种定价方式的计算方法简便易行,资料容易取得。 根据成本加成定价,能够保证企业所耗费的全部成本得到补偿,在正常情况下能获得一定的利润,并且还有利于保持价格的稳定。 当消费者需求量增大时,按此方法定价,产品价格不会提高,而固定的加成,也使企业获得较稳定的利润。 同行业的各企业如果都采用成本加成定价,只要加成比例接近,所制定的价格也将接近,可以减少或避免价格竞争。

7.2.2　服装网络营销需求导向定价法

需求导向定价法是指企业在定价时不再以成本为基础,而是以消费者对产品价值的理解和需求强度为依据。 服装产品的价格高低水平是否合理,最终取决于消费者和用户。 在网络营销中,需求导向定价法具体有以下几种:

7.2.2.1　特有产品定价法

这种定价法需要根据服装产品在网上的需求来确定产品的价格。 当某种产品有它很特殊的需求时,不用更多地考虑其他竞争者,只要去制定自己最满意的价格就可以。 这种策略往往分为两种类型,一种是创意独特的新款式服装,它利用网络沟通的广泛性、便利性,满足了那些品味独特、有特殊要求的客户的消费心理。 另一种是限量版的服饰产品,如英国的 20ltd. com 就是这样一家奢侈品网店。 这家网站在任何时刻都只有 20 件不同种类的商品在线销售,均是限量版,一旦售完就不再补货。 物以稀为贵,其价位也非常高。

7.2.2.2　满意定价法

满意定价法是指服装网络产品销售以稳定价格和预期销售额的稳定增长为目标,力求将价格定在一个适中水平上,所以也称为稳定价格策略。 在新产品上市之初,营销商通常习惯采用这种买卖双方都有利的温和定价方式。 满意定价既可避免撇脂定价策略因价高而具有的市场风险,又可避免渗透定价策略因价低带来的困难,因而既有利于企业自身的利益,又有利于消费者。 它适用于那些产销比较稳定的服装产品。

7.2.2.3 需求弹性定价法

需求弹性定价是利用已知的或已感觉到的客户或细分网络对价格的敏感度,来确定价格的高低。 在以下情况可采用:服装产品网络销售量较大,可能将表现为较低的价格;服装产品销售量较小或销量削减,网络可能表现为较高的价格。如果对产品或服务做大量的促销工作,客户可能会乐意对这种服装支付高价。

7.2.2.4 个性化定价法

消费者往往对服装产品外观、颜色、样式等方面有具体的内在个性化需求,个性化定价方式就是利用网络互动性和消费者的需求特征,来确定服装网络价格。 网络的互动性能即时了解消费者的需求,使个性化营销成为可能,也将使个性化定价策略成为网络营销的一个重要策略。

7.2.2.5 客户主导定价法

客户主导定价法是指以满足客户的需求为主要方式,客户先通过网络中共享的产品信息和市场信息来选择购买或者定制生产自己满意的服装产品,服装产品价格制定的主动权在客户这一方,企业通过客户意见调查和客户产品的选择,以低价格促成客户的购买行为。 客户主导定价是一种双赢的发展策略,既能更好满足客户的需求,同时企业的收益又不受到影响。

7.2.2.6 产品循环周期定价法

每一种服装产品无论是在传统市场上还是在网络市场上都会经历介绍、成长、成熟和衰退四个阶段,产品的价格在各个阶段通常要有相应变动。 网上进行销售的服装产品可以参照经济学中关于服装产品价格的基本规律进行定价。

7.2.3 服装网络营销竞争导向定价法

竞争导向定价法是指企业通过研究竞争对手的价格、生产条件、服务状况等,以竞争对手的价值和市场的价格进行定价。 在如今大多数行业都充满了竞争,尤其是服装行业,在网络营销中服装市场的发展更快,因此在制定价格时,企

155

业不得不考虑竞争者的存在，需要了解竞争者的价格策略以及它们如何对价格变化做出反应。因此这种定价法的特点是价格与主要竞争者价格相同，竞争者价格不变动，即使本企业产品成本需求发生变动，价格也保持稳定。竞争导向定价具体有以下几种方法。

7.2.3.1　竞争定价法

通过客户跟踪系统经常关注客户需求，时刻注意潜在客户需求变化，才能保持网站的服装产品向客户需要的方向发展。在大多数购物网站上，企业经常将服务体系和价格等信息公开，这就为了解竞争对手的价格策略提供了方便。可以随时掌握竞争者的价格变动，调整自己的竞争策略，时刻保持同类产品的相对价格优势。

7.2.3.2　先发制人定价法

先发制人定价法是指为了阻止竞争者进入而采用的一种定价方法。它作为企业的一种早期防线，可以保护企业产品的优势地位。在以下情况可采用：想要确立本企业强大的网络地位，并阻止竞争者的进入；通过价格、产品或服务和促销来满足网络需要，从而赢得品牌信誉。

7.2.3.3　淘汰定价法

淘汰定价法是指当产品已不再流行，将要被淘汰的时候，对它们定以高价，此时，继续保持产品的可用性，通过高价保持销售利润。在以下情况可采用：产品目前还在使用，但从长期来看，需求将下降；客户能比较容易地得到此类产品；必须对产品进行削减，以便于加强管理。

7.2.3.4　跟随定价法

跟随定价法就是以跟随服装行业的领导者来为产品定价。此时企业必须注意竞争价格的变化。在以下情况可采用：本品牌较小或属于小众服装，而经营此类的服装又由少数享有较高网络占有率的竞争者所控制；行业价格领导者要对不正常的高价或低价采取严厉的制止行动；本企业的产品与其他企业没有多大差别。

7.2.3.5　声誉定价法

企业的声誉成为网络营销发展初期影响价格的重要因素。消费者对网上购物和订货往往会存在着许多疑虑，如在网上所订购的服装产品，质量能否得到保证，货物能否及时送到等。 如果网上商店的店号在消费者心中享有声望，则它出售的网络商品价格可比一般商店高些。 反之，价格则低一些。

日本东京银座美佳西服官方网店为了销售自己的服装产品而采用了一种折扣销售方法，颇获成功。 具体方法是先在网上多个购物网站发送广告，介绍某服装产品品质性能等一般情况，再宣布打折扣的销售天数及具体日期，最后说明打折方法：第一天打九折，第二天打八折，第三四天打七折，第五六天打六折，以此类推，到第十五、十六天打一折，这个销售方法的实践结果是第一二天顾客不多，来者多半是探听虚实和看热闹的，第三四天人渐渐多起来，第五六天打六折时，顾客像洪水般地打开官方购物网站争购。 以后连日爆满，没到一折售货日期，商品早已售缺。 该营销者准确地抓住顾客购买心理，有效地运用折扣售货方法销售。 人们当然希望买质量好又便宜的货，最好能买到二折、一折价格出售的货，但是有谁能保证你想买时还有货呢？ 于是出现了头几天顾客犹豫，中间几天抢购，最后几天买不着者惋惜的情景。

（资料来源：www. wenku. baidu. com；http：//mall. cnki. net/magazine/Article/KJJT200505014. htm)

7.3 服装网络营销定价策略

服装企业定价受到多种因素的影响。 企业在制定价格策略时，要根据市场环境、产品特征、交易条件和消费者心理等因素。 在网络环境下，企业可以采取的定价策略主要表现在三个方面：第一种是由营销者制定服装产品的统一价格而消费者被动接受的策略，称为固定定价策略；第二种则是营销者针对不同的消费者采取不同的服装产品定价的策略，称为动态定价策略；最后一种是营销者将服装产品和服务以零价格形式提供给顾客使用，满足顾客的需求，从而达到占领市场，最终获得盈利目的的策略，称为免费定价策略。

7.3.1 服装网络营销固定价格策略

固定定价是指由企业制定商品的价格，消费者只能被动接受。 这种策略价格固定,对每位消费者商品售价都相同,是大部分企业采取的定价模式。 具体而言,又可分为以下几种。

7.3.1.1 品牌定价策略

一般而言,网上的服装价格透明度高,价格一般来说要低。 不过也有部分商品的价格要高于传统方式。 这主要应用于一些独特的服装类型和对价格不敏感的服装类型。 当顾客购买并消费的时候,他们往往产生有身份的感觉。 这种感觉体现了该顾客对品牌产品的认同,对品牌的认同使得消费者不再对价格敏感,从而使品牌企业能够以相对高价格的方式销售产品,因此品牌定价也称高价定价。 然而,服装产品本身就是一种科技含量不高的产品,容易被仿造,一种新的设计款式出来并没有相关的法律保护其专利,在网络市场环境中更是如此,故服装网络产品的品牌定价和一般网络新产品的撇脂定价法不同。 其高价定价是为了维持产品形象,而不是急于赚取利润。

7.3.1.2 廉价定位策略

廉价定位指企业以最低价占领市场,通过该产品与同类型产品的价格比较,以较低价格打开网络销路、占领市场。 但这种定价在网络营销中获利较少,需较长的投资回收期。 但当服装产品打开市场以后,就可以通过逐渐提高价格来提高获利能力,在市场上具有较强竞争力的服装可以采用这个策略。

廉价定位的方法有:第一,面向人数众多的低收入消费者,价格便宜。 因价格较低,服装的品质标准相应也低,但低质不是劣质,而是符合消费者需要的合格产品;第二,相对于商品品质和服务水平处于较廉价的价格位置,主要有优质中价、优质低价、中质低价定位。 优质中价定位,指企业提供高质产品和优质服务,价格却定在中等水平上,使消费者"用中等价格的费用,获得高等品质的满足",从而增加市场份额。 优质低价定位,指产品品质是优等的,而价格定在较低水平,向消费者提供更多的利益,使其"用较低价格的费用,获得优等品质的满足"。 中质低价定位,指企业提供的产品和服务符合一般标准,价格定在较低水平上,向消费者提供更多的利益,使其"用较低价格的费用,获得品质信得过的产品和服务。"这种定位主要针对的是既重价格又重质量的顾客群。

7.3.1.3 不定位的变价策略

大多数的季节性流行服装都是采用这一定价策略,它的特点是在不同的时间内采用不同的价格：在服装流行初期，以高价赚取高额的利润；在流行的末期则以低价售出剩余商品，以回收资金取得最后的利润。

7.3.2　服装网络营销动态定价策略

动态定价是指针对不同的消费者采取不同的价格。这种定价策略有助于优化库存管理，根据不同类型的消费者进行市场细分。它包括以下几种。

7.3.2.1　定制定价策略

定制定价策略是在企业能实行定制生产的基础上，利用网络技术和辅助设计软件，帮助消费者选择配置或者自行设计能满足自己需求的个性化服装产品，同时承担自己愿意付出的价格成本。按照定制定价策略，企业根据既定的规则对一群客户，甚至单个的消费者进行差别定价。

定制定价策略是利用网络互动的特征，根据消费者的具体要求，来确定价格的一种策略。这种定价策略一方面使消费者相应地选择了自己认为价格合适的服装，对服装价格有比较透明的认识，另一方面也增加了企业在消费者面前的信用。但这种定价方式还处于发展阶段，消费者只能在有限的范围内进行挑选，还不能完全要求企业满足自己所有的个性化需求。

7.3.2.2　差别定价策略

差别定价策略是指对不同的市场和用户采用不同的定价策略。这种策略是根据消费者以往的购买经历以及对该企业的忠诚度来定价的。由于网络营销的过程是一个互动的过程，数据库和客户关系管理系统能准确记录用户的购买历史，并能准确判断客户的忠诚度，因此能够根据企业的营销策略对每一个用户给出不同的折扣，这种策略目的是给企业的忠诚用户最大的优惠以鼓励他们，吸引其他用户成为企业的忠诚用户。采取这种定价策略必须具备三个条件：首先，市场可以细分，并且根据细分市场进行的差异定价带来的收益增加大于因市场细分产生的成本；其次，企业必须保证差别定价策略符合法律规定和行业规则；最后，企业必须保证当消费者知道他所购买的商品与别人价格不同时，不会对企业感到失望。

7.3.2.3　拍卖定价策略

网上拍卖是目前发展比较快的领域。经济学家认为，市场要想形成最合理价格，拍卖竞价是最合理的方式。 根据国外拍卖网站 eBay 的分析统计，在网上拍卖定价产品，只有 20％产品拍卖价格低于卖者的预期价格，50％产品拍卖价格略高于卖者的预期价格，剩下 30％产品拍卖价格与卖者预期价格相吻合，在所有拍卖成交产品中有 95％的产品成交价格卖主比较满意。 网上拍卖由消费者通过互联网轮流公开竞价，在规定时间内由出价高者赢得。 拍卖定价主要有以下几种方式。

（1）竞价拍卖

电子商务模式中包括 B2C、 B2B，当然，最大量的是 C2C 的交易，包括二手服装、限量服装，或具有纪念价值的服装如明星穿过的表演服，以拍卖方式进行出售。

（2）竞价拍买

竞价拍买是竞价拍卖的反向过程。 消费者提出一个价格范围，求购某一服装，由商家出价。 出价可以是公开的或隐蔽的，消费者将与出价最低或最接近的商家成交。

（3）集体议价

在互联网出现以前，这一种方式在国外主要是多个服装零售商结合起来，向批发商（或生产商）以数量换价格的方式。

个体消费者是目前服装拍卖市场的主体，采用拍卖竞价不是企业首要选择的定价方法，因为拍卖竞价可能会破坏企业原有的营销渠道和价格策略。 采用网上拍卖竞价的服装产品，比较合适的是企业的一些库存积压服装产品，也可以是企业的一些新服装，通过拍卖展示起到促销作用，许多公司将产品以低廉价格在网上拍卖，以吸引消费者的关注。

7.3.3　服装网络营销免费定价策略

免费价格策略是服装市场中的一种新营销策略，一般是短期或临时性的，主要是运用在促销和推广产品上。 现在许多服装网站使用免费价格策略，将服装产品和服务以零价格形式提供给顾客使用，满足顾客的需求，达到占领市场，最终获得盈利的目的。

网络产品采用免费价格有这样几类形式：一类是产品或服务完全免费，即产品或服务从购买、使用和售后服务所有环节都实行免费服务。 例如许多报刊网上浏览是完全免费使用的，网站提供完全免费的产品，并不能直接从用户身上获得收入，但可以通过免费产品来吸引用户浏览网站，增加网站人气和知名度，建立企业品牌形象；另一类对产品和服务实行限制免费，即产品的全部功能可以被使用，但用户会受到一定的限制。这种限制主要有两种形式：一种是使用时间限制，就是说用户只能在一段时间期限内免费使用这种产品，超过期限之后，用户必须付费才可以继续使用该产品；另一种是使用次数限制，用户只能使用一定次数的免费产品，超过次数之后，用户同样需要付费使用。这种免费形式的好处是，用户可以通过免费试用产品和服务，满意则付钱购买，不满意则不进行购买，让用户有选择余地。《美国在线》杂志主编凯文·凯利说："现在很少的软件厂商不把其产品以某种试用版的形式投放到免费经济中来。"而对于企业来说，也不必担心用户在超过使用期限或次数后又多次重复下载产品，因为只有极少数用户会为了节省并不贵的产品购买成本而去付出巨大的精力和时间成本；第三类是对产品或服务实行部分免费，例如有些网上杂志，只允许看其目录及个别文章，其它内容需付款后才能浏览；第四类是对产品和服务实行捆绑式免费，即购买某产品或服务时赠送其他产品和服务。例如在网上购买某商品，免费邮寄服务。

免费策略在服装网络销售中运用也有它的市场风险性。几乎所有的网店提供免费产品都出于两个动机：一是笼络更多的固定消费者；二是发掘后续的商业价值。然而，免费战略仅仅是整个服装营销战略的开始，是短暂的、临时的。它对于促销和推广新产品有很大的促进作用。但完全依靠公司独创的免费产品或赠送的物品获取暂时的竞争优势还不能马上转化为利润，因而免费战略存在一定的风险。所以，对于网络企业来说，为用户提供免费服务只是其商业计划的开始，商业利润还在后面。但是，并不是每个网店都能顺利获得利润，对于这些实行免费策略的企业来说必须面对承担很大风险的可能。

因此要想免费价格策略取得成功，要和商业运作模式相吻合。互联网上通过免费策略已经获得成功的公司都有一个特点，就是提供的产品或服务受到市场的极大欢迎。要选择合适的推出时机：在互联网上推出免费产品是为抢占市场，如果市场已经被占领或者已经比较成熟，则要审视推出的产品或服务的竞争能力，要精心策划和推广。因此在面对服装网络市场时，在使用免费价格策略前要先考虑产品或服务是否适合，要吸引客户关注免费产品或服务，应当与推广其他产品一样有严密的营销策划。

思考与练习

复习题

1. 通过网络销售的服装产品制定价格的特点是什么？请举例说明。

2. 影响服装网络营销定价的因素是多方面的，请阐述需求因素与竞争因素的主要内涵。

3. 简述服装网络营销制定价格的一般步骤。

4. 服装网络营销成本导向定价法包含哪些具体方法？这些方法之间有何异同？

讨论题

1. 讨论拍卖定价策略的利与弊。

2. 讨论网络定价策略和促销策略的异同及两者的联系。

网络实践

1. 调查不同城市、不同收入的人群在网上购买服装产品时，所能接受的价格范围，并制作一份调查报告。

2. 对某一女装品牌的实体店进行调研，获取一些产品的价格，然后通过网络店铺查询价格，最后进行分析总结。

第8章 | 服装网络营销渠道策略

知识要点

1. 理解服装网络营销渠道的结构变化、功能和特点；
2. 掌握服装网络营销渠道的类型——网上直接销售和网上间接销售；
3. 掌握服装网络营销渠道的选择及其管理方法；
4. 理解网上订货系统的设计原则、购物车技术及订货信息管理；
5. 掌握服装企业进行网络营销时的物流选择方法。

章首引例

"笨女孩"品牌服饰是广州一家专业从事女性服饰设计、生产和营销的中型企业。 公司起初主要从事中低价位针织服装生产与销售，批发单价非常便宜，单件批发价格在 30 元上下，零售价在 50～100 元之间。 经过多年的耕耘，"笨女孩"品牌也有了自己稳定的批发商。 这些批发商除了向传统渠道批发"笨女孩"服装以外，也向网店做批发。 毫无疑问网上业务是未来增长最快的部分。对"笨女孩"来说，怎样规划网上业务呢？ 是继续使用"笨女孩"品牌，还是重新创立新的品牌？ 如果把"笨女孩"放到网上用比较有优势的价格销售，必然打破原有的渠道平衡，引起原有批发商的反弹，甚至可能出现新市场还没有建立起来，旧市场被破坏的结局。 经过反复论证，"笨女孩"放弃了原有的低端品牌，重新创立专业服务白领的高端品牌在网上销售。 这是一个正确的做法，"笨女孩"其实很聪明。

8.1 服装网络营销渠道概述

在当今社会经济活动中,绝大多数服装企业都要通过批发商、代理商及零售商等渠道成员来构成流通通道,把服装转移到最终消费者手中。 相比较传统市场营销渠道,网络营销渠道在结构和渠道长度等方面有了大的变化,但营销渠道所应具有的功能上没有发生明显变化。 因此,服装企业在开展网络营销时依然要关注营销渠道的分析与研究。 分析、研究分销渠道中的各类成员,科学地进行分销渠道决策,这样不仅能加快产品流转,提高流通效率,降低流通费用,方便消费者购买,而且有利于取得整体市场营销上的成功。

8.1.1 服装网络营销渠道的结构变化

根据市场营销渠道理论,商品在流通环节中每经过一个直接或间接转移产品所有权的中间机构称为一个中间层次(如批发商、代理商等)。 根据有无中间层次把市场营销渠道分为直接营销渠道和间接营销渠道。 直接营销渠道就是生产者直接把商品销售给客户,这种渠道也称为零级渠道。 而间接营销渠道是指在生产者与最终商品使用者之间存在一个或多个中间层次,可以根据这些中间层次的多少,分别称为 1 级渠道、2 级渠道、3 级渠道等。 在传统服装营销中,间接营销渠道占有主导地位,其营销渠道结构如图 8-1 所示。

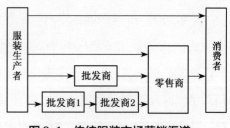

图 8-1　传统服装市场营销渠道

在传统服装营销渠道中,营销中间商凭借其业务往来关系、经验和专业化的规模经营,提供给服装公司的利润通常高于自营商店所能获取的利润,因此中间商在传统服装营销渠道中占有重要地位。 随着互联网的发展和商业应用的不断深入,传统服装营销中间商所具有的优势逐渐被互联网所取代,同时,互联网高效率的信息交换,改变着过去传统营销渠道的诸多环节,将错综复杂的关系简化为单一的关系。 互联网的发展改变了营销渠道的结构,其结构如图 8-2 所示。

图 8-2　服装网络营销渠道

对于直接营销渠道来说,无论是在网络营销还是传统营销中都没有中间商存在,都是零级渠道。而对于间接分销渠道而言,不像传统市场营销渠道需要多个中间层次,网络间接渠道只需要一个中间环节,即只有一个产品交易中心(商务中心)来沟通买卖双方的信息。如雅戈尔和李宁等著名服装企业都开设了网上商店,实现网上直销。

8.1.2　服装网络营销渠道的特点

基于互联网的服装网络营销渠道与传统服装营销渠道相比较,在模式和成本等方面都有较大的发展,在网络营销的情况下,服装企业可以更多地选择直销方式。

8.1.2.1　提供了双向的信息交流方式

基于网络的营销渠道提供了双向的信息交流方式,实现了生产者和消费者之间方便、快捷的沟通。服装生产者可以利用网络销售平台,向用户发布企业的概况和服装的种类、规格、型号、价格、款式图片等信息,开展各种营销活动。网络突破了时空的限制,在任何时间为任何地点的潜在消费者和客户提供针对性更强的信息和相关的产品资料,帮助消费者进行购买决策。对消费者来说,可以通过网络发表自己对产品的意见和购买愿望,通过在线订货系统,消费者可以实现在线服装订购或定制,如报喜鸟的网上衬衫定制。这种双向的交流方式,使服装企业能够及时统计产品需求量和客户资料,以便在较短的时间内根据消费者的个性化需求进行生产、进货,有效地控制库存。

8.1.2.2　降低渠道成本

服装企业在利用传统的直接分销渠道即直销方式销售商品时,无论是采用有店铺直销还是无店铺直销,都需要支付高额的员工工资、日常管理费用、相关商品流通成本,间接分销渠道还会发生大量中介商流通费用。而在网络营销渠道中,运用功能强大的互联网,可以有效地减少人员、场地等费用。通过网络的直接分销渠道销售产品,网络管理员可以代替大量的推销人员,直接从互联网上接收来自世界各地的订单,然后直接把产品发送给购买者,例如曾经的服装网上直销传奇 PPG 公司。

此外,企业在传统市场营销时还要通过电视、电台、报刊等传统媒体做大量的广告宣传,每年的广告投入也相当可观。 互联网作为广告媒体进行网上促销活动可以有效降低广告成本。 我国服装界网上直销的开拓者——PPG 公司的成功主要源自广告效应,但是在平面广告上投入过高的费用,这也成为其最后倒闭的原因之一。 后来的凡客诚品吸取了这个经验教训,大量采用网络广告,以较少的投入取得到了较好的回报。

8.1.2.3　提高商品周转率,加快资金流转速度

消费者可以在网上直接挑选和购买自己需要的服装,利用安全快捷的在线支付手段直接进行结算,取得所购服装的所有权,这比传统渠道更加快捷方便。 网络渠道的在线支付功能也加快了资金流通的速度,使渠道的流通效率有了明显提高。

8.1.2.4　有利于建立良好的客户关系

营销进入关系营销时代后,建立并管理企业与顾客间的良好关系成为营销的核心。 营销不再是单向的,而是双向的。 营销渠道不仅是通过成员间的合作完成一次交易,而是要深度合作,即与顾客沟通交流,建立良好的客户关系。 信息技术为渠道成员间的紧密联系与深度合作提供了可靠的工具,并有利于充分挖掘渠道和及时传递顾客信息。

8.1.3　服装网络营销渠道的功能

与传统营销渠道一样,以互联网作为支撑的网络营销渠道也应具备传统营销渠道的功能。 营销渠道是指与提供产品或服务以供使用或消费这一过程有关的一整套相互依存的机构,涉及信息沟通、资金转移和实物转移等。 一个完善的网上销售渠道应有三大功能:订货功能、结算功能和配送功能。

(1) 订货功能

订货功能通过订货系统完成,订货系统是厂家为消费者提供产品信息,同时方便企业获取消费者的需求信息,达到供求平衡。 一个完善的订货系统,可以最大限度降低库存,减少销售费用。

(2) 结算功能

传统交易中个人购物时的支付手段主要是现金,即一手交钱一手交货的交易方式。 双方在交易过程中可以面对面地进行沟通和完成交易。 而网上的交易是在网上完成的,交易时交货和付款在空间和时间上是分离的,消费者购买时一

般必须先付款后送货,付款时可以用网上支付系统完成网上支付,目前国外流行的方式有信用卡、电子货币、网上划款等。 目前,在我国除了有网上在线支付外,还存在汇款及货到付款等传统方式。

(3) 配送功能

对于服装配送,有些较大的服装企业有自己专业的物流公司。 而大多数的服装配送都依赖于各类快递公司,如圆通、中通、申通、顺丰、韵达等,对于快递送不到的地方则只能依赖于邮政系统。 消费者购买服装后,可以在物流详情页面中查看物流信息,了解服装的配送情况。

8.2 服装网上直接销售与间接销售

服装网上直接销售就是服装企业通过互联网实现从生产者到消费(使用)者的网络直接营销渠道,传统中间商从销售环节的中间力量变成为直销渠道提供服务的中介机构,如提供货物运输配送服务的专业配送公司。 服装网络间接销售是指企业通过融入了互联网技术后的中间商机构把服装销售给最终用户。

8.2.1 服装网上直接销售

相比较邮寄、电话、电视等传统直销方式来说,互联网具有成本低、信息交互快、范围广等优点。 通过网上直销企业可以宣传和推广自己,可以提高产品的销售量,同时也可以通过网上商店与消费者进行沟通,及时掌握市场动态,为设计和开发适应市场的服装产品提供信息帮助。 我国的一些知名服装企业如雅戈尔和报喜鸟就建立了自己的电子商务网站销售服装。

8.2.1.1 网上直销的模式

对于服装生产企业可以通过两种方式来进行网上直销。 第一种可以看成是传统专卖店在网络上的延伸,简单地讲就是把自己的品牌服装放在网上店铺销售,如李宁公司的网上直销。 当然这不是简单的变换,完整的电子商务还应该包括网络营销、品牌运营、线上推广、物流配送等一系列的内容。 另一种就是重新为网上直销创立一个新的品牌,如报喜鸟创立的 BONO(www.bono.com.cn),

如图 8-3 所示是其电子商务网站的首页。

图 8-3　报喜鸟网上直销品牌

8.2.1.2　销售平台的选择

服装企业进行网上直销时需要有一个网络平台，目前主要有两种建设直销平台的方式。一种是制造商自己建设自己的网络平台，如服装企业在互联网上建立自己的电子商务网站，申请域名、制作主页和销售网页，由网络管理员处理产品的销售事务；另一种为新型网络中间商，他们不直接经销商品，而只是搭建一个网络平台，供各类企业包括服装企业进行信息发布，进而直接销售产品。目前许多企业都利用自己的网站进行企业宣传，而利用网络中间商进行网络直销。网络直销不仅为企业打开了一个面向全球的市场窗口，而且为中小企业提供了一个与大企业平等竞争的机会。

8.2.1.3　网上直销的优点和存在的问题

网络直销的优点是多方面的，具体表现在以下几点。

① 企业可以直接从网上搜集到真实的第一手市场信息，合理地、有针对性地安排生产。

② 由于网络直销降低了企业的营销成本，企业能够以较低的价格销售自己

的产品,消费者也能够买到低于传统市场价格的产品。

③ 营销人员可利用网络工具,如电子邮件、公告牌等,随时了解用户的愿望和需要,并据此开展各种形式的促销活动,迅速扩大产品的市场占有率。

④ 企业能通过网络及时了解到用户对产品的意见和建议,并针对这些意见和建议提供技术服务,解决疑难问题,提高产品质量,改善经营管理。 而且,通过这种一对一的销售模式,企业可以与消费者在心理上建立良好的关系。

网络直销实现的购买和交易的信息过程,是与其实物流程分离的。 这个信息过程包含着大量反映交易双方信用能力的信息及市场机制下的商业规则信息的认同,而其实物流程则是以产品质量、便捷高效的运输服务体系为保证,因此网络直销的运作需要有成熟的市场机制、信用服务体系、物流配送体系为基础。 从网络直销的低成本优势看,由于大多数国内客户对价格十分敏感,因此一般能够接受这一方式。 但目前网络直销在我国的发展还受到市场运作机制、服务体系、企业及个人的信用水平及能力、金融服务手段、网络环境以及消费观念等众多因素的制约。 随着这些制约因素的克服或消除,网络直销在我国必将得到广泛的应用。

当然,网络直销也有其自身的不足。 由于越来越多的企业在 Internet 上建立网站,面对数以万计的企业站点,网上用户往往处于一种无所适从的境地。 访问者不可能一个个去访问所有企业的主页。 特别是对于一些不知名的中小企业,大部分网上漫游者不愿意在此浪费时间,或只是在路过时看一眼。 要克服这种不足,必须从两方面入手:一方面需尽快组建具有高水平的专门服务于商务活动的信息服务网站;另一方面则应借助网络中间商平台来改善现状。

8.2.2 服装网上间接销售

服装网上间接销售的主要表现形式为零售商网络平台,在这个平台上销售各类商品包括服装商品,如京东商城(www. 360buy. com)、当当网(www. dangdang. com)、麦考林(www. m18. com)等。

8.2.2.1 网络中间商的作用

尽管网上购物体现的主要是自我意识的实现,但是网络中间商仍然扮演着重要的角色。 网络中间商是连接生产者和消费者的桥梁,帮助消费者进行购买决策和满足需求,帮助生产者掌握产品销售状况,降低生产者为达成与消费者交易

169

所产生的成本费用。

8.2.2.2 网络中间商与传统中间商的区别

网络中间商与传统的中间商存在着三个方面的区别。

(1) 存在的前提不同

传统中间商的存在可以减少生产者和消费者为达成交易所花费的成本,而网络中间商是传统直销的补充和替代,是中间商职能和功效在新领域的发展和延伸。

(2) 交易主体不同

传统中间商一般只对客户,很少直接面对顾客(散户)。它们的活动一般针对大宗的市场用户,并参与交易活动,是销售链条上的一个环节。网络中间商作为一个独立主体存在,它不直接参与生产者和消费者的交易活动,但它提供媒体和场所,同时为消费者提供大量的产品和服务信息,为生产者传递产品(服务)信息和需求信息。

(3) 交易内容不同

传统中间商参与交易活动,需要承担物质、信息、资金等交换活动。而网络中间商作为一种交易媒体,它主要提供的是信息交换场所,因此交易中的信息交换与实体交换是分离的。

现今大多数企业同时使用网上直接营销渠道和网上间接营销渠道,以达到销售量最大的目的。特别在我国买方市场日趋激烈的市场环境下,要应对势头强劲的国外厂商的竞争,采用网上直销与网上间接销售同时进行市场渗透,是一种明智的选择。随着信息经济和网络技术的发展,越来越多的服装企业积极尝试利用网上间接营销渠道销售自己的服装产品,通过中介商的信息服务、广告服务、撮合服务、配送服务,扩大企业的影响,开拓企业的海外市场。

8.3 服装网络营销渠道的选择与管理

8.3.1 服装网络营销渠道的选择

服装企业一方面可以利用互联网技术,建立网络直销平台,把服装直接销售给消费者,无须中间商的参与。 另一方面,由于网络技术的发展降低了与中间商的交易费用,很多服装企业可以利用网络中间商销售产品,而自己集中力量进行产品的开发研制和服务,突出自己的竞争优势。 因此,服装企业在进行网络营销时,和传统市场营销一样,同样存在营销渠道选择的问题。 服装企业合理地选择网络营销渠道,不仅有利于企业的产品顺利完成从生产者到消费者的转移,促进产品销售,而且有利于企业获得整体网络营销上的成功。

8.3.1.1 网络营销渠道方案设计

企业在进行产品定位,明确目标市场及对影响网络分销渠道决策的因素进行分析的基础上,设计网络营销渠道,确定具体的渠道方案,渠道方案主要包括三个方面内容:渠道模式的选择、渠道的集成和明确渠道成员的责权利。

(1) 渠道模式的选择

渠道模式的选择就是对网络直销渠道和间接渠道的选择。 企业可根据产品的特点、企业战略目标的要求以及各种影响因素,决定采用哪种类型的分销渠道:网络直销还是网络间接销售,如中小型服装企业可以选择网络间接销售,而大型服装企业可以选择网络直销,像雅戈尔等著名服装企业。 除了上述两种模式之外,企业还可以选择第三种模式——混合模式,即同时开展网络直接营销和间接营销。 在西方众多企业的网络营销活动中,选择营销渠道的最佳方案是同时使用网络直接分销渠道和网络间接分销渠道,以达到销售量最大的目的。 尤其在买方市场的情况下,通过两条渠道推销产品比通过单一渠道更容易实现市场渗透。

(2) 渠道的集成

渠道的集成,即确定营销渠道的中间商的数目。 在网络营销中,分销渠道大大缩短,企业可以通过选择多个网络中间商,利用信息服务商或商品交易中间商来弥补短渠道在信息覆盖上的不足。 在确定网络中间商的个数时,有三种策略可供选择。

① 密集型营销渠道策略,即选择尽可能多的中间商来销售自己的产品,这种策略使顾客在多个网络平台都能够买到产品,它提供的是一种方便。

② 选择型分销策略,只选择有限的几家网络中间商来销售自己的产品,分销商之间存在有限竞争,它提供给顾客的是一种安全、保障和放心。

③ 独家型分销策略,只选择一家经过仔细挑选的中间商来销售自己的产品,它提供的是一种独一无二的产品或服务,而且价值昂贵,顾客稀少。

171

(3) 明确渠道成员的责权利

在渠道的设计过程中,还必须明确规定每个渠道成员的责任和权利,以约束成员在交易过程中的行为。 如中间商要向企业提供市场信息和各种统计资料,落实价格政策,保证服务水平,保证渠道信息传递的畅通等,生产企业向网络中间商提供及时供货保证、产品质量保证、退换货保证、价格折扣、广告促销协助、服务支持等。 在制定渠道成员的责任和权利时要考虑多方面的因素,并取得有关方面的积极配合。

8.3.1.2 网络中间商的选择

服装企业进行网络间接销售时,需要网络中间商的参与,新型网络中间商主要有以下几种类型。

(1) 目录服务商

目录服务商是为用户提供对互联网上的网站进行分类并整理成目录的服务,使用户从中能方便地找到所需要的网站。 目录服务包括三种形式:第一种是综合性目录服务(如雅虎等门户网站),为用户提供了各种各样不同站点的综合性索引,在这类站点上通常也会提供对索引进行关键词搜索的功能;第二种是商业性目录服务(如互联网商店目录),仅仅提供对现有的各种商业性网站的索引,而不从事建设和开发网站的服务;第三种是专业性目录服务,即针对某一专业领域或主题建立的网站,通常是由该领域中的公司或专业人士提供内容,包括为用户提供对某一品牌商品的技术评价信息、同类商品的性能比较等,对商业交易具有极强的支持作用。

(2) 搜索引擎服务商

与目录服务商不同,搜索引擎服务商为用户提供基于关键词的检索服务,如Nike、Chanel 等站点,用户可以利用这类站点提供的搜索引擎对互联网进行实时搜索。

(3) 虚拟商场

虚拟商场是指包含两个以上的商业性站点链接的网站。 虚拟商场与商业性目录服务商的区别在于,虚拟商场为需要加入的厂商或零售商提供建设和开发网站的服务,并收取相应的费用,如租用服务器的租金、销售收入的提成等。

(4) 互联网内容供应商

互联网内容供应商在互联网上向客户群提供所需信息的服务。 这类站点提供了访问者感兴趣的大量信息，目前互联网上的大部分网站都属于这种类型。然而现在大多数互联网内容供应商的信息服务对网络浏览者是免费提供的，其预期的收益主要有以下几方面的来源：在互联网上免费提供信息内容，以促进传统信息媒介的销售；降低信息传播的成本，从而提高利润率；为其他网络商家提供广告空间，并收取一定的广告费或销售提成。

(5) 网络零售商

如传统零售商一样，网络零售商通过购进各种各样的商品，然后再把这些商品直接销售给最终消费者，从中赚取差价。 由于在网上开店的费用很低，因而网上零售商店的固定成本显著低于同等规模的传统零售商店，另外由于网上零售商店的每一笔业务都是通过计算机自动处理完成的，节约了大量的人力，使零售业从原来的劳动密集型行业转变为技术密集型行业，并使网上零售商的可变成本也显著低于同等规模的传统零售商店。 网上零售商店还比传统零售商店更容易获得规模经济和范围经济，所以虚拟零售商具有极强的价格竞争优势，很多网上零售商店也往往会以打折、优惠券等促销方式来吸引消费者购物，既促进了销售又使消费者得到了实惠，如当当网在其周年店庆时举行的打折促销活动，达到了每小时二百余份订单的纪录。

(6) 虚拟评估机构

互联网是一个开放性的网络，任何人都可以在互联网上设立站点。 对基于互联网而形成的网络市场来说也同样如此，任何人都可以在网络市场中开设商店，并销售商品，也就是说网络市场的进入障碍非常低以至于无法将具有不良企图的经营者从一开始就排除在市场之外，因而在网络市场中充斥着良莠不齐的厂商和销售商，使消费者的购物风险显著升高。 虚拟评估机构就是一些根据预先制定的标准体系对网上商家进行评估的第三方评级机构，通过为消费者提供网上商家的等级信息和消费评测报告，降低消费者网上购物的风险，对网络市场中的商家的经营行为起到了间接的监督作用。

(7) 网络统计机构

电子商务的发展也需要其他辅助性的服务，比如网络广告商需要了解有关网站访问者特征、不同的网络广告手段的使用率等信息，网络统计机构就是为用户提供互联网统计数据的机构，例如 Forrester 以及国内的 CNNIC 等。

(8) 网络金融机构

在电子商务中，交易的完成还需要得到金融机构的支持，如网上交易过程中的信贷、支付、结算、转账等金融业务。 网络金融机构就是为网络交易提供专业性金融服务的金融机构。

(9) 虚拟集市

虚拟集市为那些想要进行物品交易的人提供了一个虚拟的交易场所，任何人都可以将想要出售的物品的相关信息上传到虚拟集市的网站上，也可以在站点中任意选择和购买，虚拟集市的经营者对达成的每一笔交易收取一定的管理费用，网上拍卖站点是较具代表性的一种虚拟集市。

8.3.1.3　网络中间商的评价

企业与网络中间商之间存在合作、合伙与经销规划三种主要经济利益关系，网络中间商在网络间接销售中起到了不可忽视的作用。 因此，对于开展网络营销的服装企业来说，要根据自身产品的特性、目标市场的定位和企业整体的战略目标正确选择网络中间商，一旦选择不当就可能给企业带来很大的负面影响，造成巨大的损失。 在筛选网络中间商时，可以从服务水平、成本、信用以及特色等方面进行综合评价。

(1) 服务水平

网络中间商的服务水平包括独立开展促销活动的能力、与消费者沟通的能力、收集信息的能力、物流配送能力以及售后服务能力等。 例如，对于中小服装企业来说，在网络销售时就需要一个服务水平较高的中间商，协助它与消费者进行交流、收集市场信息、提供良好的物流系统和售后服务。 而一个实力较强、发展成熟的企业往往只是通过网络信息服务商获得需求信息，并不需要网络中间商开展具体的营销活动。

(2) 成本

成本就是指服装企业享受网络中间商提供服务时的各种费用。 这种费用包括在中间商服务网站建立主页和维持正常运行时的费用、获取信息的费用、生产企业给商品交易中间商的价格折扣、促销支持费用等。 不同的中间商所收取的费用是不同的，且差别很大。

(3) 信用

这里讲的信用是指网络中间商所具有的信用程度。 在目前还无法对各种网站进行有效认证的情况下，网络中间商的信用程度在交易过程中就显得至关重要。 在虚拟的网络市场里，信誉就是质量和服务的保证，服装企业在进行网络分销时只有通过信用比较好的中间商，才能在消费者中建立品牌信誉和服务信誉。信用度不高的网络中间商会给企业形象带来负面影响，增添不安全因素。

(4) 特色

每个网络中间市场平台在其设计、更新过程中由于受到经营者的文化素质、经营理念、经济实力的影响会表现出各自不同的特色，服装企业在选择分销商时，就必须选择与自己目标顾客群的消费特点相吻合的特色网络分销商，这样才能真正发挥网络销售的优势，取得经济效益。 如走秀网是一个领先时尚百货网站，定位为精品商城，而天猫商城的定位则更接近于普通工薪阶层。

8.3.1.4 建设网络营销渠道应注意的事项

在具体建设网络营销渠道时，还应注意下面几点：

(1) 从消费者角度设计渠道

只有采用让消费者比较放心、容易接受的方式才有可能吸引消费者使用网上购物，以克服网上购物的"虚"的感觉。 如采用虚拟试衣系统提高网络购衣的体验感及采用货到付款等方式。

(2) 设计简明快捷的订货系统

消费者在选购服装时，不要让消费者填写太多信息，而应该采用现在流行的"购物车"方式模拟超市，让消费者自由地比较和选购商品，在购物结束后，一次性进行结算。 另外，订货系统还应该提供商品搜索、分类查找功能，以便于消费者在最短时间内找到需要的商品，同时还应提供消费者服装款式图、颜色、性能、构成等重要信息。

(3) 提供多种结算方式

应考虑到目前我国实际的状况，在结算时，应尽量提供多种方式方便消费者选择，如可以采用网上银行、第三方支付、货到付款及汇款等方式。

(4) 建立完善的配送系统

消费者只有拿到购买的商品后，才真正感到踏实，因此建设和选择快速有效的配送服务系统是非常重要的。 企业可根据自身情况选择自己建立物流公司或选择专业的物流公司。

8.3.2　服装网络营销渠道的管理

营销渠道的管理是企业营销活动中的一项很重要的工作。 如何有效地避免渠道冲突一直是渠道管理过程中困扰各企业的一大难题。 尽管在网络营销中，渠道冲突相比较传统渠道的情况有了明显的缓和，但冲突仍然存在，且还出现了网络营销渠道与传统营销渠道间的冲突。

8.3.2.1　冲突的表现及处理方法

一般来说，网络渠道冲突可分为水平冲突、垂直冲突、交互冲突三种类型。水平冲突发生在渠道中同类型中间商之间；垂直冲突发生在不同层次的渠道成员之间，如生产商和中间商之间的冲突；交互冲突指当某个制造商建立多条营销渠道向同一市场出售其产品或服务时，发生在渠道之间的冲突。

如何应对渠道冲突？ 可以有两种方式来处理冲突。

一种是在第一时间控制冲突，在冲突的低级层次上就能将冲突控制，防止其演化升级为更高层次的冲突，通常是通过建立制度化机制来解决，这种处理方法也称为预防性处理，具体方法如下：

(1) 设计信息强化机制以控制早期冲突

通过渠道成员之间充分的信息交流与沟通，实现信息共享，从而达到预防和化解渠道冲突的目的，加强了渠道成员彼此的信任，从而能建立和维护彼此间的良好合作关系。 信息强化机制的具体实现方法有以下几种主要形式：建立会员制度、渠道成员间通过互派人员来加强沟通、渠道成员之间共享信息与成果和邀请渠道成员参与本企业的咨询会议或董事会议。

(2) 第三方机制

冲突双方通过第三方调解或仲裁方式来解决冲突。 调解和仲裁机制是制止冲突的有效途径。 仲裁可以是强制性的，也可以是自愿的。 在强制性的仲裁程序中，法律要求各方把争端交由第三方，而第三方的裁决是最终的和具有约束力的。

(3) 建立产销战略联盟

处理渠道冲突最有效的办法是渠道成员建立产销战略联盟，形成利益共同体，使矛盾双方成为一家人。 这样企业与中间商就能够共同开发市场、承担市场责任和风险、管理和规范销售行为及分享销售利润。

第二种方法是在冲突出现后，采取某种行为方式来解决冲突，比如迁就、回避、妥协、合作等行为。

8.3.2.2 网络营销渠道与传统营销渠道的冲突及解决方法

传统服装生产企业通过多年积累已经建立起自己的营销渠道,有自己的品牌积累和物流中心。 电子商务是一种基于 Internet 的新型商务模式,在一定程度上改变甚至颠覆了企业原有的业务运作流程,这将给企业的利益相关者的利益带来一定冲突。 这些冲突体现在网络渠道和传统线下渠道的冲突。

造成矛盾冲突的主要原因是来自于这两种渠道拥有共同的客户资源。 解决矛盾冲突的方法有将客户群体、市场进行划分,或者在共同享有客户资源的情况下,以保障双方的利益为前提,采取线上线下相互配合的营销管理方式。

① 企业构建网上交易平台,网上购物平台由企业搭建,企业把线下的加盟商全部纳入网上直销阵营,成为商铺成员,加盟商则利用各自的资源引导门店客户网上下订单,并通过客户的订单获利。 此种模式类似 Shopping Mall 大卖场模式,加盟商对其在线订单直接负责。

② 消费者通过企业搭建的网上购物电子商务平台在线下单,所有订单由企业来接收,然后企业将订单分配给消费者所在地的经销商来处理。 企业可以在网店上以低于实体店的价格出售与线下渠道相同的产品,同时,为了保证经销商的利益,企业可以实行给经销商"返点"的做法。

③ 对市场进行细分,采取网上销售的产品线与线下的产品线互不相同的方法,避免了网络渠道与传统渠道间的冲突。 如报喜鸟旗下投资的在线服饰直销品牌 BONO 便是这样的方式。

8.4 服装网上订货与物流管理

服装网上订货与物流管理包括服装网络订货系统和网上购物的物流管理两方面内容。

8.4.1 服装网络订货系统

服装网络订货系统包括订货系统设计、订货信息管理两方面内容。

8.4.1.1 订货系统设计

(1) 系统设计的原则和注意事项

网上企业在设计订单系统时，应该以方便消费者使用为基本原则，尽可能减少顾客的劳动，提高订货的易操作性和信息传送的准确性。在设计时应该注意以下几点。

① 客户填写订单时，要简单明了，不要让顾客填写太多的信息，尽量减少顾客的劳动。

② 订货系统应该提供商品搜索和分类查找功能，以便顾客在最短的时间找到所需要的商品，同时还应对顾客提供想了解的产品信息。

③ 订货系统应告诉顾客在什么时间在什么范围内能收到货物。另外，最好能链接到公司的库存数据库，以便让顾客知道他所订购的货物是否还有库存。

④ 订货系统应能让顾客自主选择支付和运货方式。让顾客选择不同类型的运货方式时，一定要包括运费和相关的税收等信息。

此外，还要注意一些特殊情况，有的顾客不愿意利用网络订货系统，仍然希望在购物时能直接与有关人员接触。对于这类顾客也要简化其购物操作，最好的办法是在网站上专门给出一个免费的订货电话。

(2) 购物车技术

当商品种类较少时，可以直接把订单放在产品页面下，顾客需要购买时，只要输入购买数量，按一下"订购"按钮就完成订货了。当商品种类很多（如在网络商城）时，为了使顾客订货或购物方便，应采用"购物车"技术，这种技术类似于实际超市中的购物车，在商品批发时称为"进货单"。"购物车"是一种更为高级的商品目录，能使人们更简单方便地在目录中选择所需要的商品，使购物过程非常容易操作，从而促进商品的销售。

"购物车"技术能够使顾客在网站中购物时，可以有实体商店购物的体验。在购物结束后，一次性进行结算。此外，顾客还可通过查看"购物车"中的内容来检查购买的商品是否超出预算，如果交款之前顾客突然改变主意，不想购买了，这时只需单击"清空购物车"按键即可。

8.4.1.2 订货信息管理

企业在进行网上销售时，不仅要设计好订货系统，方便客户使用，同时也要重视客户订单信息的管理工作。 顾客的订单信息,其含义不仅仅是"将什么发送给谁"。 订单所包括采购客户、所采购的商品、运送商品的方式和地点以及付款信息等数据信息可用于市场分析、促销、客户关系的维护、库存控制等。

除此之外,还可以通过适当的方式要求客户有选择地提供一些附加信息。通过这些附加信息,企业可以更加深入地了解客户特定的需求。 越是了解客户,就越能更好地为他们服务,他们也就会更多地使用企业的服务,从而提高企业的效益。 在对客户进行附加信息调查时应尽量便于顾客回答,不要让顾客过多地书写。 向客户询问的内容可包括兴趣、是否喜欢网上购物、是否经常在网上购物、年龄、性别等。 在采用会员制的网上购物中,这些信息可以在注册时让会员提供。

8.4.2 网上购物的物流管理

著名的营销学家菲利浦·科特勒在《市场营销管理》(亚洲版)中对物流的定义为:"物流是指计划、执行与控制原材料和最终产品从产地到使用地点的实际流程,并在赢利的基础上满足顾客的需求。"物流的作用是管理供应链,即管理从供应商到最终用户的价值增加的流程。 因此,物流管理者的任务是协调供应商、采购代理、市场营销人员、渠道成员和顾客之间的关系。 物流是公司整个营销过程中的一个环节。 物流过程贯穿营销始终,从销售预测、库存管理、运输到顾客服务。 物流过程像一条绳索,所有营销内容,如计划、预算、定单处理,都集成在一起,形成一个有机的整体。 对于一个公司而言,这是一个系统。作为网上直销,顾客在通过互联网定货、付款后,如果不能及时送货上门,那网上销售就失去了意义,因为消费者感觉不到快捷和方便。

8.4.2.1 现代物流的管理方法

网络营销下的物流系统的目标是在满足网络销售目标的前提下花费最少的物流成本,这里的最小成本不是要求单个送货费用最少或者库存费用最少,而是要使整个物流系统的总成本最小化。 因此,需要对整个物流系统进行优化设计及对物流全过程进行科学管理,而不是简单的送货和库存。 另外从消费者的角度看,现代物流管理中最敏感的方面就是物流服务质量的管理与控制。 为配合网络销售的顺利实施,基于互联网技术的现代物流系统一般应具有如下特点：

(1) 顾客直接驱动

对于专业性公司，物流系统中的物流启动和运转都是围绕服务顾客而进行的，物流的启动是顾客的送货订单，顾客的需求是及时送货上门。 所以，现在的物流系统，都采用现代化的信息系统技术来保证物流过程中的信息畅通，提高物流效率。

(2) 全面服务性

随着产品的复杂化和使用的专业性，需要在物流服务内涵上进行扩展。 此外，还有代收款服务。

(3) 可跟踪性

顾客需要了解货物最近送达地方，以及什么时候送到目的地。 因此，现在的物流系统通过互联网技术，允许顾客直接通过互联网了解产品的送货过程。

8.4.2.2　物流系统的组建方式

网上企业可以采用以下几种方法建立物流系统。

(1) 自己建立物流系统

如果网上企业有很高的顾客服务需求标准，且自己的物流管理能力又较强，则可以通过自己建立物流系统来满足对物流的需求。 如国内的著名服装企业报喜鸟集团和凡客诚品都建立了自己的物流系统。 这种方式可以有效提高服务质量、改善配送服务，同时可以提供特色服务及提高品牌影响力。 但同时也会存在投入产出不高等缺点，所以企业在选择时要慎重考虑。

(2) 外包给专业物流公司

外包方式就是网上企业将物流外包给第三方专业物流公司。 这种方式比较适合企业创业初期或中小型企业，由于资金和技术的缘故，企业可以把物流外包给专业的第三方公司，自己则可以把有限的资源用在巩固和拓展自己的核心业务上。 凡客诚品在创业初期就选择了第三方物流公司作为物流配送的主要方式及淘宝上的商家都采用第三方物流。 使用外包方式时要注意选择服务质量和信誉良好的公司，否则会给自身带来负面影响。

(3) 建立物流联盟

物流联盟是为了达到比单独从事物流活动更好的效果，企业间通过契约形成的优势互补、要素双向或多向流动、相互信任、共担风险、共享收益的物流伙伴关系。 eBay 是美国的一家网上交易平台。 它本身没有自己的物流公司，采用物流联盟的方式，依托自身购物平台的信息资源，寻求与外部物流公司的合作。 与 eBay 合作的有美国邮政、联邦快递、UPS 等国际知名物流公司。

8.4.2.3　网上服装企业物流模式的选择

从事网络营销的服装企业是选择外包、自建还是与物流公司建立物流联盟，需综合考虑以下几方面的因素。

(1) 企业规模和实力

资金和技术资源充裕的大中型企业有能力建立自己的物流配送体系，能够根据自身企业的需要制订合适的物流需求计划，保证高质量的物流服务，同时过剩的物流资源还可以供给其他企业使用，如报喜鸟就建立具有国际先进水平的物流配送中心。 小企业则受资金、人员及核心业务的限制，物流管理效率难以提高，更适宜把物流管理交给第三方专业物流代理公司。

(2) 物流对企业成功的影响程度

物流对企业战略有着关键作用，企业适宜自营物流、寻找较为可靠的第三方物流代理商或建立长期稳定的物流联盟。 凡客诚品在创业初期就考虑到物流的重要性，在企业发展稳定后，公司成立自己的物流子公司。 2008 年 4 月，物流子公司从凡客诚品分离出来，成立独立的如风达快递公司，主要保障核心城市的最后一公里配送服务。 从最初只开通北京、上海、广州三座城市的 5 个站点，到现今开通北京、上海、广州、武汉、成都等 28 座城市的 150 余个站点。

(3) 目标客户的空间分布

传统营销活动的有形销售网点资源都是按销售区域来配置的，每一个销售网点负责一个特定区域的市场。 通常设立一个配送中心负责向若干个销售网点送货。 但是，由于网络营销的目标客户可能在地理分布上是十分分散的，要求送货的地点也不集中，致使企业无法经济合理地组织送货。 因此，目标客户的空间分布就决定了网络营销必须对不同区域采取不同的分销方式。 如凡客诚品针对不同地区采用不同的物流模式：自建物流配送一线城市、第三方物流配送二三线城市、其他地区邮政覆盖。

服装网络营销实例：报喜鸟的网络营销策略分析

报喜鸟集团组建于 1996 年，集团拥有浙江报喜鸟服饰股份有限公司、上海宝鸟服饰有限公司两个服装子公司，拥有"报喜鸟"、"宝鸟"两个服饰品牌。报喜鸟品牌服装产品突出男士正装休闲化特征，设计风格强调时尚气息和年轻化，产品定位为 25～45 岁之间的中高收入阶层。男装是服装行业中产品标准化最高的类别之一，是合适的网络产品，因此企业决定从男装开始网络营销。

报喜鸟集团根据自身服装品牌的特征、集团的实力和认知度，决定采用网络间接营销策略。2003 年，报喜鸟服饰先后与阿里巴巴、中国服饰网、中国服装网等网络中间商展开合作，通过他们的网络平台展示报喜鸟集团和服饰品牌，同时大力实施服装产品质量管理和传统营销渠道的延伸扩展，从而实现了企业的网络营销渠道和传统营销渠道的有机整合，相互促进，进而扩大企业和品牌的影响力和知名度。

在网络经济下，消费者的消费心理和行为都在发生着深刻的变化，服装消费者的网络定制需求逐步增强，许多企业如雅戈尔、杉杉、罗蒙等纷纷开展网络定制业务。PPG 服饰网络直销渠道的建设和由此取得的巨大成功更是坚定了服装企业实施网络直销的决心。随着企业自身实力和品牌知名度的提高，为了适应网络消费者需求的新变化形式，企业将逐步建立其网络直接营销渠道。2007 年 10 月，报喜鸟集团宣布，将向其旗下在线直销网站 BONO（www.bono.com.cn）投入 8 000 万元，这意味着报喜鸟集团正式开始实施网络直销战略。该直销平台具有完善的订货系统，消费者可以方便快捷地完成个性化的服装定制过程。为了防止网络营销渠道与传统营销渠道的冲突，2007 年 10 月，报喜鸟集团开始实施网络直销时，采用了服装"产品差异策略"，即大力推进"BONO"服装品牌的网络直销渠道的建设，并从"BONO"直销的实践中积极探索适合集团其他产品网络直销的策略。对著名的"报喜鸟"品牌服饰只是进行网络的宣传，增强其品牌的美誉度，但暂时不实施网络间接营销渠道的建设，从而维护"报喜鸟"传统营销渠道成员的利益，得到营销渠道成员的一致好评和大力支持。

概念辨析：营销渠道 VS 分销渠道

营销渠道是相互协作、共同促使产品或服务被生产、分销和消费的整个组织系统。分销渠道是产品或服务从生产者向消费者转移时，取得所有权或帮助转移所有权的所有企业和个人。从定义上看，分销渠道仅指涉及所有权转移的组织，分销渠道成员包括生产者、消费者和取得所有权与未取得所有权的各类中间商。而营销渠道不仅如此，还包括供应商和辅助商。

思考与练习

复习题

1. 网络营销渠道与传统营销渠道的区别是什么？

2. 网络营销渠道的特点主要表现在哪些方面？

3. 服装网络营销中网络中间商的种类与作用是什么？

4. 服装网络营销渠道方案设计内容是什么？

5. 网络中间商的选择原则是什么？

6. 网络营销渠道的冲突及处理方法是什么？

7. 网上订货系统设计时应注意哪些事项？

8. 服装企业进行网络营销时选择物流方式应该考虑哪些要素？

讨论题

1. 服装企业应该如何开展网上直销业务。

2. 对于服装这样特殊的商品，在物流配送时应该拓展哪些附加服务？

网络实践

1. 通过淘宝网、凡客诚品等网络营销网站，熟悉网上订货过程。

2. 通过实际上网操作，比较分析京东、淘宝、凡客诚品等国内主要服装网上销售平台的物流管理。

第9章 服装网络营销促销策略

知识要点

1. 了解服装网络营销促销的基本概念以及理解服装网络营销促销的特点；

2. 理解服装网络营销促销的方式，能够综合运用网络营销促销方式来实现企业营销目标；

3. 了解服装网络营销促销广告的相关内容，能够对服装网络促销广告进行多角度评析。

章首引例

UNIQLO 的全球媒体战略，世界各地的员工展示 UNIQLO 时装

来自日本的"UNIQLO（优衣库）"是全球著名的休闲品牌，是排名全球服饰零售业前列的日本迅销（Fast Retailing）集团旗下的核心品牌。优衣库坚持将现代、简约、自然、高品质且易于搭配的商品提供给全世界的消费者，UNIQLO 倡导的"百搭"平民时尚理念，也为世人所熟知。近几年，UNIQLO 大玩网站创意的官网与所销售的商品相比同样引人注目。不管是经典的跳舞时钟（Music Dancing Clock）系列、还是各地的试穿（UNIQLO TRY），UNIQLO 总是能用创意吸引更多的人潮与更多的关注。

UNIQLO 公司所推出 UNIQLO JUMP WEB 网站，将来自五个国家（日本、美国、英国、韩国和中国）的多达 650 名员工照片和配有音乐的视频张贴在网站上。来自世界各地的 UNIQLO 员工将成为时装的个人媒体，这是一种员工产生的全球品牌宣传方式，让消费者通过影片感受他们激情的活力和飞舞的热情。

在推出 UNIQLO JUMP WEB 网站之前，UNIQLO 在三种消费者产生的媒体

（CGM）推出了 UNIQLO JUMP BLOG："Hatena"、"Flickr" 和 "YouTube"。UNIQLO 将 CGM 与新型 UNIQLO 员工媒体结合在一起，创建一个新的手段，以此宣传 UNIQLO 时装，扩大用户范围，加快品牌知名度传播。

与此同时，在 UNIQLO 商店地图（透过 Google Map）上贴出员工照片，这一行动也吸引了更多的顾客光顾商店，同时给员工招聘进程增加一个方法。

（资料来源：http：//www.fashiontrenddigest.com/view_fn.asp？ID＝549，优衣库的网络推广，Posted by Bedi）

9.1 服装网络营销促销概述

服装促销策略是企业提高销售额和拓展市场的重要手段之一。 在网络营销环境下，促销活动是依托网络环境和网络技术来进行的，网络环境状况和网络技术的变化对服装网络营销的促销形式、对象、作用和效果等方面都产生一定的影响。

9.1.1 服装网络营销促销的特点

网络促销是指利用现代化的网络技术向虚拟市场传递有关产品和服务的信息，以激发需求，引起消费者的购买欲望和购买行为的各种活动。 网络促销突出地表现为以下三个明显的特点：第一，网络促销是通过网络技术传递产品和服务的存在、性能、功效及特征等信息的。 它是建立在现代计算机与通信技术基础之上的，并且随着计算机和网络技术的不断改进而改进；第二，网络促销是在虚拟的互联网市场上进行的。 互联网作为一个媒体连接着来自世界各国的大网络，在虚拟的网络社会中，互联网聚集了来自世界各地的广泛的人口，融合了多元的文化；第三，虚拟互联网市场的出现，将所有企业，不论是大企业还是中小企业，都推向了一个世界统一的市场，传统的区域性市场的小圈子正在被一步一步打破。

虽然传统的促销和网络促销都是让消费者认识产品，引起消费者的注意和兴趣，激发他们的购买欲望，并最终实现购买行为，但由于互联网强大的通信能力和覆盖面积，网络促销在时间和空间观念上，信息传播模式上以及在顾客参与程度

185

上都与传统的促销活动发生了较大的变化,见表 9-1。

表 9-1　网络促销与传统促销的区别

维　度	网络促销	传统促销
时空观	电子时空观	物理时空观
信息沟通方式	网络传输、形式多样、双向沟通	传统工具、单向传递
消费群体	网民	普通大众
消费行为	大范围选择、理性购买	冲动型消费

9.1.1.1　时空观念的变化

网络营销大大突破了原有传统促销的地理区域限制,使得服装消费者可以在全球范围内任何有网络的地方就可以自主订购到想要的服装产品;传统的产品订货都有一个时间的限制,而在网络环境下,线下订单和购买可以在任何时间进行。时间和空间观念的变化要求网络促销策略和具体实施方案进行及时的调整。

9.1.1.2　信息沟通方式多样化

网络信息处理技术提供了近似于现实交易过程中的产品表现形式和双向的、便捷的、互不见面的信息传播模式,这使得买卖双方的意愿表达及时而充分。在这种快速变化的市场环境下,传统的促销方法显得有些力不从心了。

9.1.1.3　消费群体的消费行为的变化

在网络环境下,消费者群体、消费理念以及消费者行为都发生了变化。网络购物者是一个特殊的消费群体,具有不同于消费大众的消费需求和消费行为,他们有时直接参与生产和商业流通循环,其选择的范围会更大。这些变化对传统的促销会产生巨大的影响力。

9.1.1.4　网络促销的新理解

尽管网络促销与传统促销的观念和手段上有较大的差别,但他们推销产品的目的是相同的,因此,整个促销过程的设计具有很多相似之处。所以,我们既要吸收传统促销方式的有效方法,又要通过新信息技术、网络技术等方式来开创网络促销的新局面。

9.1.2　服装网络营销促销的形式

传统营销的促销形式主要有广告促销、销售促进、宣传推广和人员推销。

186

在网络环境下的服装网络营销的促销形式也有四种,分别是网络广告、销售促进、站点推广和关系营销。 其中网络广告和站点推广是网络营销促销的主要形式。

网络广告根据形式不同可以分为旗帜广告、电子邮件广告、电子杂志广告、新闻组广告、公告栏广告等。

网络营销站点推广是指根据网络营销策略扩大站点知名度,增大网络的访问流量,以宣传和推广企业及其产品。 站点推广主要有两类方法,一类是通过改进网站内容和服务,吸引用户访问,这种方法费用较低,容易稳定客户,但是推广速度比较慢;另一类通过网络广告宣传推广站点,这种方法可以在短时间内扩大站点知名度,但成本会比较高。

销售促进就是企业利用可以直接销售的网络营销站点,比如一些服装品牌在淘宝商城(TMALL.COM)建立品牌直销店,在该网络直销店里采用一些销售促进方法如价格折扣、有奖销售、拍卖销售等方式,宣传和推广产品。

关系营销是通过利用互联网的交互功能吸引用户与企业保持密切关系,培养顾客忠诚度,提高顾客的收益率。

9.1.3　服装网络营销促销的实施

对于任何服装企业来说,都必须深入了解产品信息在网络上传播的特点,分析网络信息的接收对象,设定合理的网络促销目标,通过科学的实施程序,打开网络促销的新局面。

国内外网络促销的大量实践表明,网络促销的实施程序可以由六个方面组成。

9.1.3.1　确定网络促销对象

这一群体主要包括三部分人员:服装产品的使用者、服装产品购买的决策者、服装产品购买的影响者。

9.1.3.2　设计网络促销内容

服装消费者的购买过程是一个复杂的、多阶段的过程,促销内容应当根据购买者目前所处的购买决策过程的不同阶段和产品所处的寿命周期的不同阶段来决定。 例如,对于新上市的服装产品促销广告,如果只是一味地强调自己的设计非常新颖,并非是多么高明的促销方式,有时通过突出自己引导潮流的感觉,用这种感觉打动购买者,触动购买者的情感,可能效果会更好。

9.1.3.3　决定网络促销组合方式

由于企业的产品种类不同,销售对象不同,促销方法与产品种类和销售对象之间将会产生多种网络促销的组合方式,企业可以根据网络广告促销和网络站点促销两种方法各自的特点和优势,根据自己产品的市场情况和顾客情况,扬长避短,合理组合,以达到最佳的促销效果。

网络广告促销主要实施"推战略",其主要目标是将服装产品推向市场,获得广大消费者的认可。网络站点促销主要实施"拉战略",其主要功能是将服装消费者牢牢地吸引过来,保持稳定的市场份额。通常情况下,企业会同时运用这个"推战略"和"拉战略"。例如,淘品牌"100f1"除了在淘宝及淘宝商城一些关键广告栏投放品牌宣传广告以提高品牌知晓度外,还会在淘宝商城旗舰店定期推出多样化促销活动,以吸引顾客的持续光顾。

9.1.3.4　制定网络促销预算方案

服装网络促销是一个新生事物,因网络促销而产生的成本、问题都需要在实践中不断地总结。首先,必须明确网上促销的方法及组合的办法;其次,需要确定网络促销的目标;第三,需要明确希望影响的是哪个群体,哪个阶层。

9.1.3.5　衡量网络促销效果

必须对已经执行的促销内容进行评价,衡量促销的实际效果是否达到了预期的促销目标。

9.1.3.6　加强网络促销过程的监控等综合管理

服装网络营销者需要根据自身的情况,选择合适的促销策略进行产品的推广,并在推广过程中进行科学监管,以不断地调整和完善网络促销策略的制定和执行。

9.2　服装网上促销方式

在网络的环境下,以网络技术为依托,服装网络在线促销方式呈现出越来越丰富的面貌。

9.2.1 服装网上销售促进

销售促进主要是用来进行短期性的刺激销售。互联网作为新兴的网上市场,网上的交易额不断上涨。服装网上销售促进就是通过网络市场利用销售促进工具刺激顾客对服装产品的购买和消费使用。服装网上销售促进主要有以下一些形式。

9.2.1.1 有奖促销

通过提供的奖品来吸引促销目标市场的注意,并充分利用互联网的交互功能,充分掌握参与促销活动群体的特征和消费习惯,以及对产品的评价。例如,一些服装网络商家会通过例如购物即可网络抽奖、店铺优惠券的限量发放、收藏店铺有礼等活动,来吸引顾客的关注。

9.2.1.2 拍卖促销

网上拍卖市场是新兴的市场,由于快捷方便,吸引大量用户参与网上拍卖活动。比如淘宝网就有提供拍卖服务——淘宝拍卖会,许多服装品牌通过网上拍卖,获得很好的收效。

9.2.1.3 免费促销

免费促销就是通过为访问者无偿提供访问者感兴趣的各类资源,吸引访问者访问,提高站点流量,并从中获取收益。比如淘宝试用中心,在这个平台上,服装网络商店可以通过对淘宝用户提供限量免费试用以此获得潜在顾客的关注,提高自身网上店铺的访问数量和站点流量,并获取更多的销售机会和收益。

9.2.1.4 团购

团购(group purchase)就是团体购物,指认识或不认识的消费者联合起来,加大与商家的谈判能力,以求得最优价格的一种购物方式。根据薄利多销的原理,商家可以给出低于零售价格的团购折扣和单独购买得不到的优质服务。团购作为一种新兴的电子商务模式,通过消费者自行组团、专业团购网站、商家组织团购等形式,提升用户与商家的议价能力,并极大程度地获得商品让利,引起消费者及业内厂商、甚至是资本市场关注。例如,淘宝聚划算是团购的一种形式,由淘宝网官方开发平台,并由淘宝官方组织的一种线上团购活动形式。此外团购网站还有拉手、美团、满座、高朋等网络团购公司。

9.2.1.5　秒杀

网上竞拍的一种新方式。所谓"秒杀"，就是网络卖家发布一些超低价格的商品，所有买家在同一时间网上抢购的一种销售方式。它是网络商家为促销等目的组织的网上限时抢购活动。由于商品价格低廉，往往一上架就被抢购一空，有时只用一秒钟。目前，在淘宝等大型购物网站中，"秒杀店"的发展可谓迅猛。

9.2.2　服装网上公共关系

公共关系（public relations），简称公关，是一种重要的促销工具，它通过与企业利益相关者包括供应商、顾客、雇员、股东、社会团体等建立良好的合作关系，为企业的经营管理营造良好的环境。网络公共关系（public relations online），又称线上公关或E公关，它利用互联网的高科技表达手段营造企业和品牌形象，为现代公共关系提供了新的思维方式、策划思路和传播媒介。网络公共关系较传统公共关系更具有一些优势，所以网络公共关系越来越被一些企业决策层所重视和利用。一般来说，通过网络公共关系可以达到以下几个目标：与网上新闻媒体建立良好合作关系；通过互联网宣传和推广产品；通过互联网建立良好的沟通渠道。

企业可以采用以下几种互联网公关活动形式。

9.2.2.1　与网络新闻媒体合作

网络新闻媒体一般有两大类，一类是传统媒体上网，通过互联网发布媒体信息。其主要模式是将在传统媒体播放的节目进行数字化，转换成能在网上下载和浏览的格式，用户不用依靠传统渠道就可以直接通过互联网了解媒体报道的信息。另一类媒体，是新兴的真正的网上媒体，它们没有传统媒体的依托。

不管是哪一类媒体，随着互联网的出现，服装企业与新闻媒体的合作变得越来越密切了，可以充分利用互联网的信息交互特点，进行更加密切的互动沟通。为加强与媒体合作，企业可以通过互联网定期或不定期将企业的信息和有新闻价值的资料通过互联网直接发给媒体，与媒体保持紧密合作关系。企业也可以通过媒体的网站直接了解媒体关注的热点和报道重点，及时提供信息与媒体合作。

例如,很多运动品牌会借助网络媒体平台来进行品牌宣传和冠名热点报道,其中与腾讯体育频道合作的就有"361°多一度热爱榜"、"贵人鸟特约赛事竞猜"、"乔丹特约篮球星播客"、"NIKE社区"等。

9.2.2.2 宣传和推广产品

宣传和推广产品是网络公共关系重要职能之一。 互联网最初是作为信息交流和沟通渠道,因此互联网上建设有许多类似社区性质的新闻组和公告栏。 企业在利用一些直接促销工具的同时,采用一些软性的工具如讨论、介绍、展示等方法来宣传推广产品效果可能更好。 淘宝网上的服装经营者可以加入"公益淘宝"平台的活动,通过推介一些产品参与专项的公益活动,既提高了企业公益形象,也推广了产品、发展了潜在顾客。 但是,在利用新闻组和公告栏宣传和推广产品时,需要注意"有礼有节"。

9.2.2.3 建立沟通渠道

企业的网络营销站点一个重要功能就是为企业与企业相关者建立沟通渠道。 通过网站的交互功能,企业可以与目标顾客直接进行沟通,了解顾客对产品的评价和顾客提出的还没有满足的需求,保持与顾客的紧密关系,维系顾客的忠诚度。 同时,企业通过网站对企业自身以及产品、服务的介绍,让对企业感兴趣的群体可以充分认识和了解企业,提高企业在公众中的透明度。 例如,当2012年全球都在关注伦敦奥运会的比赛结果时,运动品牌361°官网提供实时的奥运赛事情况报道栏,通过网络迅速传播;独揽CCTV记者服权益,签约孙杨、凯文乐福等明星,为多支奥运军团提供专业装备;打造361°全民记者团、伦敦行动等大型活动,凝聚运动热情,分享奥运精彩。 其展示的公关效果不亚于经由传统的渠道——报纸、电视与杂志。

9.2.3 服装网络病毒式促销

病毒式营销(Viral Marketing)是指利用用户口碑传播原理(用户间的主动信息传播)进行网站、品牌推广,这种"口碑传播"可以像病毒一样迅速延伸。 网络具有快速传递信息的特征,病毒式促销就是利用网络这一特征将营销信息进行高效传播。 该方法通过抓住网民的心理特征,通过应用具有诱惑力的促销手段,使网民之间自发进行传递营销信息,因此几乎是不需要费用的网络营销手段。

有效的病毒式促销的基本要素如下。

9.2.3.1 利用"免费"吸引客户

在市场营销人员的词汇中，"免费"一直是最有效的词语，大多数病毒式营销计划提供有价值的免费产品或服务来引起注意，例如，免费的 E-mail 服务、免费信息、免费"酷"按钮、具有强大功能的免费软件。"便宜"或者"廉价"之类的词语可以产生兴趣，但是"免费"通常可以更快引人注意，能在免费服务中刺激需求和兴趣的高涨，但是利用该促销方法往往是滞后获利的。病毒性营销既可以被看作是一种网络营销方法，也可以被认为是一种网络营销思想，即通过提供有价值的信息和服务，利用用户之间的主动传播来实现网络营销信息传递的目的。比如当下出现了"美丽说"、"蘑菇街"和"LC 风格网"等形式的女性网络社区平台，在这些网络社区中聚集了大量的传递时尚资讯、网购产品和网店等相关信息传播者，其中"美丽说"免费提供应季最 IN 的单品、各种风格的衣服饰品如何搭配等信息，同时提供时尚、美容问答服务。在这个社区里聚集了有相同兴趣爱好的人，相互之间可以推荐、分享、评论商品，而商品的链接来自外部的电商网站，社区自身通过展示广告、点击购买分成取得收入。

9.2.3.2 提供无须努力的向他人传递信息的方式

公众健康护士在流感季节提出严肃的劝告：远离咳嗽的病人，经常洗手，不要触摸眼睛、鼻子和嘴。病毒只在易于传染的情况下才会传播，因此，携带营销信息的媒体必须易于传递和复制，如：E-mail、网站、图表、软件下载等。病毒式促销在互联网上得以极好地发挥作用是因为即时通信变得容易得到而且廉价，数字格式使得复制更加简单，从营销的观点来看，必须把营销信息简单化使信息容易传输，越简短越好。

9.2.3.3 利用公众的积极性和行为

巧妙的病毒式营销计划利用公众的积极性，将营销信息传递给千万网民。例如，将一段营销信息制作成游戏、故事、视频、微电影等，通过邮件、论坛、微博等途经发送给网民，接收者如对此感兴趣就可能将该信息转发给他的朋友，这种病毒式的效果可以在几个小时内轻松创建一个分销渠道。

9.2.3.4 利用了"口头传递"传播信息

在网络广告、新闻消息、电子邮件等内容安插类似的"告诉你朋友"或

"推荐给你的朋友"等语句在网络广告中运用最普遍。 这种病毒式促销方法启动成本低且能快速执行。 如"美丽说"网络社区平台将有相同兴趣爱好的人聚集在一起，在这个垂直领域中，这些人相互之间可以分享经验、推荐商品。 在为用户提供讨论场所的同时，也为商家找到了精准用户，从商业模式的角度来说，这是一种链条非常短、非常高效的商业模式。

9.2.3.5　利用别人的资源

最具创造性的病毒性营销计划是利用别人的资源达到自己的目的。 但是我们也要看到，一些病毒式促销计划和方案虽然创意很好，但是实际操作中并未达到预期效果，甚至为客户带来麻烦，进而对网站形象造成负面影响。 因此要认识病毒式促销的基本要素，遵照病毒式促销的一般规律。 病毒式促销的实施过程是零成本的，而病毒式促销方案设计需要成本，网络营销信息不会自动传播，需要进行一定的推广。

9.2.4　服装网络竞价排名

服装网络竞价排名内容如下。

9.2.4.1　搜索引擎营销

传统营销需要选择目标市场，通过创造、传递、传播优质的客户价值，获得、保持和发展优质客户。 而在互联网时代，网站由于其内容丰富、查阅方便、不受时空限制、成本低等优势，广受网民和商家的喜爱，成为传递、传播价值的主要手段，并在获得、保持和发展客户方面呈现强大的潜力。 所以，围绕网站的营销活动越来越丰富。

搜索引擎营销，是英文 Search Engine Marketing 的翻译，简称为 SEM，就是根据用户使用搜索引擎的方式，利用用户检索信息的机会尽可能将营销信息传递给目标用户。 简单来说，搜索引擎营销就是基于搜索引擎平台的网络营销，利用人们对搜索引擎的依赖和使用习惯，在人们检索信息的时候尽可能将营销信息传递给目标客户。 搜索引擎营销主要实现方法包括竞价排名、分类目录登录、搜索引擎登录、付费搜索引擎广告、关键词广告、TMTW 来电付费广告、搜索引擎优化（搜索引擎自然排名）、地址栏搜索、网站链接策略等。

9.2.4.2　服装网络竞价排名

网络竞价排名是指网站付费后才能出现在搜索结果页面，付费越高者排名越靠前;竞价排名服务,是由客户为自己的网页购买关键字排名,按点击计费的一种服务。 客户可以通过调整每次点击付费价格,控制自己在特定关键字搜索结果中的排名;并可以通过设定不同的关键词捕捉到不同类型的目标访问者。

在国内最流行的点击付费搜索引擎有百度、雅虎和 Google。 值得一提的是即使是做了 PPC（Pay Per Click,按照点击收费）付费广告和竞价排名,最好也应该对网站进行搜索引擎优化设计,并将网站登录到各大免费的搜索引擎中。

9.2.5　其他网上促销方式

其他网上促销方式包括网络社区营销、口碑营销、博客营销、许可 E-mail 营销等内容。

9.2.5.1　网络社区营销

网络社区营销是早期网络营销的手段之一,是指把有共同兴趣的访问者集中到一个虚拟空间,相互沟通并借助口碑的力量而达到大规模商品营销的效果。

网络社区营销的作用主要表现为有助于了解消费者对产品或服务的意见或观点,并有利于消费者对企业网站的重复访问,增加消费者的"黏性";可以作为一种实时客户服务工具,方便地在线回答客户问题或就热点问题进行在线调查,这对稳定老客户和挖掘潜在客户非常有利;通过社区间或社区与网站间的合作,获得免费宣传的机会,扩大企业产品和服务的传播范围。 例如,"蘑菇街"是一个新型的女性买家社区,是杭州卷瓜网络旗下的一个专注于提供发现美与时尚、分享购物乐趣,结交志趣相投好友、自由交流的平台,是目前国内比较火的女性分享导购社区,于 2011 年 2 月 14 日上线,每天有数百万的女性在这里扎堆儿分享购物、讨论时尚。 发展一年半的时间内,已经拥有了超过 2 000 万的注册会员,每天为超过三百万的女性消费者提供购物决策建议。 很多服装网络品牌会与蘑菇街社区合作,了解消费者对产品或服务的观点意见,扩大品牌知名度,或者借助社区推出团购,提高品牌销量。

9.2.5.2　口碑营销

口碑营销是指以满足客户需求、赢得客户满意和客户忠诚、获得正向口碑、与客户建立良好的关系以及提高企业和品牌形象等为目标。

口碑营销的主要特点为可信度非常高,口碑传播往往发生在关系比较亲近的亲友、同事、同学等密切群体之间，在其特殊的关系和友谊基础上，相比较纯粹的广告、促销、公共等，口碑营销的可信度要高；传播成本低，不需要其他更多的广告费用；具有团队性，在相互口碑传播的群体中往往有着相近的消费取向，相似的品牌偏好，只要影响了其中的一个或几个，其信息马上就会快速传播开来。

在实施网络口碑营销过程中可能不需要花费很多钱，但是你需要花费的时间、精力、耐心、真诚是无法用金钱衡量的。

当前能够实现口碑营销的网络途径也越来越多样化，如网络社区中的"意见领袖"，一方面对社区的品味产生了引导作用，另一方面也调动了用户的积极性；微博以"关注"为形式建立起来的粉丝群，这个粉丝群的数目代表了用户意见的口碑宣传威信程度。

9.2.5.3　博客营销

博客是一个新型的个人互联网出版工具，是网站应用的一种新方式，它为每个用户提供一个信息发布、知识交流的传播平台，博客使用者可以很方便地用文字、链接、视频、图片建立其自己个性化的网站空间。有价值的博客内容会吸引大量潜在用户浏览，从而达到向潜在用户传递营销信息的目的。博客营销的概念目前并没有严格定义，简单地说，就是利用博客这种网络应用形式展开网络营销。近年来出现的"微博"也是博客发展延伸出来的一种形式。

博客的营销价值主要体现为可以直接带来潜在客户；降低网站推广费用；树立公司品牌形象。

9.2.5.4　许可 E-mail 营销

许可 E-mail 营销是指在用户事先许可的前提下，通过电子邮件的方式向目标客户传递有价值信息的一种网络营销手段。它有三个基本因素，即用户许可、以电子邮件为信息载体和邮件内容对客户是有价值的。许可 E-mail 营销是网络营销方法体系中相对独立的一种，既可以与其他网络营销方法相结合，也可以独立应用。采用许可 E-mail 营销形式可以减少广告对客户的滋扰、增加潜在客户定位的准确性、增强与客户的关系。

许可 E-mail 营销的主要类型可分为内部列表 E-mail 营销和外部列表 E-mail 营销。

195

9.3 服装网络营销广告

广告是通过各种媒体进行的非个人化的信息沟通,通常是提供与产品或理念有关的劝说性信息,一般由指定的赞助商付费。 网页上或电子邮件中所有付费空间都被视为广告。 互联网是一个全新的广告媒体,速度快、效果好,是中小企业发展壮大的很好途径,对于广泛开展国际业务的公司更是如此。 门户网站、视频网站和社区网站是服饰类品牌网络广告主首选的投放媒体。

9.3.1 服装网络广告的特点与类型

网络广告是利用网站上的广告横幅、文本链接、多媒体等,在互联网刊登或发布广告,通过网络传递到互联网用户的一种高科技广告运作方式。 与传统的四大传播媒体(报纸、杂志、电视、广播)广告及近来备受垂青的户外广告相比,网络广告具有得天独厚的优势,是实施现代营销媒体战略的重要一部分。

9.3.1.1 网络广告的优越性

网络广告的优越性有:

① 覆盖面广,观众数目庞大,有最广阔的传播范围。

② 不受时间限制,广告效果持久。

③ 方式灵活,互动性强。

④ 可以分类检索,广告针对性强。

⑤ 制作简捷,广告费用低。

⑥ 可以准确地统计受众数量。

9.3.1.2 网络广告的特点

同传统的广告媒体相比,网络广告的特点主要体现在以下方面。

(1) 广泛和开放性

网络广告可以通过互联网把广告信息全天候、24 小时不间断地传播到世界各地,这些效果是传统媒体无法达到的。 另外,报纸、杂志、电视、广播、路牌等传统广告都具有很大的强迫性,而网络广告的过程是开放的、非强迫性的,这一点同传统传媒有本质的不同。

(2) 实时和可控性

网络广告可以根据客户的需求快速制作并进行投放，而传统广告制作成本较高，投放周期固定。而且，在传统媒体上做广告发布后很难更改，即使可以改动往往也需付出很大的经济代价，而网络广告可以按照客户需要及时变更广告内容。这样广告主的经营决策变化就能及时实施和推广。

(3) 直接和针对性

通过传统广告，消费者只能间接地接触其所宣传的产品，无法通过广告直接感受产品或了解厂商的具体运作和服务的提供。而网络广告则不同，只要消费者看到了所感兴趣的内容，直接单击鼠标，即可进入该企业网站，了解到业务的具体内容。另外，网络广告可以投放给某些特定的目标人群，甚至可以做到一对一的定向投放。根据不同来访者的特点，网络广告可以灵活地实现时间定向、地域定向、频道定向，从而实现了对消费者的清晰归类，在一定程度上保证了广告的到达率。

(4) 双向和交互性

传统的广告信息流是单向的，即企业推出什么内容，消费者就只能被动地接受什么内容。而网络广告突破了这种单向性的局限，实现了供求双方信息流的双向互动。通过网络广告的链接，用户可以从厂商的相关站点中得到更多、更详尽的信息。另外，用户可以通过广告位直接填写并提交在线表单信息，厂商可以随时得到宝贵的用户反馈信息。同时，网络广告可以提供进一步的产品查询，方便与消费者的互动与沟通。

(5) 易统计和可评估性

在传统媒体做广告，很难准确地知道有多少人接收到广告信息。而网络广告不同，可以详细地统计一个网站各网页被浏览的总次数、每个广告被点击的次数，甚至还可以详细、具体地统计出每个访问者的访问时间和 IP 地址。另外，提供网络广告发布的网站一般都能建立用户数据库，包括用户的地域分布、年龄、性别、收入、职业、婚姻状况、爱好等。这些统计资料可帮助广告主统计与分析市场和受众，根据广告目标受众的特点，有针对性地投放广告，并根据用户特点作定点投放和跟踪分析，对广告效果做出客观准确的评估。

(6) 网络信息传播的感官性

网络广告基本上是以多媒体或超文本格式文件作为载体，采用动态影像、文字、声音、图像、表格、动画、三维空间、虚拟现实等多种表现形式，能传送多感官的信息，可以让顾客如身临其境地亲身体验感受到广告所表现的商品或服务的特征。广告的创作人员可以根据广告创意需要进行任意的组合创作，从而有助于最大限度地调动各种艺术表现手段，制作出形式多样、生动活泼、能够激发消费者购买欲望的广告。

9.3.1.3 网络广告的类型

(1) 网幅广告

网幅广告是以 GIF、JPG、Flash 等格式建立的图象文件，定位在网页中大多用来表现广告内容，同时还可使用 Java 等语言使其产生交互性，用 Shockwave 等插件工具增强表现力。如 Banner（旗帜广告）、Button（按钮广告）、通栏、竖边、巨幅等（图 9-1）。

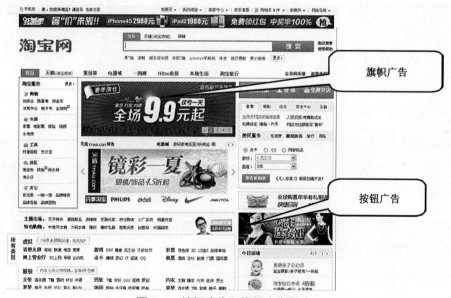

图 9-1　按钮广告和旗帜广告形式

(2) 文本链接广告

文本链接广告（Text Link Advertising）是以一排文字作为一个广告，点击可以进入相应的广告页面。这是一种对浏览者干扰最少，但却较为有效果的网络广告形式。有时候，最简单的广告形式效果却最好（图 9-2）。

该类广告的优点是对用户阅读网站造成的影响较小，能到达软性宣传的目的，但是此广告是通过文字来传达信息的，在做的时候就会有一定的挑战性，越是短小的广告越难做。因为从一句话里传达的信息是有限的，如何发挥这句话的

图9-2　文本链接广告形式

作用就必须要有好的创意。 文本链接广告的费用一般也比较低,对于广告投入少又想得到很好的效果的广告业主特别适用。

(3) 电子邮件广告

电子邮件广告(E-mail Advertising),是利用电子邮件或电子邮件列表,将客户的广告信息按信息类别发到相应的邮件地址。 电子邮件是网民最经常使用的互联网工具,具有针对性强(除非你肆意滥发)、费用低廉的特点,且广告内容不受限制。 电子邮件广告可以直接发送,但有时也通过搭载发送的形式:如通过用户订阅的电子刊物、新闻邮件和免费软件以及软件升级等其他资料一起附带发送。 也有的网站使用注册会员制,收集忠实读者(网上浏览者)群,将客户广告连同网站提供的每日更新的信息一起,准确送到该网站注册会员的电子信箱中。 这种形式的邮件广告容易被接受,具有直接的宣传效应。 特别是针对性强的特点,它可以针对具体某一个人发送特定的广告,为其他网上广告方式所不及(图9-3)。

(4) 赞助

赞助式广告多种多样,和传统广告形式相比,网络广告给予广告主更多的选择。 赞助式广告的定义至今仍未有明确划分,DoubleClick Asia 台湾区行销总监伍臻祥提出,凡是所有非旗帜形式的网络广告,都可算作是赞助式广告。 浏览者对于自己每天浏览的网站往往比较信任,所以在这些网站的信息中夹杂广告主的

图 9-3　电子邮件广告形式

信息比单纯的广告更有作用。 例如，NIKE 赞助了新浪"竞技风暴"频道，该频道名字也相应改成"NIKE 竞技风暴"，并配上不同栏目，NIKE 也将受到该栏目的浏览者的关注。

(5) 与内容相结合的广告

广告与内容的结合可以说是赞助式广告的一种，从表面上看起来它们更像网页上的内容而并非广告。 在传统的印刷媒体上，这类广告都会有明显的标示，指出这是广告，而在网页上通常没有清楚的界限。

(6) 插播式广告(弹出式广告)

访客在请求登录网页时强制插入一个广告页面或弹出广告窗口。 它们有点类似电视广告，都是打断正常节目的播放，强迫观看。 插播式广告有各种尺寸，有全屏的也有小窗口的，而且互动的程度也不同，从静态的到全部动态的都有。浏览者可以通过关闭窗口不看广告(电视广告是无法做到的)，但是它们的出现没有任何征兆，而且肯定会被浏览者看到。

(7) 富媒体广告

Rich Media(富媒体)一般指使用浏览器插件或其他脚本语言、Java 语言等编写的具有复杂视觉效果和交互功能的网络广告。 这些效果的使用是否有效，一方面取决于站点的服务器端设置，另一方面取决于访问者浏览器是否能查看。一般来说，RichMedia 能表现更多、更精彩的广告内容。

(8) 游戏嵌入式广告

游戏嵌入式广告利用植入式营销的概念，避免了排斥广告的负面效应。 通过在线游戏与广告活动的结合，成为有效"吸引新顾客"的网络营销工具。

(9) 其他新型广告

其他新型广告还包括视频广告、路演广告、巨幅连播广告、翻页广告、祝贺广告、论坛版块广告、EDM 直投、定向广告、数字杂志类广告、P2P 软件类广告以及 IM 即时通讯广告等等。

9.3.2 服装网络广告的策划与发布

网络广告策划是根据互联网的特征及网络人群的特征，从全局角度所展开的一种运筹和规划。 在有限的广告信息体上，对整个网络广告活动加以协调安排，广告设计、广告投入、广告时间、广告空间安排等各个具体环节做到充分考虑并精益求精。 广告商需要对广告自我检测、不断改进，胸有成竹地执行各个环节。 服装网络广告策划有以下几个基本步骤。

9.3.2.1 确定网络广告的目标

网络广告是网络营销策略的一个组成部分，网络广告策略的目标应建立在有关目标市场、市场定位以及营销组合计划的基础之上，通过对市场竞争状况充分的调查分析，确定明确的广告目标。 在公司的不同发展时期有不同的广告目标，比如是形象广告还是产品广告。 即使对于产品广告，在产品的不同发展阶段，广告的目标也可以区分为提供信息、说服购买和提醒使用等不同形式。

9.3.2.2 确定网络广告的目标群体

为了实现一定的广告目标，需要购买一定的广告空间，某些网络广告的价格相对比较高昂。 因此，企业需要根据广告目标，为每一个产品认真做好广告预算。

9.3.2.3 进行网络广告创意及策略选择

这一阶段需要根据广告的目标、公司的发展阶段、产品生命周期、竞争者状况分析等信息，确定广告诉求重点，设计网络广告。 广告活动因为不同的创意而产生很大的差异，因此，创意因素的效果要比所花经费重要得多。 通常情况下，只有广告引起观众注意后，才有可能有助于提高品牌形象和销售。 确定创意策略有三个步骤：信息制作、信息评估与选择和信息表达。 广告创意的确定通常由公司和广告代理公司共同参与完成。

9.3.2.4　选择网络广告发布渠道及方式

作出了广告信息决策之后，就要为广告投放做准备，其中最主要的任务就是选择网络广告媒体资源。如某服装公司根据自身各方面因素的需要可以将广告投放到新浪网、淘宝网、天涯社区论坛、蘑菇街等各种渠道的网络平台。

9.3.2.5　网络效果监测和评价

大多数广告客户都希望了解广告的实际效果，网络效果监测和评价是网络广告策略流程中的非常重要的一步，不仅可以对前一阶段广告投放的效果作出总结，还可以作为下阶段调整和改进广告策略的重要依据。

9.3.3　服装网络广告的效果评价

服装网络广告的效果评价包括服装网络广告评估的内容及指标和服装网络广告效果的评估方法。

9.3.3.1　服装网络广告评估的内容及指标

服装网络广告评估的内容及指标如下文所述。

(1) 网络广告经济效果评估的内容及指标

从网络广告的经济效益来看，可以用 CPM、CPC 和 CPA 等指标来衡量。针对不同的活动类型和目标，偏重不同的评估指标。

① CPM(Cost Per Mille，千人印象成本)。广告显示 1 000 次所应付的费用。它所反映的定价原则是：按显示次数给广告定价。这种定价思路与传统广告的定价源出一脉。

② CPC(Cost Per Click，每点击成本)。在这种模式下，广告主仅为用户点击广告的行为付费，而不再为广告显示次数付费。

③ CPA(Cost Per Action，每行动成本)。按照用户的每一交互行为收费。

通常情况下，品牌曝光常采取 CPM 为主，如果是活动推广，则需要关注活动的参与人数和 CPC；如果是以促销为主，则需要关注 CPA 和转化率 CTR 的情况。

企业在不同的媒体环境下，获得不同层次的单个的目标受众的成本往往会存在很大的差异。不同的广告投放成本，取决于目标人群的层次、目标人群接触的难度、行业竞争状况、广告形式和媒体价格等多种因素的综合。

(2) 网络广告传播效果评估的内容及指标

① 广告曝光次数(Advertising Impression)。广告曝光次数是指网络广告所

在的网页被访问的次数,这一数字通常用 Counter 计算器来统计。

② 点击次数与点击率(Click & Click Through Rate)。 点击次数除以广告曝光次数,即得到点击率。

③ 转化次数与转化率(Conversion & Conversion Rate)。 转化次数就是由于受网络广告影响所产生的购买、注册或者信息需求行动的次数。 转化次数除以广告曝光次数,即得到转化率。

④ 网页阅读次数(Page View)。 当浏览者点击网络广告之后,进入介绍产品信息的主页或者广告主网站的次数。

9.3.3.2 服装网络广告效果的评估方法

网络广告的效果评价关系到网络媒体和广告主的直接利益,也影响到整个行业的正常发展,广告主总希望了解自己投放广告后能取得什么回报,这就需要从定性和定量的方面来衡量网络广告的效果,主要有以下三种基本的方法。

(1) 对比分析法

对比分析法是一种比较传统的分析方法,不同的网络广告形式,对比的内容和方法也不一样。 如企业使用 E-mail 广告关系营销有助于企业与顾客联系,并影响其对企业的产品或服务的印象。 从定性的角度考虑,通过对比分析研究方法,关注 E-mail 营销带给人们的思考和感觉,对有无收到 E-mail 顾客的不同态度进行对比,以获取 E-mail 广告对顾客产生的影响及效果。

(2) 加权计算法

加权计算法就是在投放网络广告后的一定时间内,对网络广告产生效果的不同层面赋予权重,以判别不同广告所产生效果之间的差异。 这种方法实际上是对不同广告形式、不同投放媒体或者不同投放周期等情况下的广告效果比较,而不仅仅反映某次广告投放所产生的效果。

(3) 点击率与转化率

点击率是网络广告最基本的评价指标,也是反映网络广告最直接、最具说服力的量化指标。 随着人们对网络广告了解的深入,点击它的人反而越来越少,除非是特别有创意或者有吸引力的广告。 那些过低的不到 1% 的点击率无法充分反映网络广告的真正效果,对此与点击率相关的另一个指标——转化率,被用来反映那些观看而没有点击广告所产生的效果。

服装网络营销实例——"我是凡客"系列广告掀起"凡客体"

2010 年 7 月凡客诚品(VANCL)邀请了青年作家韩寒和影视演员王珞丹出任形象代言人,一系列的广告也铺天盖地出现在公众的眼帘。 该广告系列意在戏谑主流文化,彰显该品牌的自我路线和个性形象。 这则以"爱……不爱…… 是……不是……我是……"为基本叙述方式的广告体在网上掀起 PS 热潮,越来越多的网民开始以此为模板,用 Photoshop技术更换图片主角和描述语言。 由此创造的全新名词"凡客体"至今依然是网民正确表达自我、企业借势宣传的首选文体;很多网友曾发信来表达凡客广告成为了他们的阅读期待,希望看到更多形式。

"爱网络、爱自由;爱晚起、爱夜间大排档……"这些个性标签经过网友的想象和加工,已变成众多明星甚至个人的标签。 以被传播得最广的郭德纲"凡客体"为例,大大的图片旁边的文字被改为:"爱相声、爱演戏、爱豪宅、爱得瑟、爱谁谁……我是郭德纲",极富调侃,令人捧腹。"爱碎碎念,爱什么都敢告诉你,爱大声喊'爱爱爱',要么就喊'不爱不爱不爱',请相信真诚的广告创意永远有口碑,我不是'某白金'或'某生肖生肖生肖',我是凡客体",通常凡客体以此为开头。

据不完全统计,截止 2012 年 8 月 5 日已经有 2 000 多张"凡客体"图片在微博、开心网、QQ 群以及各大论坛上疯狂转载。 黄晓明、唐骏和曾子墨等千余位明星或被"恶搞"或被追捧。 此外,也有不少是网友个人和企业出于乐趣制作的"凡客体"。

原版凡客广告词:

1. 韩寒

爱网络,爱自由,

爱晚起,爱夜间大排档,爱赛车;

也爱 59 块帆布鞋,我不是什么旗手,

不是谁的代言,我是韩寒,

我只代表我自己。

我和你一样,我是凡客。

2. 王珞丹

我爱表演,不爱扮演;

我爱奋斗,也爱享受生活;

我爱漂亮衣服,更爱打折标签;

不是米莱,不是钱小样,不是大明星,我是王珞丹;

我没什么特别,我很特别;

我和别人不一样,我和你一样,我是凡客。

"我是凡客"视频则由企业精心策划并邀请知名导演倾力打造,以向消费者传递凡客的品牌理念,提高凡客的知名度。 该视频的文案广告体却刚好顺应当前网络用户的自我个性,被网络用户主动传播并掀起 PS 潮,就像是"病毒"一样迅速延伸,在被传播和 PS 的过程中,也是对凡客品牌的宣传和推广,同时,将会有越来越多的消费者理解了"我是凡客"理念,也将会有更多的消费者知晓了凡客的品牌。"凡客体"也成了服装网络广告的一个经典案例。

概念辨析——网络营销 VS 网络促销

网络营销(On-line Marketing 或 E-Marketing)就是以国际互联网为基础,利用数字化的信息和网络媒体的交互性来辅助营销目标实现的一种新型的市场营销方式。 简单地说,网络营销就是以互联网为主要手段进行的,为达到一定营销目的的营销活动,是企业整体营销战略的一个组成部分。 网络营销贯穿于企业开展网上经营的整个过程,包括信息收集、信息发布,到开展网上交易为主的电子商务阶段。

网络促销(Cyber Sales Promotion)是指利用现代化的网络技术向虚拟市场传递有关产品和服务的信息,以启发需求,引起消费者的购买欲望和购买行为的各种活动。 网络促销是在网上市场开展的促销活动,相应形式也有四种,分别是网络广告、销售促进、站点推广和关系营销。 其中网络广告和站点促销是网络营销促销的主要形式。

205

思考与练习

复习题

1. 什么是网络促销? 它的特点有什么?

2. 网络广告主要有哪些形式?

3. 服装企业如何利用互联网开展公共关系营销?

4. 企业经营者如何建立网络口碑?

讨论题

1. 作为服装网络经营者如何利用互联网建立网络口碑?

2. 服装网络病毒式促销为什么能够成为一种非常有效的营销手段?

网络实践

1. 浏览淘宝网站,并对其网站出现的广告工具进行评估。 作为服装经营者,你愿意使用它们吗？它们会给你带来什么？为什么？

2. 浏览一份时尚杂志，查找其中的广告，记录服装公司网站或网购平台被提及的次数及背景，然后登录这些网站，分析广告效果。

第 10 章 | 服装网络营销客户关系管理

知识要点

1. 理解客户关系管理的概念及其核心思想,了解客户关系管理的基本功能;

2. 了解客户关系管理实施的基本目标,掌握企业具体实施步骤,能够制定服装企业的实施计划;

3. 了解服装企业网络营销中实施客户关系管理的主要技术,包括公司方工具和客户方工具。

章首引例

雅戈尔集团股份有限公司(YOUGOR)创建于 1979 年,1998 年在上交所上市。雅戈尔公司主打产品雅戈尔衬衫、雅戈尔西服,多年获得市场综合占有率第一位。其成衣制造包括西服、茄克、衬衫、裤子、T 恤、毛衫等种类,同时在服装面料及原辅材料棉花、棉纺辅料上也进行了投资发展。

面对广大的市场与经营分支,合理高效的管理方式成为亟需,CRM(Customer Relationship Management,客户关系管理)就是其中重要内容之一。国内 CRM 管理软件在 1999 年开始起步,北京立友信公司在 1999 年从美国引入 CRM 理念,耗资 1 800 万元人民币,与国内计算机顶尖研发团队合作,开发出国内第一套客户关系管理系统 MyCRM。 2006 年雅戈尔集团签约购买立友信 MyCRM V5.0 企业版软件,立友信科技为雅戈尔集团构建了"以客户为中心"的 CRM 管理体系。作为中国服装企业的领导品牌,客户关系管理 CRM 软件在雅戈尔集团的成功运用,使雅戈尔公司不仅进一步加快了信息化建设的步伐,也为 CRM 在中国服装制造行业的推广应用,成功树立了示范标杆,为服装企业掀起 CRM 管理和应用的热潮起到引领作用。

10.1　服装网络客户关系管理概述

本节内容包括客户关系管理的理念、功能和构成三方面内容。

10.1.1　客户关系管理的理念

客户关系管理（CRM），是企业管理客户关系的一个系统，它包含客户服务、市场竞争、销售及决策支持等方面内容。企业按照客户定位、客户细分、客户开发、交易、服务、维护等情况有效地组织企业资源，形成以客户为中心的经营行为和业务流程，以此为手段获得较高的客户满意度和忠诚度，建立长期的客户关系，从而提高企业的获利能力。

CRM 是基于互联网的软件应用系统，它通过综合的 IT 技术使企业市场营销、销售管理、客户服务和支持等以客户为中心来重新设计业务流程，实现客户资源有效利用。同时，CRM 使企业能利用信息技术和互联网技术实现对客户的整合营销，它是一个获取、保持和增加可获利客户的方法和过程。

CRM 的核心是以客户为中心。CRM 客户关系管理是一个不断加强与顾客交流，不断了解顾客需求，并不断对产品及服务进行改进和提高以满足顾客的需求的连续的过程。CRM 强调个性化和客户需求导向，以客户的角度站在客户的立场为客户服务。客户关系管理注重的是与客户的交流，企业的经营是以客户为中心，而不是传统的以产品或以市场为中心。为方便与客户的沟通，客户关系管理可以为客户提供多种交流的渠道。

CRM 是一种新的运作模式与管理机制，旨在改善企业与客户关系。它通过对企业业务流程的重组来整合用户信息资源，以更有效的方法来管理客户关系，在企业内部实现信息和资源的共享，从而降低企业运营成本，为客户提供更经济、快捷、周到的产品和服务，保持和吸引更多的客户，以求最终达到企业利润最大化的目的。

10.1.2　客户关系管理的功能

客户关系管理的功能可以归纳为三个方面：市场营销中的客户关系管理、销售过程中的客户关系管理、客户服务过程中的客户关系管理,即市场营销管理功能、销售管理功能和客户服务管理功能,或者称为营销自动化功能、销售队伍自动化功能和客户服务功能。

10.1.2.1 市场营销管理功能

客户关系管理系统在市场营销过程中,帮助营销人员进行有效的营销定位,取得快速的营销沟通,同时监控客户和市场的发展。 它有效帮助市场人员分析现有的目标客户群体,如主要客户群体集中在哪个行业、哪个职业、哪个年龄层次、哪个地域等等,从而帮助市场人员进行精确的市场投放。

CRM 市场营销软件解决方案包括电子邮件营销管理、数据库营销管理、市场细分管理等工作。 CRM 软件通过从网站和数据库中提取数据,获得营销活动的结果,有效分析每一次市场活动的投入产出比。 根据与市场活动相关联的回款记录及举行市场活动的报销单据做计算,可以统计出所有市场活动的效果报表。

10.1.2.2 销售管理功能

CRM 销售管理主要包括潜在客户、现实客户、联系人、业务机会、订单、回款单、报表统计图等模块。 销售队伍自动化软件允许销售人员建立和更新客户记录,通过记录沟通内容、建立日程安排、查询预约提醒、快速浏览客户数据等手段管理工作日志,有效缩短了工作时间。 销售队伍自动化软件还具有大额业务提醒、销售漏斗分析、业绩指标统计、业务阶段划分等功能,可以有效帮助管理人员提高整个公司的成单率、缩短销售周期,实现最大效益的业务增长。同时销售人员可通过数据库中的客户和产品数据,开发、增加客户和维护客户。

10.1.2.3 客户服务与管理功能

客户服务表现为对客户的服务与关怀,它与企业的形象密切相关,是 CRM 的中心环节。 客户服务最初是企业向客户提供售后服务,由于产品如家用电器、电脑产品、汽车等需要定期进行修理和维护,售后服务是作为对其特定产品的一种支持。 这种售后服务基本上被客户认为是产品本身的一个组成部分,如果没有售后服务,客户根本就不会购买企业的产品。

客户服务管理渗透在客户开发、维系和培养等各阶段,主要功能包括客户反馈、解决方案、满意度调查等功能。 应用客户服务中使用的电子邮件、网上即时通信使客服能及时了解客户需求、在线服务等,允许客户和客服代表在相同的网络下讨论问题，快速及时地获得问题客户的信息及客户历史问题记录等，有针对性并且高效地为客户解决问题，提高客户满意度，提升企业形象。

10.1.3 客户关系管理的构成

客户关系管理是企业管理中信息技术、软硬件系统集成的管理方法和应用解决方案的总和，它包括客户、技术、流程和策略等方面。

客户关系管理贯穿了市场营销的所有环节，涉及客户服务（包括向客户提供服装产品信息和服务建议等），客户信息管理，产品质量（应符合有关标准、适合客户使用、保证安全可靠），服务质量（指与企业接触的过程中客户的体验，满足规定或潜在要求或需要的程度，涉及市场沟通、企业形象、顾客口碑和顾客需求），售后服务（包括服装产品介绍、送货、安装、调试、维修、技术培训、售后的查询和投诉，以及维护和修理）等。

客户关系管理的核心是客户价值管理，它将客户价值分为既成价值、潜在价值和模型价值（建立在彻底调查卖方产品所有的构成因素、尤其是卖方产品对客户的成本构成和利润的影响的基础为模型），通过一对一营销原则，满足不同价值客户的个性化需求，提高客户忠诚度和保有率，实现客户价值持续贡献，从而全面提升企业盈利能力。

10.2 服装网络营销客户关系管理流程

本节包括客户关系管理实施目标和实施步骤两方面内容。

10.2.1 客户关系管理实施目标

客户关系管理实施的目标是客户关系的确立、维持和加强，并确保企业把适当的时间、资金和管理资源集中在客户保持上。CRM 在注重 4P 的同时，关注营销体系中各种交叉功能的组合，从而赢得客户，提升客户的忠诚度，产生竞争优势，最终提高公司的利润率。

CRM 的另一个目标是通过全面提升企业业务流程的管理来降低企业成本，

通过提供更快速和周到的优质服务来吸引和保持更多的客户。 作为一种新型管理机制,CRM 运用于企业的市场营销、销售、服务与技术支持等与客户相关的领域,极大地改善了企业与客户之间的关系。

CRM 使企业与客户建立超过产品本身的联系。 企业与客户之间建立的联系可分为三个层次,第一层次是财务的关系,营销人员通过定价策略与客户建立奖金往来,这是初级的联系;第二层次是社会的联系,通过公司与客户、客户与客户之间的沟通,公司与客户间建立起超出交易之外的社会的联系,客户因为与公司的社会关系,对公司品牌更加忠诚;第三层次是结构的联系,公司通过结构调整解决问题、增加价值,形成与客户间的结构联系。 例如天猫商城,用户登录后,

图 10-1 天猫商城用户收藏的品牌页面

可到品牌街收藏自己喜欢的品牌,用户可以对已进入收藏的某个品牌进行"取消收藏"的操作,调整收藏。 用户下次登录后,在品牌街点击我收藏的品牌,网页将显示出用户喜欢的品牌及品牌售出的服装图片,并有相应的链接到购买的页面,方便用户浏览购买,如图 10-1 所示。 这样用户花了时间精力在众多的品牌世界中挑选出自己喜欢的品牌,定制出自己喜欢的方便页面,与天猫网站产生结构的联系,使用户从网站的尝试使用到深入使用,增加了用户对网站的认同,为用户成为网站的品牌倡导者提供了契机。

10.2.2 客户关系管理实施步骤

客户关系管理的实施主要包括以下六个步骤。

10.2.2.1 确立 CRM 战略目标

企业在实施客户关系管理方案之前,首先要确定利用这一 CRM 系统实现的具体目标,例如多长时间完成 CRM 的实施,有多少分支经营机构,CRM 的用户有多少人,提高客户满意度到什么程度、缩短产品销售周期以及增加合同的成交率等。 企业应充分了解这一系统的价值,确定目标之后,进一步分析目标和企业现状间的差距,以期实现目标。

10.2.2.2 确定阶段目标和实施路线

CRM 的目标是以客户为中心展开,而客户关心的是产品质量、交货时间、后期维护和解决问题的速度、诚意与能力等。 以此制定出 CRM 的阶段目标,并对各阶段的目标实现制定量化标准与实施路线。

10.2.2.3 建立 CRM 的组织结构和 CRM 员工队伍

在以客户为中心的原则指导下,根据行业特性和企业特点,参考相应成功企业案例,确立企业应增加或合并哪些机构、哪些部门,制定各组织机构单位的业务流程。 为成功地实现 CRM 方案,管理者还须对企业业务进行统筹考虑,并建立一支了解公司产品、熟悉业务、熟练使用 CRM 软件系统的员工队伍,CRM 组织机构和人员构成示意图,如图 10-2 所示。

10.2.2.4 设计 CRM 系统架构

CRM 的系统架构应考虑销售、营销和客户服务三部分业务的信息化和自动化,及与客户沟通手段(电话、网上聊天对话、电子邮件、传真等)的集成。 具

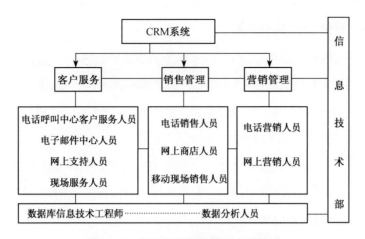

图 10-2 CRM 的组织机构和人员构成

体到每个企业,应结合行业特性、企业特点和企业业务流程,细化为不同的功能
模块来实现 CRM 的这三个主要功能,设计出相应的 CRM 系统框架,如图 10-3 所
示,包括选择使用哪些软硬件,具体有哪些功能等。

213

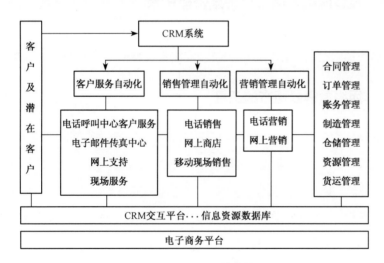

图 10-3 CRM 系统架构

10.2.2.5 CRM 系统实施

CRM 系统涉及企业的营销、销售、客户服务和决策支持等各部门,为使
CRM 方案得以迅速实现,可以先从其中的一项或几项开始,先部署实现那些当前
最为需要的功能,然后再分阶段不断向其中添加新功能,逐步实现 CRM 的全程目
标。 其中,可优先考虑使用这一系统的员工的需求,并针对某一用户群对这一系
统进行测试。

10.2.2.6　评估 CRM 实施效果

经过一段时间的使用,应对 CRM 的实施效果进行评估。 一般从以下几个方面进行评估:CRM 系统是否帮企业实现了营销管理观念的转变;企业内部员工对 CRM 理念的理解如何;在与客户间业务中是否有效合理地使用 CRM 系统,并记录获得的相关客户信息。 CRM 的实施效果评估还包括企业与客户间的沟通方式(电话、传真、E-mail、企业网页的在线服务等)是否畅通;CRM 系统能否对市场活动进行规划和评估;CRM 系统能否对销售活动进行追踪,对市场和销售活动进行分析,从不同角度对成本、利润、生产率和风险等进行分析;CRM 系统是否提高了企业利润,提高了客户的满意程度和忠诚度。

10.3　服装网络营销客户关系管理技术

本节包括网络营销公司方的工具和网络营销客户方的工具两方面内容。

10.3.1　网络营销公司方的工具

互联网作为全球范围内能够相互交流、沟通及相互参与的互动平台,是可提供个性化服务的低成本多媒体渠道,是网络营销建立的必要条件。 网络跟踪器、网站日志、条形码扫描仪、网络自动监视等工具有助于收集相关用户行为和特征的信息。 用户通常不会注意到营销人员正在收集数据,数据库从在线和离线接触点存储和传递这些数据。 企业可通过开发更加理想的、定制化的营销组合,满足很小的目标细分市场,甚至满足单个客户的需求。

10.3.1.1　网络跟踪器

即通过网络跟踪软件,允许服务器公司监控用户从一个站点到另一个站点的路径,即可跟踪用户访问的网站,在网页上发表的文字、邮件、文件下载、P2P 下载(Point to Point,它是下载术语点对点的简称。 即在你下载的同时,你的电脑还要继续做主机上传)等,根据这些数据,了解用户感兴趣的产品,提供该用户可能感兴趣的产品链接或广告。

10.3.1.2 网络日志分析

营销公司方通过网络日志分析(Web analytics)工具收集用户的网站行为信息。 每次用户进入站点时,访问就会被记录在网络服务器的日志文件中,包括用户访问了哪些页面,停留了多久,是否购买等信息。 例如 WebLog Expert 软件能够分析网站的流量记录,用于对 WEB 服务器日志文件进行综合分析,可以对网站来访者的网上行为进行下列统计:当前活动会话统计、文件存取统计、搜索使用情况统计、浏览器和操作系统统计、错误统计等。 还有些软件,如 WebTrends 能显示用户在登录公司方网页前刚访问过哪些站点。

10.3.1.3 数据挖掘

数据挖掘(Data Mining)是用统计分析的方法从存放在数据库、数据仓库或其他信息库中的大量的数据中获取有效新颖的、或潜在有用的信息,它能提炼大型数据库中隐藏的预测信息。 这是一种通过数理模式来分析企业内储存的大量资料,以找出不同的客户或市场划分,分析出消费者的喜好和行为的方法。 可参看 3.4.3 相关内容。

10.3.1.4 行为定位

行为定位(behavioral targeting)软件,追踪用户在网站上的行动,立刻编辑和报告这些数据,然后即时发送合适的网站内容。 例如当老用户再次登录网站时,网页上会即时显示该用户曾经关注过的产品。 而当该用户浏览了网站下若干网页后,综合数据分析后网站就会向该用户投递相应广告信息。

10.3.1.5 协作过滤

协作过滤(Collaborative Filtering)是指根据用户网络使用的历史记录以及其他相同历史记录用户的使用偏好,预测该用户使用偏好的一种技术。 因此可以借助协作过滤软件收集不同用户的喜好,并过滤出具有相似喜好的用户,并实时反馈给用户。 例如它收集某类人群的推荐意见后,把结果呈现给对类似产品感兴趣的用户。 了解用户行为和偏好越多,越能更好地呈现相关产品。

10.3.1.6 统一通讯平台

统一通讯平台是以客户为中心的邮件、短信、来电弹屏、网络传真、客服电话等统一的通讯平台。 运用该平台,可以完成群发短信、群发邮件、群发传真等。 营销方利用电子邮件数据库及时掌握有用的信息,用于与客户间的联系;使用电子邮件列表,将电子邮件发送给个人或群发,在时间上设定节假日或一定的时间间隔和客户保持问候与信息交流,在关键词上记事提醒及时处理回复相关内容;通过用户在网站上的交流工具,如实时聊天室或网上客服,营销方公司听取用户的需求、意见和建议,并对一些咨询进行在线实时解答,对常见问题实行链接回答。

10.3.1.7　IPOS 终端

　　IPOS 终端(Internet Point of Sells Terminals,互联网收款机系统终端),是用于网上交易支付的平台,适于电子商务、B2B 或 B2C 的商家。 IPOS 由内嵌金融专用加密模块的支付终端和电脑端控件组成安全金融支付工具,数据流在电脑中加密传输。 IPOS 除了具有自助银行的转帐、汇款、余额查询,还有网上购物付款的刷卡功能。 IPOS 终端可用于收集市场数据和开展有目的的沟通,例如使用签名数据来查看妇女是否为男性家庭成员购买衣服。

10.3.2　网络营销客户方的工具

　　用户一般通过计算机或手机上网,其使用的网络营销客户方工具一般存在于网络服务器上,或专门加载相应软件方便用户使用,或取得定制化的回应。 常用的工具如下。

10.3.2.1　购物代理

　　比较购物代理是网络中间商的一种,它具有某类商品的搜索引擎的功能,在以万维网站的形式存在于互连网上,使用专门设计的比较购物代理软件程序,为消费者提供网络导购、商品价格比较、销售商信誉评估等服务。 例如佳品网就是一家全球奢侈品的比较购物代理,它具有为顾客提供服装、箱包、腕表等时尚类商品的搜索引擎的功能,网站上提供国际知名品牌的限时特卖有时低至 1 折。在佳品网首页点击"箱包"链接按钮,网页将弹出引擎搜索出的来自 TOSSI、FENDI、MARCJACBOS、HELLOKITTY、DIOR 等国际一线品牌的箱包 1~4 折起不等的特卖链接,如图 10-4 所示。

　　一些网站软件将用户的搜索信息输入数据库,然后返回定制化的信息。 在ebay 网上用户输入"运动服",相应的可选择购买的运动服就返回给客户,并有相应运动品牌的定制化链接的网页,如图 10-5 所示。

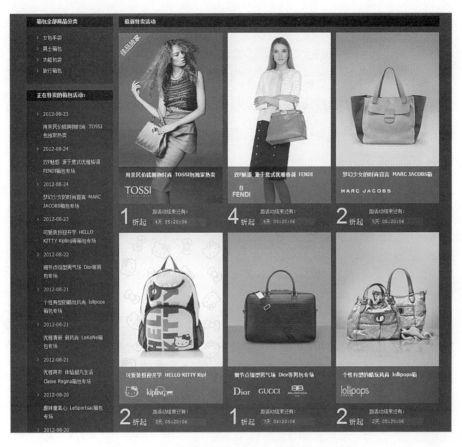

图 10-4　佳品网服装类国际知名品牌的搜索结果

图 10-5　ebay 网运动服的搜索结果

10.3.2.2 个性化的网络入口

指用户可以借助网站上的设置工具，定制个性化的个人页面。 例如淘宝上的可爱居店铺在淘宝上售卖的拓展版、标准版及扶植版三类不同风格样式的网页模板，图 10-6 是可爱居扶植版经典热卖的模版，淘宝上的服装网络销售店可以根据自己服装风格的特点在淘宝网上购买自己喜爱的模板，创建个性化的网页。

图 10-6　淘宝商家可爱居店铺为淘宝卖家提供的网页模版

10.3.2.3 网络传真与电子邮件

传真和电子邮件用于客户提出问询、定单、投诉或赞扬，并保存为双方往来的原始材料。 有的互联网站允许用户在网站上发送和接收传真，如 acrobat 软件支持数字签名，通过网上传真。

10.3.2.4 RSS 源

RSS 源技术（Really Simple Syndication）是目前使用最广泛的可扩展标记语言 XML（允许用户对自己的标记语言进行定义的源语言），是一种描述和同步网站内容的格式，可用来与其他网络用户分享网站上的新闻提要和内容。 RSS 方便用户在网站上注册，一旦注册成功，用户会第一时间得到网站上提供的信息。 RSS 搭建了信息迅速传播的一个技术平台，发布一个 RSS 文件后，这个 RSS Feed 中包含的信息就能直接被其他站点调用，而且由于这些数据都是标准的 XML 格式,所以也能在其他的终端和服务中使用。 所以 RSS 技术把用户和内容提供者绑定在一起,使得每个人都成为潜在的信息提供者。

服装网络营销实例——李宁公司的 CRM 管理

李宁公司的业务非常庞大,其产品主要包括李宁牌的运动及休闲鞋类、服装、器材和配件产品。 公司主要采用外包生产和特许分销商模式,在我国已经建立庞大的供应链管理体系以及分销和零售网络,截止 2011 年末,李宁品牌店铺在我国境内总数达到 8255 家,并且在东南亚、中亚、欧洲等地区开拓业务。 那么李宁公司是如何运用 CRM 进行客户关系管理的呢?

李宁公司的 CRM 系统,按照其业务需求丰富、变化快的特点,结合李宁销售服务系统的功能,进行了业务功能设计,针对每个业务功能模块确定具体的功能点和应用效果。 公司的 CRM 系统,提供了灵活的报表与多角度的统计分析;梳理完善了业务流程,促进了企业标准化管理;整合了各模块业务,形成整体业务循环机制;健全的管理系统和机制是一家大型公司有效运行的基础,李宁 CRM 中的 HR(人力资源)系统上线后,进一步完善了员工信息管理,形成了人才储备机制,提升了李宁公司人力资源管理水平,有效推进了集团化和全球化的发展。

概念辨析——比较 CRM 与 ERP

CRM 即客户关系管理(Customer Relationship Management),是企业管理客户关系的一个系统,它包含客户服务、市场竞争、销售及决策支持等方面。 企业按照客户定位、客户细分、客户开发、交易、服务、维护等情况有效地组织企业资源,形成以客户为中心的经营行为和业务流程,以此为手段获得较高的客户满意度和忠诚度,建立长期的客户关系,从而提高企业的获利能力(详见本章第 1 节)。

ERP 即企业资源计划系统(Enterprise Resource Planning),是对企业物流、资金流、信息流、人力资源等资源进行整合集成管理,采用信息化手段实现企业供销链管理。 在企业中生产控制(计划、制造)、物流管理(分销、采购、库存管理)和财务管理(会计核算、财务管理)三大系统集成一体,加上人力资源,构成了 ERP 系统的基本模块。

由此可见,ERP 管理的是企业内部的资源,ERP 的核心理念在于提高企业内部资源的计划和控制能力,追求在满足客户需求、及时交货的同时最大限度降低各种成本(如生产成本、开发成本和客户维护成本)。 ERP 主要体现在对内的资源管理,为企业省钱,其最终目标是"节流"。

CRM 的主要目标是客户关系的建立、发展和维持,通过对客户的了解与关系维护,更

219

好地服务于客户，提高客户满意度，抓住客户购买机会而为企业赚钱，从而使企业能够从良好的客户关系中获取最大的利益，其最终目标是"开源"。

思考与练习

复习题

1. CRM 的主要优势是什么？
2. 客户关系管理的主要功能包括哪些？
3. 在服装网络营销中，企业与客户之间建立的联系包括哪几个层次？
4. 服装网络营销可以运用哪些技术发展客户关系管理？
5. 服装企业实施客户关系管理的步骤如何？

讨论题

1. 服装企业网络营销者如何利用企业端和客户端的技术，改善客户关系管理的工作流程？
2. 你认为在服装网络营销中，客户区分和产品区分的差异是什么？

网络实践

1. 选择某个客户关系管理软件（如八百客），在相应的公司网站上注册，试用相应的 CRM 软件。
2. 登录麦考林（www.m18.com）的网站，观察该网站使用了多少种方法来实现客户的个性化沟通。

第 11 章 服装网络营销平台的建设

知识要点

1. 了解服装网络营销平台的功能；
2. 掌握服装企业自建网络营销平台的过程及方法；
3. 了解服装网络营销第三方平台的特点及分类；
4. 掌握服装企业选择第三方网络营销平台的方法及开展业务的过程。

章首引例

优衣库(Uniqlo)是日本著名的服装品牌，由日本人柳井正创立于 1984 年，是日本服装零售业的老大，它向各个年龄层的消费者提供时尚、优质和价格公道的休闲服，款式新颖，质地细腻。优衣库致力于全球范围的扩张，目前在我国已拥有上百家店铺。2009 年 4 月优衣库宣布在淘宝网上开设中国旗舰店，全力拓展中国市场。优衣库的创始人、迅销集团董事长柳井正表示，中国网络消费群体的巨大潜力是吸引优衣库投身中国电子商务市场的直接原因。那么如何在短时间内有效开展网络营销呢？选择第三方网络营销平台是最好的选择。在我国众多的第三方网络销售平台当中，淘宝网以其超越 1 000 亿元的营业额，近 4 亿的会员数稳稳地占据亚洲网络零售市场的领先地位。因此，优衣库与淘宝的结合，将使优衣库借助淘宝网庞大的消费群体，在短时间内提高其品牌认知度和影响力。

11.1 服装企业网络营销网站创建

服装企业网络营销网站创建在服装企业网络营销中具有十分重要的作用,其主要内容如下文所述。

11.1.1 服装企业网络营销网站概述

服装营销网站是以 WWW 网站为平台,展示、推广、销售服装产品,提供售后支持的商品销售平台,是企业通过互联网实现其营销战略的工具,一般来说应该具有以下的功能。

11.1.1.1 购物功能

这是所有销售网站应具备的基本功能,不需亲自到实体店,用户就可以通过网站直接购买产品。 网站购物的操作过程通常是用户通过点选网页上的产品,把所有选好的产品放到虚拟"购物车"中,选好了所要购买的所有产品后,把"购物车"中的产品提交到"结算中心"进行结算和支付。 其中购物车模块使用户可以像在传统的超市中购物一样,把所有选中的商品放到一个临时的存贮空间里,也能在结算货款之前剔除部分商品。

11.1.1.2 结算功能

结算中心如超市中的结算平台,根据选中商品的价格、品种和数量,结合商家的优惠政策,计算出用户应支付的金额,然后调用支付平台供用户支付电子货币。 支付平台一般是银行或第三方支付平台(如支付宝)提供的互联网电子银行业务,可以调用它们的程序接口,嵌入企业的网页中。

11.1.1.3 商品导航和检索功能

企业所销售的商品可能很多,随着时间的推移,网站上会积累不同时间、季节发布的服装产品,用户浏览时可能会难以决策。 应充分利用网络销售信息组织方式快捷方便的特点,灵活地组织商品信息,提供多种的商品组织方式和排序方式供用户选择。 例如根据服装的面料的不同来组织商品,也可以针对不同年龄段、身份或通过服装的类别,采用多种方式进行排序,可以通过价格高低进行排序,或根据发布时间的远近进行排序。 图 11-1 是对天猫商城羽绒服的月销量检索，顾客和服装业界人员可以轻松查询出当前时间点哪个品牌或什么样的款式最好卖，以及销售价格和销量是多少。

图 11-1　天猫商城的羽绒服销量检索的结果

　　商品的检索功能是用户找到特定商品的最佳途径，网站应提供商品检索功能，可以根据服务的名称、关键词、发布时间、面料、颜色等进行检索，也可以把多个检索词组合检索。

　　网站还可以为特定的用户提供定制的信息，还可以事先让用户填写自己的特征、喜好等信息，或者是根据用户经常浏览的商品经过分析统计后得出的特征信息，为用户提供定制的信息。

11.1.1.4　商品展示功能

　　服装网站上的商品展示是通过图片、文字描述、视频等多种手段把服装产品的规格、特征、效果展示出来，由于服装这种商品针对不同体貌特征、不同的活动场合、不同年龄、不同环境的人具有差异性，同时服装的流行样式与风格也影响顾客的选择偏好，因此网络服装商品的展示应具有以下特点。

　　① 多种穿着效果的图片。 比如不同年龄段的人，不同季节和环境下的照片，在网页上可以采用 Flash 等技术，通过循环回放等形式不断变换图片。

　　② 静动态结合。 图片只能反映服装静态的穿着效果，三维动态视频则可以呈现服装的动态，让用户感受到穿上服装后三维的效果，所以有条件的网站可发

布所售服装的时装发布会、模特表演等视频，或直接研制出三维动态试穿软件。

③ 与现代计算机图像处理技术结合的服装展示效果。 把不同体型、体态扫描进计算机的数据图像进行重新组合，为网络营销提供了全新的展示空间。例如，可以让不同体貌特征的人的图像和服装图像组合起来，让用户看到不同体貌特征的人"穿"上不同的服装；或者和不同的场景图片组合起来；让不同体貌特征的人在不同的场合"穿"上不同的服装，这样顾客可以根据自己的性别、外貌、脸形、职业特征、活动场所决定要穿的服装；通过三维软件，展示服装的三维效果，使顾客可以看到上下前后左右不同角度的穿着效果。

11.1.1.5　广告功能

企业可以在网站上设置广告，树立企业形象、实现品牌效应、推销自己的产品、实现企业的营销战略，网络营销企业广告和传统企业的广告相比，更加灵活多变，具有多媒体、动态、互动式等特点。

11.1.1.6　信息互动功能

互联网是交互的、双向的，既可以让营销企业通过网站发布自己的信息，也可以让顾客通过网页向企业提交自己的信息，网络提供给服装企业在网站上与顾客间传递与获得信息的双向交流渠道，企业与顾客间的信息互动方式如下。

① 服装企业信息发布。 服装企业可以在网站上发布相关新闻、动态信息，扩展和丰富顾客视野，了解更多的信息，提供服装、面料等知识讲座，指导用户消费、让用户具有鉴别产品真伪的能力。

② 用户反馈及用户交流。 服装营销网站可以在网站上设计论坛功能、留言功能、即时咨询功能，让企业和顾客在网上见面，让顾客之间进行沟通交流，企业通过沟通了解顾客的爱好和需求，顾客在相互沟通中启发消费意向，感受和了解企业产品。

11.1.1.7　服装定制功能

服装网络营销企业可以在网页上设置服装定制程序，使顾客可以通过配置色彩、选择款式、选择面料、预约取货时间等，自主地设计好需要的服装。 服装企业可以根据顾客的设计要求向工厂下定单，使企业的生产和销售过程融为一体，解决了生产和消费的矛盾，同时也解决了企业需要付出库存、广告成本的问题。

11.1.2　服装企业网络营销网站规划

本小节包括服装企业网络营销网站设计原则、规划内容和创建步骤三方面内容。

11.1.2.1　服装企业网络营销网站设计原则

服装网络营销的重要性是毋庸置疑的，但许多企业仅仅停留在"有网站"的阶段。一个界面粗糙、内容单一、流程混乱、安全性差的网站，会给访问者留下极差的感觉，企业的整体形象也会被打折。为提升企业形象，促进服装网络营销的价值实现，在进行网站建设时应遵循以下原则。

（1）目标明确

任何一个网站，必须具有明确的目的和目标群体。网站是面对客户、供应商、消费者还是以上全部？主要目的是为了介绍企业、宣传某种产品，还是为了实现电子商务？如果目的不是唯一的，还应该清楚地列出不同目的的轻重关系。网站建设，包括类型的选择、内容功能的筹备、界面设计等各个方面，都受到建站目的的直接影响。因此，网站建设的目的是一切原则的基础。

（2）体现专业性

企业基于互联网平台，发布相关产品、渠道政策，展示企业理念和实力等，应尽可能地体现企业的专业性，这也是企业实力的体现。

① 完整无误地表述企业的基本信息，包括企业介绍、业务范围（产品、服务）、企业理念等。

② 所提供的服装产品与企业相关信息应该是即时的、富有时尚特质而不是失效的。

③ 具有原创性、独特性以及品牌风格定位明确的服装更能引起顾客认同，有助于提升在浏览者心目中的形象。

④ 如果客户、潜在客户有来自不同国家的，应该提供相应的语言版本，至少应该提供通用的英语版本。

（3）界面易于操作

界面设计的核心是让用户一目了然，易于操作，能快捷轻松地找到自己想要的产品与信息。

① 层次性。条理清晰的结构，表现为网站板块划分的合理性，板块的划分

应该有充分的依据，并且容易理解。不同板块的内容尽量做到没有交叉重复，共性较多的内容应尽量划分到同一板块。

② 精简性。当不同的方式能够达到相同或近似的效果时，总是应该选取令客户访问或使用更快捷的方式（在开发资源差别可忽略的情况下），例如尽量减少客户端插件的使用。每个界面调用的时间不应过长，当要耗费较长的时间时，应有提示和进度显示。

(4) 卓越的访问性能

① 快速的访问速度节约用户时间、提高成效。服务器接入方式和接入带宽、摆放地点、硬件性能和页面数据量、网络拥塞程度等多方面因素决定着访问速度。

② 可容纳的最大同时请求数，取决于服务器性能、程序消耗资源和网络拥塞程度等因素。

③ 稳定性，有一定时间段的平均无错运行时间。

④ 安全性，指对关键数据的保护，例如用户数据等功能服务的正常提供。

⑤ 网站的防攻击能力。

(5) 审美艺术

服装的可欣赏性更加要求服装营销网页的制作具有艺术特色，在网站的设计中应结合界面设计的相关原理，形成一种独特的艺术魅力。

(6) 易于维护更新、便于扩充

网站的不断更新是其具有生命力的原因之一。网站更新指包括信息维护和改版。影响维护的一个重要元素是网站界面和功能开发所选用的技术。一个良性的网站应易于维护，便于更新，同时便于在必要时对现行网页架构进行扩充，使用标准化的语言便于和其他系统接轨等。

(7) 其他方面

网站应该具有明确的导航条和网站地图，以提供快速导航操作；避免出现错误或者无效的链接；主要的信息应该放在突出的位置上，常用的功能则应放到容易操作的位置上；针对目标群体的需要，应充分考虑浏览器的兼容性、字体的兼容性和插件流行程度等；对于专业的术语、复杂的操作等，应有直接的容易理解的帮助；在风格允许的情况下，可以适当增强交换操作的趣味性和吸引力。

11.1.2.2　服装企业网络营销网站规划内容

网站规划就是要根据企业的战略目标和近期规划,确立建设网站应实现的目标,分析为了实现这个目标,网站应具备什么样的功能,确立网站的规模,设计出网站的总体结构,评估建设和运行成本,预测网站建设所带来的经济效益,确定实施步骤。

(1) 确立网站建设的目标

确立网站建设的目标首先是要确立企业的战略目标和近期规划,企业的战略目标是指企业整体的、长期的目标,近期规划是企业在最近一个较长时间的策略,其次应分析现行的营销体系,并确立网站建设的目标。

(2) 确定网站的规模

确定网站的服务项目、所卖服装种类和数量、网站的客户和注册会员数量、每日的浏览量、每日的交易量和交易额是多少等。

(3) 制定网站建设项目的实施计划

网站规划中应先确立制定网站分阶段的开发计划,并根据企业营销战略编制项目时间表。

(4) 网站规划

网站运行需要配置相应的人力资源,同时网站的前期建设需要配置相应的硬件工程师。 网站规划中重点规划的是合理的网站栏目结构,能正确表达网站的基本内容及其内容之间的层次关系。 站在用户的角度考虑,在浏览时可以方便地获取信息,不至于迷失,不知在哪里找到下一步的链接。

(5) 编制预算

建设一个网站一方面要耗费一定的人力、物力和财力,另一方面网站运行后会带来一定的经济效益,就是说要分析网站运行后带来的经济效益是否会超过网站建设和维护的成本。 首先应预测网站平台建设的成本,对网站建设的各项开支做出具体的计划,是制定项目实施计划、有效控制建设成本的重要依据。

11.1.2.3　服装企业网络营销网站创建步骤

企业在进行网络营销网站建设时,一般要经历三个阶段:第一阶段是准备阶段,主要是进行市场分析和网站目的及功能定位;第二阶段是网站的具体建设,主要涉及技术层面,网站域名申请、主机建立与网页设计;第三阶段是网站的后期推广。 服装营销网站的创建步骤如下。

(1) 组织项目开发小组

应该建立由核心的开发人员、企业各部门业务骨干组成的项目开发小组，项目小组人员直接由企业领导主管。

(2) 可行性分析

分析通过建设网站满足企业的需求是否可行，通过详细的分析，撰写可行性分析报告，除了考察市场与成本，还应对相应的技术与管理进行可行性分析。 其中技术可行性要分析现行的比较成熟的技术是否能实现网站所预期的功能，还应分析现行的技术标准，所开发的系统与现行的技术标准是否兼容。

(3) 需求分析

需求分析是软件工程中一个十分重要的过程，要求我们明确系统的开发要解决企业什么样的问题，就是弄清楚"做什么"，因此正确地把握企业的需求，是系统达到用户需求的关键过程。 服装企业营销网站建设的需求分析主要有功能需求、性能需求、故障处理需求、扩展性需求、接口的开放性需求、信息处理分析等几个方面的内容。

(4) 市场分析

考察服装行业相关的网络市场与建站。 研究市场有什么样的特点，如何在互联网上开展公司业务；建站主要竞争者分析，竞争对手上网情况及其网站规划、功能作用；公司自身条件分析、公司概况、市场优势，可以利用网站提升哪些竞争力，建设网站的能力（费用、技术、人力等）。

(5) 网站定位

网站定位主要涉及网站建设目的和网站功能定位。 建设网站的目的，主要诉求是为了宣传产品，提升企业形象；还是为了开拓电子商务市场，获得经济收益取得市场份额；还是仅为了建立行业性网站？ 明确了建设网站要在哪些领域取得成绩后，就可相应确定网站的功能，整合公司资源，如产品宣传型、网上营销型、客户服务型、电子商务型等。

(6) 制定网站建设项目的实施计划

制定网站分阶段的开发计划，编制项目时间表。

(7) 创建网站的服务器平台

一般企业的网站服务器平台有两种不同的建设模式，即租用模式和自建模式。

(8) 建立网站应用系统

企业建立网站应用系统是把传统的业务流程转化为计算机系统信息处理流程。 网站应用系统就是以 WWW 全球网络为运行环境，以企业 WWW 服务器为服务器，以用户网页浏览器为客户终端的网络应用系统。

应用系统的开发模式一般来说有以下三种可供选择。

① 购买成熟的商业化系统。 成熟的商业化系统一般都由专业的软件公司开发，而且大多经过了市场应用的验证，功能比较成熟，性能比较稳定，但需要支付数量可观的购置费用和后期维护费用。

② 与专业化的软件公司合作开发。 企业可以和专业化的软件公司签订合作开发协议，根据企业的需要量身定制本公司需要的产品，同时可以借助专业化的软件公司在工程管理、软件开发的专业优势，开发高性能的产品，在系统开发过程中也可以锻炼公司的运行维护团队，为将来的运行维护打下基础。

③ 自主开发。 企业组织本公司技术人员自行开发系统。 由于公司技术人员对企业的需求和流程比较熟悉，这种方式最能适合企业的需求，但由于缺乏对于软件开发这种复杂的系统工程的组织能力，系统开发的质量难以保证，系统开发过程会有多次反复，开发的工期比较长且难以控制。

(9) 申请和注册域名

要拥有属于企业的网站，首先要拥有属于企业的域名。 域名简单来说就是企业在互联网上的名字，客户通过这个名字在互联网上与企业进行接触和沟通。域名是由一系列符号构成，它可以表达一定的文化含义，可以代表一种象征，是树立企业形象，进行市场推广的重要工具。

域名注册遵循谁先注册，谁先使用的原则，它在网络中的唯一地位类似于企业的商标，现在几乎大多数企业都会把注册一个代表本企业形象的域名作为企业战略的一部分。 如果企业想申请的域名已经被注册了，那就只能改用另一个。不过，无论企业使用什么样的域名，都应该以易记和符合企业形象为前提。 建站方案中域名申请方法是在各空间域名商的网站注册后直接申请。

(10) 建立主机

网站建设注册了域名之后，下一步就是为企业网站建一间"屋"，以便让世界各地的访客登门拜访，这其实就是建立主机。 主机必须是一台功能相当于服务器级的电脑，并且要用专线或其他的形式24小时与互联网相连。 主机除存放企业的网页，为浏览者提供浏览服务之外，还应该充当"电子邮局"的角色，负责收发公司的电子邮件。 此外，企业还可以在服务器上添加各种各样的网络服务功能，前提是有足够的技术支持。 建立主机的技术支持主要有以下两种模式。

① 主机托管。 将企业的服务器，托管于有良好的互联网接入环境的网络服务机构，每年支付一定数额的费用。 对企业来说，要架设一台最基本的服务器和配套软件，需要支出一笔相当可观的费用。 另外，还需要聘请相应的技术人员，负责网站建设及维护等。

② 虚拟主机。 在别人的主机上，租用一定的网站空间以架设自己的网站。使用虚拟主机，不仅节省了大宗购买相关软硬件设施的费用，企业也无需招聘或培训更多的专业人员，成本较主机托管低得多。 不过，虚拟主机只适合于结构较简单的网站。

(11) 网页界面设计

用户在选择服装时很大程度上要根据用户的审美标准来选择，所以在网页设计的风格上一方面要给用户带来鲜明的视觉冲击力，另一方面也要注重简明扼要，条理清晰，易于使用。

(12) 网站推广

企业将网站开通后，如果没有人知道企业网站的存在，那么这个网站就是形同虚设。 企业需要把网站推广到各大门户网站、搜索引擎、传媒网站，尽量使企业网站的链接、LOGO、宣传成为这些网站吸引眼球的亮点，让尽可能多的人通过这些网站访问企业网站，提高企业网站知名度和访问率，最终实现把企业的营销信息传达到用户的目的。 企业在网站推广中应结合本身的营销宣传活动和促销活动推广网站。

11.2 服装网络营销第三方平台概述

本节内容主要包括服装网络营销第三方平台的价值和类型两方面内容。

11.2.1　服装网络营销第三方平台的价值

在开展网络营销的初始阶段,许多中小型服装企业不仅面临资金短缺等问题,而且还存在网络营销专业人才匮乏、信息资源储备不足等实际问题,企业独立创建自己的网络营销网站不应成为首选,选择第三方平台开展网络营销是比较理想的方式。 一方面可以快速树立起企业的新形象,另一方面也可以快速为行业内外提供相关的企业产、供、销等信息。

服装网络营销第三方平台具有信息、价格、技术和管理等多方面的优势,具体表现如下。

11.2.1.1　信誉保证

除了少数大型企业的网络营销网站外,通常情况下企业自己建立的网络营销网站常常存在如何让客户信任的问题。 第三方网络营销平台可以帮助企业解决这个问题,第三方平台通过采用会员制等方式,对加入平台的企业进行信用确定和管理,利用平台自身的信用为客户提供信用保证。

11.2.1.2　技术和资金的要求低

由第三方建立的网络平台为企业提供了一个买卖双方获取信息和交易的平台,企业只需要缴纳一定的费用,在平台上注册一下,就可以在平台上开展网络营销活动,解决了企业自建网站的技术和资金问题。 这对中小型服装企业来说是一个非常合适的方式。

11.2.1.3　丰富的客户资源有助于市场推广

企业自建网络营销平台的一个很大的问题就是推广,没有客户和人气,网络营销网站就失去了它原有的目的,这需要企业自己在线上和线下进行大量的广告宣传。 而第三方平台拥有数量巨大的注册用户,同时还有众多没有注册的浏览者,这些都是企业潜在的客户或供应商。

11.2.1.4　数据管理方便容易

第三方平台提供统一的贸易伙伴关系管理方式以及统一的信息交流模式,有利于客户对信息的收集和分析工作。

11.2.1.5　提供公平竞争环境

客户可以通过第三方平台查询自己有兴趣的产品以及相关信息,减少了客户与供应商之间的信息不平衡性,降低了供应商对客户采取价格歧视的机会。 这样,客户将会减少购货过程中的疑虑,选购真正适合自己的产品,使同类企业处于公平竞争的环境下。

第三方网络营销平台是为企业和消费者提供信息、产品传递、资金流转以及辅助决策等服务的中介机构,其主要功能有:

(1) 提供买卖双方的信息服务

信息服务是第三方平台最基本的功能之一,买卖双方只要在平台上注册后就可以在网上发布自己的采购信息或者产品出售信息,平台对企业的买卖信息进行统一管理并提供多种检索功能。 企业通过平台选取自己潜在的供应商或者客户。

(2) 提供与交易配套的服务

网上签订合同及网上支付服务等交易配套服务也是第三方平台具有的基本功能之一。

(3) 提供客户管理功能服务

平台为注册会员企业提供网上交易管理,管理内容包含企业的合同、交易记录、客户资料等信息的托管服务。

(4) 提供增值服务

平台为了方便供需双方的交流和交易,提供很多增值服务。 提供网上交易沟通渠道,如网上谈判室、商务电子邮件等基本增值服务,另外,还提供行业信息、市场动态等相关经营信息。 除此之外,不同的平台还提供一些特殊的服务,如阿里巴巴还可以根据客户的需求,定期将客户关心的买卖信息发送给客户。

服装网络营销第三方平台尽管有多方面的优势,但也存在商铺样式单一、难以展示企业个性特色以及商铺功能有限,企业选择性弱等缺点,大企业使用可能降低企业在公众心中的品牌地位。 因此,企业在选择何种平台进行网络营销时,需要根据自身的实际情况来决定。

11.2.2　服装网络营销第三方平台的类型

服装企业可以在两种类型的第三方网络平台上进行营销活动,这两种平台分别是综合类第三方网络营销平台和专业类第三方网络营销平台。

综合类第三方平台也称为水平市场,其服务对象没有限制,不同行业的企业都可以在该市场开展自己的网络营销活动。综合类第三方平台又可以分为 B2B 平台和 B2C 平台两种。阿里巴巴就是 B2B 平台中的一个典型代表,阿里巴巴是全球最大的进出口贸易网站,拥有全球 240 多个国家和地区的 560 万注册会员,覆盖 42 大行业近 900 项产品类目,企业只要在网站注册,成为会员,就可以发布信息了,另外还有偿提供企业建站、为解决电子商务诚信问题的"诚信通"等业务。目前国内常用的综合类 B2B 网络营销平台如表 11-1 所示。天猫(www.tmall.com)是 B2C 平台的代表,天猫原名是淘宝商城,是淘宝网全新打造的 B2C 网站,其整合数千家品牌商、生产商,为商家和消费者之间提供一站式解决方案。除此之外,京东商城(www.360buy.com)和当当网(www.dangdangwang.com)也是常用的 B2C 平台。

表 11-1 我国主要的综合类第三方 B2B 网络营销平台

网站名称	域 名	备 注
阿里巴巴	http://china.alibaba.com	全球企业间(B2B)电子商务的著名品牌,是目前全球最大的网上交易市场和商务交流社区
慧聪网	http://hc360.com	国内领先的 B2B 电子商务服务提供商,依托其核心互联网产品买卖通以及雄厚的传统营销渠道——慧聪商情广告与中国资讯大全、研究院行业分析报告为客户提供线上、线下的全方位服务
世界工厂网	http://ch.gongchang.com	基于免费使用的新型 B2B 平台,是全球领先的大型电子商务互动平台
中国供应商	http://cn.china.cn	是中国政府为推动中国制造及对外贸易产业重拳打造的电子商务平台
环球贸易网	http://china.herostart.com	是一家专业服务于企业贸易的诚信供需平台
马可波罗网	http://china.makepolo.com	一个按效果付费的 B2B 平台
中国商品网	http://ccn.mofcom.gov.cn	中国商品网是国家商务部公共商务信息服务项目之一,也有五年历史,拥有近百万家企业,两百多万种产品的详细资料
万国商业网	http://www.busytrade.com	提供全球性网上贸易电子商务平台及网上贸易服务解决方案的供应商
贝通网	http://www.beltal.com	服务于国内中小企业生产商与国外中小规模采购商的综合性快捷高效国际贸易 B2B 平台

专业类第三方网络营销平台也称为垂直市场,就是专门针对某个特殊行业的网络营销平台,为某个行业服务,如纺织服装等。 这类平台和综合类平台具有相似的功能,主要不同是具有鲜明的行业特色,为行业内企业开展电子商务提供一个平台。 表 11-2 是目前我国主要的纺织服装第三方网络营销专业平台。

表 11-2　我国主要的纺织服装专业第三方网络营销平台

网站名称	域　名	主　要　功　能
中国纺织网	www.texnet.com.cn	提供企业站点建设、纺织信息服务以及企业网站推广和贸易撮合等服务
全球纺织网	www.tnc.com.cn	提供最全面的采购商、供应商企业数据库、交易产品数据库、交易信息、中国主要纺织品市场的价格行情和资讯;为交易双方提供多方面的电子商务服务(交易信息匹配、贸易撮合、信息发布、网络宣传推广等)
中国纺织商务网	www.cntexnet.com	大型综合行业门户网站,提供纺织资讯、商贸信息、国际营销和电子商务解决方案等在内的全方位专业服务。拥有包括资讯平台、展示平台、商务平台和服务平台四大网络平台
中国服装网	www.efu.com.cn	提供专业的 B2B 电子商务、网络营销等互联网应用服务;主营网络营销推广、网络广告发布、电子商务交易、企业网站建设、诚信会员服务等五大业务
富民时装网	www.fumin.com	是国内首家以专业服装市场为基础的大型服装服饰门户网站,为纺织、服装企业提供网上贸易服务、流行资讯、时尚图库、宽带视频、电子商务
中国化纤经济信息网	www.ccfei.net.cn	专业报道国内外化纤动态,为国内化纤及相关客户提供全方位的咨询服务的信息网站
中华纺织网	www.texindex.com.cn	为中国的纺织企业、贸易商、出口商提供基于互联网的基础应用服务、行业信息服务、网络营销服务及网下媒体营销服务
走秀网	www.xiu.com	中国最大时尚和奢侈品电子商务企业。 产品包括服装、鞋类、包袋、配饰、化妆品等时尚百货,囊括了奢侈品、国际一二线品牌、设计师品牌以及国内知名品牌

11.3　服装网络营销第三方平台应用

本节内容包括服装网络营销第三方平台的选择和应用。

11.3.1 服装网络营销第三方平台的选择

企业要想成功地在第三方平台进行网络营销,那么选择合适的第三方平台就很重要,网络营销第三方平台的选择过程如图 11-2 所示。

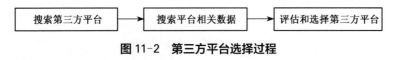

图 11-2 第三方平台选择过程

11.3.1.1 搜索第三方网络营销平台

服装企业在选择第三方网络营销平台时可以根据自己的需要选择不同类型的第三方平台,如果是想通过网络从事服装批发业务,可以选择 B2B 类型的平台,如阿里巴巴等;如果是想从事网络零售业务的话,就选择 B2C 类型的平台,如淘宝网、京东网等。 搜索第三方网络营销平台的方法主要有三种:

① 通过多种媒体的广告;

② 通过搜索引擎获取相关信息;

③ 委托专业网络营销服务公司推荐适合企业发展的第三方网络营销平台。

11.3.1.2 搜索平台相关数据

如果选择 B2B 类型的平台,平台相关数据主要包括平台会员注册数量、供求信息数量、客户分布情况、平台信息真实性及 Alexa 数据等。 而 B2C 类型的平台则主要关心平台的人气、交易量、注册商家等指标。 下面以阿里巴巴为例说明 B2B 第三方平台数据的搜集方法。

(1)网站企业会员注册数量

在网站首页的搜索栏中选择"公司",输入"服装"等相关关键词,单击"搜索"按钮,就可以了解该平台上服装相关企业的注册情况,根据关键词的不同,还可以进一步缩小搜索范围。 如图 11-3 和图 11-4 所示。

图 11-3 阿里巴巴搜索注册企业的界面

图 11-4　注册企业搜索结果

（2）供求信息数量

在网站首页的搜索栏中选择"求购"，输入"服装"等相应关键词，单击"搜索"按钮，搜索结果如图 11-5 所示。

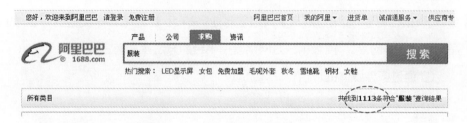

图 11-5　供求信息搜索结果

（3）注册企业分布情况

在显示搜索注册企业的页面上，有显示具体企业的条目，可以根据不同地区分别显示各地区的注册企业，从而可以了解注册企业的分布情况，如图 11-6 所示。

图 11-6　注册企业分布情况

(4) 平台信息真实性评价

平台信息的真实性是平台可信度指标的重要参考，可以采用下列方法来评价。 第一种方法是亲自体验法，首先从注册企业搜索结果中随机选取多条信息，然后通过信息中给出的联系方式考察信息的真实性，并根据考察结果评估该平台信息的真实性情况；第二种方法是利用平台提供的平台论坛和搜索引擎获取对该平台的评价信息来评价该平台的真实性。

(5) Alexa 提供的平台数据

Alexa(www. alexa. com)是一家专门发布网站世界排名的网站。 Alexa 每天在网上搜集超过 1 000 GB 的信息，不仅给出多达几十亿的网址链接，而且为其中的每一个网站进行了排名，它提供的网站排名（Alexa 排名）、综合浏览量（Page Views)、访问者来路等数据很有参考价值。

Alexa 排名是 Alexa 公司按照网站的访问量给全球网站的一个名次（数据来源于那些安装了 Alexa 工具条的浏览器用户的网站访问情况）。 该排名虽然存在着很多的不足，但从整个互联网来看，它提供的网站排名数据仍具有权威性，所以该数据是网站评价中的一个重要参考数据。 登陆 http：//alexa. com 网站，在"Search"文本框中输入要分析的网站（如 www. alibaba. com)，单击"Search"按钮。 在打开的页面中就可以看到网站的 Alexa 排名，如图 11-7 所示。

图 11-7　阿里巴巴在 Alexa 网站的排名

Page Views 表示网站各网页被浏览的总次数，该数据说明网站的访问者能较长时间浏览该网站内容，它反映了一个网站页面的吸引力。 在图 11-7 所示的界面中，单击"Get Details"，在显示的页面中就可以看到 Page Views，结果如图

11-8 所示。

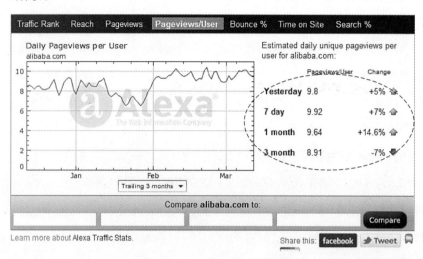

图 11-8　阿里巴巴的 Page Views

238

　　访问者分布情况主要反映网站访问者来自哪个国家或地区。 该数据是评价电子商务是否具有国际性的一个主要数据。 在图 11-8 所示的界面中，选择"Audience"，就可以看到访问者来路，如图 11-9 所示。

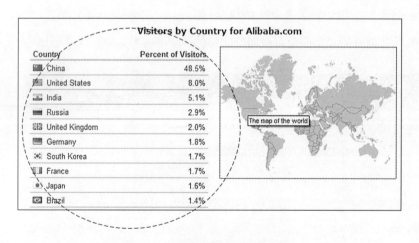

图 11-9　阿里巴巴的访问者分布

11.3.1.3　评估和选择电子商务平台

　　对第三方平台的评价可从基本情况、实力指标和可信度指标三个方面作最后的综合评价，每个方面又可细化为多个具体的子项进行评价，可采用打分的方法作最后的综合评价。 由于企业在选择电子商务平台时受到众多因素的影响，企业在选择电子商务平台时,应根据企业的需要、资金预算和企业网络营销人员情况综合地进行考虑,以便能正确地做出最后的选择。 一般企业应同时选择在多个不同平台上进行网络营销推广。

11.3.2 服装网络营销第三方平台的应用

相比较自建网络营销平台,第三方网络营销平台更适合一般服装企业,除了人气的优势外,企业在第三方网络营销平台上开展业务的过程相对简单涉及到的专业技术较少。 目前,不管是综合性网络营销平台还是专业性网络营销平台,企业建立自己网络营销店铺的过程基本上都是一样的,如图 11-10 所示。

服装企业如果想从事服装批发业务,应该选择 B2B 类型的第三方平台,这些平台如表 11-1 和 11-2 所示。如果企业想从事服装零售业务,则应该选择 B2C 类型的第三方平台,典型的就是淘宝网的天猫。 下面以天猫为例说明企业如何在该商城建立自己的网络营销平台。

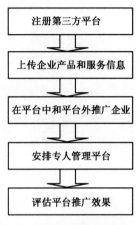

图 11-10 第三方平台应用过程

天猫原名淘宝商城,是淘宝网全新打造的 B2C 电子商务网络平台。 为商家和消费者之间提供一站式解决方案。 迄今为止,天猫已经拥有数亿买家,几万个商户,数万个品牌,服装著名品牌如优衣库、七匹狼、九牧王、真维斯、李宁等都在天猫开设了自己的网店。天猫商城为消费者提供正品保障、7 天无理由退货、购物积分返现等服务。

为了保证销售商品的质量,天猫对入驻的商家有严格的要求,对商家进行严格的审查。 企业进驻天猫需要提交企业资质和行业资质两个方面的材料。 企业资质包含企业营业执照、企业税务登记证等材料。 对于服装企业而言,行业资质材料主要内容如下:

(1)男女装/文胸/塑身服/童装/孕妇装/袜子

该类商品需要的材料包括成分含量、GB18401 全套、标识标志及外观质量。

(2)三岁以下婴幼儿服装类

该类商品需要的材料包括成分含量、GB18401 全套、标识标志、外观质量及耐唾液色牢度。

239

（3）家居服/保暖内衣

该类商品需要的材料包括成分含量、GB18401 全套、标识标志、外观质量及水洗尺寸变化率。

（4）羽绒服装

该类商品需要的材料包括成分含量、GB18401 全套、标识标志、外观质量、含绒量、充绒量及原料要求。

（5）皮革/皮草类服装、服饰配件

该类商品需要的材料包括甲醛含量、可分解芳香胺染料、标识标志、外观质量及材质鉴定。

企业入驻天猫的流程如下：

① 淘宝会员注册。 在天猫首页中，点击"免费注册"，进入注册页面，然后根据提示填入相关内容，即可完成淘宝会员注册。

② 申请企业支付宝账号。 登录 www.alipay.com，选择企业用户注册，点击"注册"，然后根据要求填入所需数据，提交数据后在申请账号所使用的电子邮件中激活支付宝账号，完成支付宝账号申请。 然后完成支付宝商家认证工作，认证过程分为填写公司信息、填写申请人信息、确认信息、填写打入卡内的金额等几步，提交成功后，等待审核，审核通过即可完成支付宝账户的申请工作。

③ 登录在线申请页面。 登录天猫招商频道（http://zhaoshang. tmall. com/），点击"立即入驻天猫"，开始在线申请，该过程需要经过以下几步：

A. 在线考试，只有考试通过者才可以进行下一步的操作；

B. 通过验证支付宝后，在线输入申请公司信息及在线签订服务条款、服务协议及支付宝代扣协议；

C. 提交企业品牌信息，包括商标申请号、英文名称、品牌名称、品牌logo 等；

D. 邮寄企业资质和行业资质资料；

E. 淘宝审核。

④ 发布商品、店铺上线。 以天猫帐号登录"我的淘宝—我是卖家—天猫服务专区"，点击"发布商品"，根据页面提示，在 30 天内发布满规定数量商品。逾期操作，本次申请将作废。

服装网络营销实例——李宁与淘宝的结合

李宁公司为中国领先的体育用品牌企业之一,拥有品牌营销、研发、设计、制造、经销及零售能力,产品主要包括李宁品牌的运动及休闲鞋类、服装、器材和配件产品。 虽然李宁是运动服装市场上的巨头,但在品牌上,李宁总被国际著名品牌耐克和阿迪达斯压制,同时也受到安踏等国内其他运动品牌的追赶。 随着市场的不断发展,竞争日趋白热化,李宁面临前有堵截后有追兵的尴尬境地。 再加上金融危机的袭击,改变势在必行,李宁选择了网络营销。

早在 2005 年,李宁公司就已经对网络营销进行调研,从自身的产品特色,我国网民的构成及第三方网络营销平台等几个方面入手。 李宁产品主要是以运动装、鞋类等产品为主,这些产品是非常适合在网上销售的;李宁品牌追求的是流行、时尚的元素,其客户群体以年轻人为主,这也是目前我国网民的主体。 因此,李宁具备了进行网络营销的一些外部和内部条件,但要开展网络营销首先得建立网络营销平台。 如何建立网路营销平台是所有服装企业开展网络营销都必须要考虑的问题,目前主要有自建和利用第三方平台两种方法。 尽管李宁公司是国内著名的运动服装品牌公司,但在网络营销平台的建设、运营及管理上还是存在很多不足,因此,开始从事网络营销选择第三方平台是一个不错的选择,既节约了时间和资金,同时又可以利用第三方平台所拥有的人气,能够在短时间内迅速打开网络营销的大门。 公司经过慎重考虑,最后选择人气很旺的淘宝网作为平台去积累经验,目的就是希望能够和消费者保持紧密的沟通,得到终端的反馈,这些相应的数据将成为公司下一步战略实施的重要依据。 2008 年 4 月李宁进驻淘宝商城。 据李宁电子商务部的林砺回忆,在开张第一天,突如其来的高流量还是让李宁公司颇有些意外。 第一天他们接到的订单就超过 200 笔,当天的网店销售收入就达 4 万元。

像李宁这样在网络营销初步阶段选择人气旺、管理规范的第三方网络营销平台是明智的选择,企业从中可以积累很多网络营销的经验和人气,为企业后续进一步发展网络营销奠定坚实的基础。 国内著名服装品牌七匹狼也采用了类似的方法,先在淘宝商城开设网络营销店铺,然后计划建立自己的网络营销平台。 目前七匹狼与 IBM 合作,开始建设独立的网络营销平台。

241

思考与练习

复习题

1. 第三方网络营销平台的优势是什么?

2. 第三方网络营销平台的主要功能是什么？

3. 第三方网络营销平台的评价与选择过程是怎样的？

4. 服装企业在第三方网络营销平台上建立零售店铺的一般过程有哪些？

5. 服装企业自建网络营销平台的过程及方法有哪些？

讨论题

1. 中小服装企业如何与第三方网络营销平台进行有效的结合？

2. 中小服装企业自建网络营销平台需要具备哪些条件？

网络实践

1. 浏览阿里巴巴、慧聪网等 B2B 第三方网络营销平台网站中的多家服装企业的网页，归纳总结服装企业开展网络营销时，营销网页上应该包含的内容及网页结构。

2. 根据第三方网络营销选择方法，对目前国内常用的第三方网络营销平台的网站进行综合评价。

3. 浏览京东商场、天猫及当当网，从运行模式、商家规模、特色服务、支付方式等方面比较它们之间的异同。

参 考 文 献

［1］瞿彭志.网络营销[M].3 版.北京:高等教育出版社,2009.2

［2］科特勒,阿姆斯特朗.市场营销原理[M]. 13 版. 楼尊译. 北京:中国人民大学出版社,2010

［3］杨小平.网络营销[M].北京:人民邮电出版社,2006.10

［4］宁俊主编.李晓慧等.服装网络营销[M].北京:中国纺织出版社,2004.10

［5］王文兴.服装网络营销策略研究[D].东华大学,2010

［6］张瑞.中小企业网络营销的现状、问题和对策初探[D].厦门大学,2009

［7］张静.从服装直销的成败看中小企业网络营销[D].北京邮电大学,2009

［8］斯特劳斯,弗罗斯特.网络营销[M].5 版.时启亮,孙相云,刘芯愈译.北京:中国人民大学出版社,2010

［9］文燕平,史佳华.网络营销绩效评价指标体系研究[J].情报杂志,2009,28(11):92-96.

［10］米列茨基. 网络营销实务:工具与方法[M].李东贤等译. 北京:中国人民大学出版社,2011

［11］穆炯,许丽佳.电子商务概论[M].北京:清华大学出版社,2011.6

［12］戴国良.图解营销策划案[M].北京电子工业出版社,2011.1

［13］菲利普·科特勒等著.营销管理.第 13 版.卢泰宏等译.北京:中国人民大学出版社,2009,107

［14］刘芸主编.网络营销与策划.北京:清华大学出版社,2010.8

［15］刘国联主编.纺织品服装市场调研与预测.北京:中国纺织出版社,2009.7

［16］华迎编著.网络营销.北京:对外经济贸易大学出版社,2009.10

［17］杨以雄主编.服装市场营销.上海:东华大学出版社,2010.1

［18］曹修源,林豪锵著.网络营销与案例解析.北京:清华大学出版社,2009.9

［19］中国互联网网络信息中心(CNNIC).2010 年中国网络购物市场研究报告.2011.2

［20］中国互联网网络信息中心(CNNIC). 中国 B2C 垂直商品网络购物用户研究报告.2011.2

［21］艾瑞咨询集团.中国服装网络购物行业研究报告简版.2011.

[22] Philip Kotler. Marketing Management，Tenth Edition，Prentice Hall，Inc. 2000：P34-36

[23] 罗格·D·布莱克韦尔等.消费者行为学.第9版.徐海等译.北京：机械工业出版社，2003.4：52

[24] 陈伟央.B2C服装网络营销顾客满意度影响因素研究——基于优衣库官方旗舰店的实证分析.浙江理工大学硕士论文,2009

[25] 韩小红主编.网络消费者行为.西安：西安交通大学出版社,2008.3

[26] 徐希森.商业心理学(第二版).台北：心理出版社,2002

[27] Del I. Hawkins，David L. Mothersbaugh，Roger J. Best. Consumer Behavior：Building Marketing Strategy. China：Machine Press. 2007：P26

[28] Kotler P. Marketing Management：Analysis，Planning，ImPlementation and Control[M]. Ninth Edition，Prentice Hall International，Inc.，1999.

[29] 侯文军.网络营销组合研究[D].武汉理工大学,2001

[30] 刘瑞军.浅谈金融危机背景下企业新产品开发策略[J].现代企业文化,2012,150：42-34

[31] 许忠荣.我国企业网络营销策略研究[D].东南大学,2004

[32] 刘婧怡.服装品牌经营的网络拓展研究[D].北京服装学院,2008

[33] 刘勇.中国联通营销策略研究[D].南京理工大学,2008

[34] 卢珊.捷达轿车营销策略研究[D].天津大学,2009

[35] 南建党.企业网络营销发展策略研究[D].西安交通大学,2003

[36] 程译萱.浅谈3D试衣技术在服装网购中的应用[J].现代商业,2011,18(2)：25-26

[37] 谭华荣.C2C服装市场中关系价值对顾客忠诚的影响研究[D].桂林理工大学,2009

[38] 张广娟.JLM公司营销策略研究[D].天津大学,2009

[39] 高玫瑰.基于消费者需求的服装电子零售发展策略初探[D].苏州大学,2008

[40] 李爱花.我国服装电子商务的应用研究[D].天津工业大学,2004

[41] 王璨.中国企业网络营销的现状、问题与对策[D].湘潭大学,2001

[42] 孙敬水.企业如何成功地开展网络营销[J].江苏商论,2002,7(1)：30-32

[43] 廖宇.我国网络营销的应用与研究[D].华中科技大学,2005

[44] 胡建宏,刘雪梅.网络营销定价策略选择[J].价格月刊,2007,358：87-89

[45] 尚德峰.区域化网上卖场的经济学分析与策略研究[D].华东科技大学,2006

[46] 李东.网络营销定价策略研究[J].韶关学院学报,2008,29(11)：40-44

[47] 徐长冬.基于网络个人消费者购买行为的网络营销策略[D].哈尔滨理工大学,2007

[48] 李康明.确立新的能源价格形成机制的法律思考[D].中国海洋大学,2009

［49］马爱军,翟书芬.名牌≠高价——谈名牌战略的价格误区和价格定位［J］.邢台师范高等专科学校学报,2002,17(1),64-65

［50］唐小鹏.网络营销免费价格策略探讨［J］.广东轻工职业技术学院学报,2007,6(1):36-38

［51］佚名.别出心裁的销售法［J］.家庭科技,2005,5(1):16-18

［52］吴佩勋.网络营销［M］.上海:格致出版社,上海人民出版社,2011.9

［53］藏锋者.网络营销实战指导［M］.北京:中国铁道出版社,2011.6

［54］赵文清主编,刘成等副主编.网络营销基础［M］.北京:人民邮电出版社,2011.8

［55］(英)戴夫·查菲等著.吴冠之译.网络营销——战略、实施与实践［M］.2版.北京:机械工业出版社,2004.12

［56］中国互联网络信息中心.第29次中国互联网络发展状况统计报告.2012.1

［57］艾瑞网.2011年中国服装网络购物行业研究报告.2011.12

［58］田玲.网络营销理论与实践［M］.北京:清华大学出版社,北京理工大学出版社,2007

［59］方玲玉.网路营销实务——项目教程［M］.北京:电子工业出版社,2010

［60］戴夫·查菲等.网络营销——战略、实施与实践［M］.北京:机械工业出版社,2008

［61］郭笑文等.网络营销［M］.北京:机械工业出版社,2006